오월의 영원한 청년
미하일 바쿠닌

Bakunin.

오월의 영원한 청년
미하일 바쿠닌

박홍규 지음

틈새의시간

사회주의 없는 자유는 특권이자 불의이며
자유 없는 사회주의는 노예제이자 야만이다.

저자의 말_오월의 청춘 바쿠닌을 그리며

〈이매진〉에서 존 레논은 국가, 소유, 종교가 없는 세상을 상상해보자고 노래했다. 그러나 그런 상상만으로는 부족하지 않은가? 1971년 〈이매진〉이라는 노래가 나오기 100년도 훨씬 전에, 그 세 가지를 파괴하는 데서 그치지 않고, 오랜 폐허 위에 세 가지 새로운 세상을 창조하자고 외친 사람이 있다. 국가 대신 자치 사회의 연합, 소유 대신 집단 재산, 종교 대신 교육을 주장한 사람이다. 그는 자치 사회, 집단 재산, 그리고 교육이 인간을 불행에서 구원하여 행복하게 하고, 존엄하게 하며, 자유롭게 한다고 믿었다. 그래서 그는 평생을 두고 "타인의 행복에서 나의 행복을, 주변 모든 사람의 존엄 속에서 나의 존엄을 추구하고, 타인의 자유 속에서 내가 자유롭게 되는 것이 나의 믿음이다"라고 외쳤다. 바로 미하일 바쿠닌(Mikhail Bakunin, 1814-1876)이다. 나는 그의 삶과 생각을 '자유를 위한 창조적 파괴'라고 본다. 즉 국가, 소유, 종교를 파괴하고 자치 사회, 집단 재산,

교육을 창조하자는 것이다.

그는 "생각, 의지, 인내력" 면에서 누구보다 뛰어났지만, "부, 지위, 명예, 대다수 인간이 바라는 비열한 모든 야망"을 경멸했다. 그리고 "전통, 편견, 인종 및 계급 이익에서 벗어나 자신의 안락함까지 무시할 수 있었던 대담한 반역자 무리에 처음으로 들어간 사람 중 한 명이었다. 반역자 이단아들과 함께 그는 자기를 희생하는 사람들이라면 으레 겪어야 하는 투옥과 유배를 경험하면서 갖은 위험과 깊은 슬픔으로 둘러싸인 가혹한 삶의 전투를 치렀다."(God5) 특히 그는 돈을 경멸했다. 평생 돈벌이를 하지 않았다. 당당하게 남들에게서 받거나 빌려서 '혁명'을 하는 데 사용했다. 모든 종류의 권력을 파괴하고 새로운 사회를 창조하고자 했던 '혁명'을 위해 말이다.

그런데 바쿠닌의 퉁퉁하고 우울한 털북숭이 얼굴을 보면 그를 혁명가라고 상상하기 어렵다. 바쿠닌에 대한 세상의 모든 책을 보라. 하나같이 그런 모습의 사진을 표지에 싣는다. 나는 그 사진이 싫다. 그 모습은 바쿠닌이 지옥 같은 러시아 교도소에서 괴혈병 등 치아가 모두 빠질 정도로 극심한 고통을 당한 뒤 시베리아에서 탈출했던 만년의 모습이기 때문이다.

2007년 토니상 일곱 개 부문의 상을 휩쓴 여덟 시간짜리 연극 〈유토피아의 해안The Coast of Utopia〉에서는 영화 〈죽은 시인의 사회〉 〈비포 선셋〉 등에 출연했던 미국 배우 에단 호크가 바쿠닌을 연기했다. 그런데 실은 스물네 살 바쿠닌의 자화상에서 볼

1829년의 자화상   1838년의 자화상

수 있는 얼굴이 에단 호크보다 더 멋지다.

  현재 남아있는 두 장의 자화상을 보면 청소년 시절의 바쿠닌은 거의 2미터에 가까운 6피트 4인치의 키에 짙은 금발, 놀라울 만큼 새파란 눈동자, 강인한 코, 귀여운 보조개까지 갖춘 완벽한 얼굴에 화려한 러시아 장교복을 입은 미남자였다. 실제로 바쿠닌을 모델로 해서 썼다는 소설 《루딘》에서 투르게네프는 주인공 루딘을 "키가 크고 등이 둥글며 곱슬머리에 거무스름한 안색, 불규칙하지만 표현력이 풍부하고 영리한 얼굴, 생기가 도는 짙은 푸른색 눈에 부드러운 빛이 넘쳐흐르고 콧날이 곧은 큼직한 코, 정교하게 조각된 입술"(루딘45, 번역은 수정됨)을 가진 사람으로 묘사했는데, 이는 젊은 날의 바쿠닌과 유사하다. 나는 〈죽은 시인의 사회〉에 나오는 반항하는 청춘 호크, 〈비포 선셋〉

에 나오는 낭만적인 방랑자 호크, 〈유토피아의 해안〉에 나오는 자유의 혁명가 호크를 바쿠닌의 새로운 이미지로 이 책에서 불러내고자 한다. 그런 의미에서 이 책은 세상에 딱 하나뿐인 '청춘 바쿠닌'의 책이다.

바쿠닌의 자화상에는 "나 자신처럼 이 그림도 미완성이다"라고 쓰여 있는데, 이 그림만으로도 바쿠닌이 그림에 상당한 재주가 있었음을 알 수 있다. 그는 음악에도 조예가 깊었고, 여러 나라 언어에도 능통했다. 물론 그의 특기라면 혁명과 저술인데, 어느 것이나 미완성이었다. 미완성이란 그의 삶이나 글, 사상이나 혁명(그러나 적어도 혁명의 미완성이란 사실 실패를 뜻한다), 심지어 우정이나 사랑에도 해당하는 말이다. 그러나 누가 자신을 완성했다고 감히 말할 수 있는가? 우리 모두 그렇듯이 인간 자체가 미완성이 아닐까? 나는 미완성의 바쿠닌이 좋다. 그런 바쿠닌을 욕하며 완성을 자처한 마르크스보다 더 좋다.

청춘 바쿠닌은 마르크스가 욕한 것과 달리 테러리스트도 폭력주의자도 공산주의자도 국가주의자도 권위주의자도 집단주의자도 아니다. 그렇지만 바쿠닌을 마르크스와 달리 사회주의자가 아니라고 비난하기 위해 그를 개인주의자나 자유주의자라고 몰아세운 종래의 아나키스트들이 펼친 주장과는 전혀 다른 차원에서 그를 바라봐야 한다. 또한 종래의 주장에 대립해서 바쿠닌을 개인주의나 자유주의와는 완전히 무관한 집단주의자나 공산주의자라고 주장한 아나키스트들과 달리, 나는 바쿠닌이

'자유로운 개인들이 자발적으로 자치 사회를 구성하여 사는 것을 이상으로 추구한 아나키스트'라고 본다. 그런 의미에서 그는 개인주의자이자 사회주의자이다. 나는 아나키즘을 '자유-자치-자연'의 삼자주의(三自主意)로 이해하는데, 그 점에서 바쿠닌의 아나키즘은 자유-자치에 치중되고 자연이 결여된 것으로 보인다. 19세기에는 아직 자연 파괴가 그리 심각하지 않았기 때문일 터다. 그러나 이 점은 비판적으로 볼 필요가 있다. 특히 비슷한 시대를 산 크로포트킨과 비교해보면 더욱 그렇다.

이 책은 한국인이 쓰는 최초의 바쿠닌 평전이다. '아나키즘의 아버지'라고 불리는 바쿠닌의 평전을 쓰는 것은 나의 오랜 꿈이었다. 오랫동안 자료를 모으고 검토한 뒤 2022년 5월부터 쓰기 시작한 것은 비단 바쿠닌이 5월에 태어났기 때문만은 아니다. 나에게는 바쿠닌이 항상 5월의 청춘으로 기억되기 때문이다. 그 청춘은 자유와 동의어다. 바쿠닌이야말로 평생을 바쳐 자유를 위해 투쟁했다. 모든 형태의 제도화된 권위에 저항하고 억압받는 모든 이들의 자유를 위해 싸웠다.

그러나 정말 유감스럽게도, 그런 멋진 이유만으로 이 책을 쓰는 것은 아니다. 5월이면 자연은 너무 밝고 푸르른 생명으로 가득하여 아름다운데, 현실은 너무 어둡고 더러워져 바쿠닌이 너무나도 그리워졌기 때문이다. 하늘은 너무 푸른데 세상은 너무 검어졌기 때문이다. 자본의 남한이나 독재의 북한이나 너무나 추악하기 때문이다. "사회주의 없는 자유는 특권이자 불의이며 자유 없는 사회주의는 노예제이자 야만"이라는 바쿠닌의 말은 지금 여기, 한반도에서 더욱 크게 울린다. 북한이 노예제 야만 상태에 있는 것은 어제오늘의 일이 아니다. 내가 사는 남쪽은 어떠한가? 역시 수상하다. 자유가 남발되나 권력과 자본을 수호하기 위한 자유에 불과하고, 민주가 남용되나 인민을 개돼지로 보는 자들의 가식에 불과하기 때문이다.

이 책은 2부로 구성된다. 1부는 바쿠닌이 1814년에 태어나 1861년부터 아나키스트가 되기까지 여정을 다룬다. 2부는 1861년에서 1876년에 죽기까지 아나키스트로 산 시기다. 그가 최초로 혁명에 뛰어든 것은 1848년 34세 무렵이었지만 그때는 물론 교도소에서 탈출했던 1861년까지는 바쿠닌을 아나키스트라고 보기 힘들다. 물론 언제부터 아나키스트라고 특정하기도 힘들다. 이 책에서는 바쿠닌이 아나키스트가 된 결정적인 계기를 제공한 사건이 시베리아에서의 탈출이라고 보고, 그 전 47년간의 바쿠닌을 '청춘의 낭만객'으로 본다. 47세까지를 청춘이라고 하는 데에 저항감을 느낄 독자도 있겠지만, 앞에서도 말했듯이 나에게는 62세의 나이로 죽을 때까지 바쿠닌은 언제나 청춘이었다. 시베리아 탈출로부터 시작되는 2부에서 다루는 시기는 바쿠닌이 죽기까지 15년에 불과하지만, 아나키스트로서 저술 작업에 매진하고 활동한 시기이므로 그 앞의 47년과 같은 분량으로 다룬다. 그는 마지막 15년을 자유로 시작해 자유로 끝난 '자유의 혁명가'로 살았다.

나는 이 책에서 바쿠닌 생애의 세부적인 묘사보다는 그의 사상과 실천의 전개 과정을 중시하고, 그것을 시대와 사회의 맥락 속에서 본다. 그 생애는 우리 모두의 삶처럼 노력과 착오, 추구와 좌절, 성공과 실패의 연속이다. 그의 시행착오로부터 배울 점도 있겠지만, 무엇보다도 그의 비판 정신과 실천 투쟁을 배워 이 시대의 어두운 장막을 걷는 지혜를 얻을 수 있기를 바란다.

나에게 바쿠닌은 영원한 청춘이다. 영원한 5월의 청춘이다.

2023년 5월
박홍규

차례

저자의 말_오월의 청춘 바쿠닌을 그리며   7

프롤로그_왜 이 책을 쓰는가?   20

1부   청춘의 낭만객 미하일 바쿠닌

1장 바쿠닌의 출생과 교육   31

청춘의 낭만객 / 바쿠닌의 고향 프리아무키노 / 바쿠닌, '저주받은 문제'의 전형이 되다 / 농노제 사회 러시아 / 〈정원의 집〉 / 바쿠닌의 조상과 부모는 어떤 사람들이었을까 / 미하일 바쿠닌의 어린 시절 / 전쟁과 반란의 세월들 / 러시아의 농노제와 자본주의 전환 / 바쿠닌, 소년 사관생도가 되다 / 첫사랑과 낭만주의

2장 반항의 시작   70

귀향과 탈영 / 스탄케비치를 만나다 / 소설 《루딘》과 바쿠닌 / 젊은 날의 로맨스 / 칸트와 피히테를 공부하다 / 벨린스키와 바쿠닌의 누이들 / 누이 뤼보프와 바르바라에게서 깨달음을 얻다 / 헤겔 철학에 심취한 바쿠닌 / 벨린스키와의 불화 / 도피인가, 유학인가 / 벌린의 주장

3장 베를린과 스위스   101

이반 투르게네프와 친구가 되다 / 역사학 공부 / 여러 문학인과 교류하다 / 종교와 정치 / 사회는 정치개혁을 요구한다 / "파괴에 대한 열정은 동시에 창조적인 열정이다." / 혁명의 요구 / 바쿠닌의 스위스 시절 / 빌헬름 바이틀링 / 바이틀링 비판 / 바쿠닌과 막스 슈티르너

4장 브뤼셀과 파리   135

프루동을 만나다 / 《재산이란 무엇인가》 / 바쿠닌은 프루동을 어떻게 수용했나 / 폴란드의 바쿠닌 / 바쿠닌과 마르크스는 왜 '좌파 드림팀'을 만들지 못했을까 / 프루동, 마르크스, 바쿠닌

5장 1848년 2월혁명   165

1848년 2월혁명 / 유럽 혁명 / 〈슬라브인에 대한 호소〉 / 마르크스, 바쿠닌을 중상모략하다 / 엥겔스의 제국주의 옹호 / 드레스덴에서 혁명을 지휘하다 / 감옥 생활 / 〈고백〉 / 감옥에서 병을 얻다 / 바쿠닌, 결혼하다 / 이르쿠츠크의 무라비요프 / 농노해방

2부 자유의 혁명가 아나키스트 바쿠닌

6장 시베리아 탈출과 이탈리아 207

세계를 돌아 탈출하다 / 알렉산드르 게르첸 / 〈젊은 러시아〉 / 〈인민의 대의〉 / 바쿠닌, 폴란드로 향하다 / 피렌체 / 나폴리에서 지낸 2년 / '국제혁명협회의 원칙과 조직' 하나_자유 / '국제혁명협회의 원칙과 조직' 둘_노동 / '국제혁명협회의 원칙과 조직' 셋_평등

7장 〈연방주의, 사회주의 및 반신학〉 237

'평화 자유 동맹'의 창립 / 〈연방주의, 사회주의 및 반신학〉_계급 / 〈연방주의, 사회주의 및 반신학〉_엘리트 / 〈연방주의, 사회주의 및 반신학〉_미국 / 〈연방주의, 사회주의 및 반신학〉_사회주의 / 바쿠닌, '동맹'을 떠나다 / 비밀결사 / 집단행동 / 일부 급진주의자들이 테러리즘으로 나아가다 / 1860년대 후반의 니힐리즘 / 세르게이 네차예프 / 〈혁명가의 교리서〉 / 바쿠닌의 혁명론 / 네차예프와 결별하다

8장 제1인터내셔널 278

제1인터내셔널 / 바쿠닌, 마르크스와 재회하다 / 바쿠닌과 마르크스의 공통점 / 바쿠닌, 마르크스와 대립하다 / 1868년 브뤼셀 대회 / 교육에 관하여 / 고통의 날들 / 〈바쿠닌에 대한 비밀 서신〉 / 인터내셔널의 성장

9장 파리코뮌　310

프로이센–프랑스 전쟁 / 1870년의 리옹 / 파리코뮌_이름에 합당한 유일한 자유 / 바쿠닌 사회주의와 마르크스 공산주의의 대립 / 인터내셔널, 바쿠닌을 제명하다 / 아나키스트들의 대응 / 바쿠닌과 마르크스의 차이점 / 우리는 모든 권력을 혐오한다

10장 〈신과 국가〉　337

바쿠닌, 종교를 비판하다 / 인간의 해방 / 자연법칙과 자유 / 학문에 대하여 / 자본주의란 무엇인가 / 자유론 / 독일 공산주의와 사회민주주의 비판 / 《국가주의와 아나키즘》 / 바쿠닌의 사회주의 비판 / 마르크스는 바쿠닌에게 어떻게 대응했을까 / 바쿠닌에게 가해진 반유대주의 이슈 / 바쿠닌의 마지막 말 / 바로나타에서 이별의 시간을 맞다 / 죽음

에필로그_수평적인 자유 평등 사회를 향하여　380

바쿠닌 연보　386

일러두기

인용 부호

1. 바쿠닌의 저작

바쿠닌의 저작은 인터넷에서 쉽게 구해 읽을 수 있다. 인터넷에서 인용하는 경우 출처를 밝히지 않고, 책에서 인용하는 경우엔 다음과 같이 한다.

- Bakunin — Bakunin on Anarchy: Selected Works by the Activist-Founder of World Anarchism, Routledge, 2013.
- God — Bakunin, God and the State, Dover, 1970.

바쿠닌 저술의 우리말 번역도 일부는 인터넷의 '아나키스트 도서관'에서 읽을 수 있으나 이 책에서는 인용하지 않았다. 책자로 된 저술 번역은 제임스 이디 외 엮음, 정해창 옮김, 《러시아 철학》 제1권, 415-456쪽에 실린 〈독일에서의 반동〉〈파리코뮌과 국가의 관념〉〈신과 국가〉(초역)에서 볼 수 있다. 이 책은 '이디'로 인용한다.

2. 바쿠닌 평전

- 카 — E. H. 카, 이태규 옮김, 《미하일 바쿠닌》, 이매진, 2012.
- Leier — Mark Leier, Bakunin: The Creative Passion-A Biography, Seven Stories Press, 2006.

3. 참고 저술
- 김상현 — 김상현, 《러시아 문화의 풍경들-러시아성과 문화 텍스트》, 성균관대학교출판부, 2017.
- 루딘 — 이반 투르게네프, 김학수 옮김, 《루딘》, 동화출판공사, 1972.
- 벌린 — 이사야 벌린, 조준래 옮김, 《러시아 사상가》, 생각의나무, 2008.
- 빌링턴 — 제임스 빌링턴, 류한수 옮김, 《이콘과 도끼》, 한국문화사, 2015.
- 애버리치 — 폴 애버리치, 하승우 옮김, 《아나키스트의 초상》, 갈무리, 2004.
- 우드코크 — 조지 우드코크, 하승우 옮김, 《프루동 평전》, 한티재, 2021.
- 윈 — 프랜시스 윈, 정영목 옮김, 《마르크스 평전》, 푸른숲, 2001.
- 진 — 하워드 진, 윤길순 옮김, 《마르크스 뉴욕에 가다》, 당대, 2005.
- 크로포트킨 — 표트르 크로포트킨, 김유곤 옮김, 《크로포트킨 자서전》, 우물이있는집, 2003.
- 프루동 — 피에르 조제프 프루동, 이용재 옮김, 《소유란 무엇인가》, 아카넷, 2013.

문장 부호
- 겹화살괄호(《 》)는 단행본, 장편소설, 소설집, 희곡집, 신문(일간, 주간, 월간, 계간, 부정기간행물 등)을 표시할 때 사용한다.
- 홑화살괄호(〈 〉)는 책의 형태가 아닌 인쇄물, 중·단편소설, 논문, 그림이나 노래와 같은 예술작품의 제목, TV 시리즈나 영화 및 전시회의 이름, 상호, 법률, 규정 등을 나타낼 때 사용한다.

프롤로그　　　　　　　　　　　　　왜 이 책을 쓰는가?

영국의 역사가 E. H. 카(E. H. Carr)가 1937년에 쓴 책을 1989년 우리말로 번역된 책이 내가 읽은 최초의 바쿠닌 평전이었다. 그 책은 바쿠닌을 적대한 마르크스나 엥겔스의 눈으로 바쿠닌을 평가절하한 것으로 유명했고, 심지어 마르크스보다 바쿠닌이 못하다는 우열론이 주된 기류였는데도 2012년에 재번역되어 출판되었다. 내가 이 책을 쓰면서 많이 참고한 마크 레이어(Mark Leier)의 《바쿠닌: 창조적 열정 *Bakunin: The Creative Passion*》같이 긍정적으로, 아니 최소한 공정한 입장에서 바쿠닌을 본 책도 많은데 말이다.

국내에서 바쿠닌을 다룬 책은 오로지 마르크스나 엥겔스를 치켜세우기 위해 쓴 것 같은 카의 번역서 두 권(같은 책이다)이 전부인데 그마저도 지금은 모두 절판된 상태고, 바쿠닌의 저서도 번역된 것이 없어서 바쿠닌에 관심이 있는 독자들이 읽을 만한 책이 없는 형편이다. 이 책은 2023년을 사는 한국인의 편견

없는 눈으로 본 바쿠닌 평전이라는 점에서 카의 책과는 다르다. 적어도 카처럼 적대적인 입장에서 바쿠닌을 다루지 않았다. 그렇다고 무조건 긍정하거나, 바쿠닌의 사상에 특별히 집중하지도 않는다.

나는 카처럼 바쿠닌을 비난하기 위해 이 책을 쓰는 것은 물론 아니지만 그렇다고 바쿠닌을 영웅으로 숭배하기 위해 쓰는 것도 아니다. 그가 보여준 반유대주의를 비롯하여 지금 우리의 눈에 맞지 않은 점들은 철저히 비판하지만, 마르크스와 엥겔스에 대해서도 비판적인 입장을 취한다. 마르크스를 비롯하여 많은 마르크스주의자가 바쿠닌을 스파이니 성불구자네 뭐니 하며 중상모략한 점에 대해서는 사실에 입각하여 비판적으로 언급한다. 카를 비롯하여 바쿠닌에게 적대적인 자들이 강조한 바쿠닌의 담배, 음식, 술에 대한 탐욕이나 사치, 낭비, 무례한 태도, 성 문제 등에 대해서도 그를 이해하는 데 필요한 정도로만 간단하게 언급하고 바쿠닌의 아나키즘 사상과 운동에 관심을 집중한다.

카를 비롯한 사회주의자들이 한 사람의 인생을 사회사나 사상사, 문화사나 시대사 차원에서 보지 못하고 시시콜콜한 가십이나 스캔들 중심으로 다루는 것을 나로서는 도저히 이해할 수 없다. 21세기 한국의 영혼 없는 '기레기'라면 모르지만 명색이 사회주의자라면서 어떻게 그렇게 유치할 수 있는가? 게다가 카는 바쿠닌의 주저인 《국가주의와 아나키즘》(1873)에 대해서는 일언반구도 하지 않았다. 이는 《자본론》을 전혀 언급하지 않고 오로지 마르크스가 저지른 불륜이나 그의 사치스러움이나 독선적이고 고집스러운 면 등을 중심으로 오로지 비난하기 위해 전기를 쓰는 것과 조금도 다르지 않다. 일제강점기 이후 1970년대까지 한국이 마르크스를 이해하는 방식도 카가 바쿠닌을 그린 수준과 같았다. 그 뒤 이에 대한 반동으로 마르크스를 찬양하는 분위기가 유행하면서 덩달아 바쿠닌을 비하하는 분위기가 형성되었다. 1930년대 영국에서 있었던 일이 반세기 뒤 한국에서 벌어진 것이다. 독점적인 책 한 권이 끼친 악영향은 이렇게 너저분하다.

카의 책만이 아니라 수많은 책이 바쿠닌과 아나키즘을 중상모략했다. 과거의 반공물은 물론이고 최근의 친공물도 예외가 아니다. 가령 바쿠닌을 끔찍이도 싫어하는 프랜시스 윈(Francis Wheen)의 《마르크스 평전 Karl Marx》은 물론 바쿠닌이나 아나키즘과 친한 하워드 진(Howard Zinn, 1922-2010)의 《마르크스 뉴욕에 가다 Marx in Soho》도 예외가 아니다.

윈은 자기 책의 11장 '광포한 코끼리'에서 바쿠닌을 집중적으로 비판한다. '광포한 코끼리'가 바로 바쿠닌이다. 마르크스가 바쿠닌을 '러시아 사제'(hierophant)라고 부르자 엥겔스가 "거대한 몸집, 쿵쾅거리는 걸음, 그의 앞길을 막아서는 것은 무엇이든 짓밟는 습관 등을 볼 때 코끼리(elephant)가 더 적합"(원436)하다고 해서 생긴 별명이다. 윈은 인터내셔널을 둘러싼 두 사람의 갈등을 주로 설명하면서 바쿠닌이 "점심거리를 바라보는 굶주린 하이에나처럼"(원464) 그것을 먹어 삼키려고 했다는 둥 바쿠닌을 심하게 비난한다. 한편 진은 두 사람이 마르크스 집에서 싸우다가 바쿠닌이 '창문 밖으로 오줌을 누는' 장면을 묘사한다.(진119) 가상의 연극이긴 하지만 너무나 지저분하다.

바쿠닌에 대한 원의 평가는 더욱더 심하다. "음모의 소도구에 집착"(원435) "군대 없는 장군, 또는 코란 없는 마호메트"(원436) "무모하고 일관성이 없는"(원437) "구제불능의 몽상가"(원438) "괴물" "성적으로도 변태" "순교자인 척하는 태도"(원439) "은밀한 음모와 비밀결사에 대한 어린아이 같은 집착" "공주와 그녀의 귀염둥이 무정부주의자"(원440) 등이 그렇다. 이 중 상당수는 마르크스와 엥겔스의 입에서 나온 것들로 그마저도 50세 이후의 바쿠닌을 보고 던진 말들이니, 편견으로 가득한 것이라고 밖에 할 수 없을 것이다.

그 가운데 "털북숭이 거인" "엄청난 살과 기름 덩어리" "뚱뚱하고 치아가 없는 거인"과 같이 바쿠닌의 용모를 비난하는 말도 많다. 이왕 말이 나온 김에 바쿠닌과 마르크스의 외양을 비교해보는 것도 괜찮을 법하다. 마르크스는 키가 작았다. 정확히 어느 정도인지는 모르지만 키가 거의 2미터에 육박했던 바쿠닌과는 상대가 되지 않아서 흔히 "땅딸막한 멧돼지"라는 평을 들었다. 피부는 가무잡잡해 평생 '무어인'이라는 별명을 달고 살았다. 게다가 바쿠닌보다 훨씬 심한 "털북숭이"였고 대학 시절부터 구레나룻을 기르기 시작하여 자랑스럽게 가꾸었다.

바쿠닌과 마르크스의 갈등과 대립은 사상적인 측면에서도 중요하지만, 주로 인터내셔널을 비롯한 사회주의 운동사에서 문제시되었다. 그 속에서 펼쳐진 논쟁과 상호 비방, 인신공격, 중상모략은 대단히 복잡하고 일면 추악한 부분도 있다. 따라서 나는 이 책을 쓰는 동안 그런 부분을 간략히 다루기로 마음먹었다. 소위 사회주의 운동사에서 이론 투쟁이라고 하는 것만큼 웃기는 짓도 없다. 기껏해야 수십 명, 심지어 손가락으로 셀 정도밖에 되지 않는 사람들이 모여서 공리공담을 일삼고 그 결과로 서로 죽이고 살리다니, 그만큼 황당무계한 짓이 또 있을까? 나는 개인적으로 직접 경험한 바나 책을 통한 간접 경험을 통해서 모든 파벌 간의 갈등, 특히 사회주의자들끼리 벌이는 파벌 갈등에 대해 항상 분노와 허무를 느껴왔다. 그런 문제에 관심이 있는 독자들은 카나 레이어의 책을 비롯한 여러 문헌을 참조하기 바란다.

나는 이 책에서 바쿠닌의 삶과 생각이 어떻게 전개되는지에 초점을 맞추었다. 바쿠닌을 정확하게 이해하려면 그를 둘러싼 여러 가지 문제, 가령 19세기 러시아의 사회, 문화, 아나키즘의 전개 등에 대해서 최소한이나마 알고 있어야 한다. 그러나 한국에는 이런 도움을 얻을 수 있는 문화적 통로가 거의 없다. 소위 세계적인 선진국에 들었다는 한국은 사회주의에 대한 소개나 연구가 다른 선진국에 비해 지극히 후진적이다. 마르크스주의에 대한 소개나 연구에 비해서 아나키즘을 소개하는 문헌이나 연구는 더욱더 빈약하다. 이런 상황에서 아나키즘을 공부하는 것은 독서인의 의무이자 운명이라고 느끼지 않을 수 없다.

나는 전 세계 보편적인 지식인의 평균에 한국 지식인의 평균을 견주어보면서 우리의 문화적 결여에 대해 늘 개탄해왔다. 그리고 그 점을 보충하기 위해 다양한 책을 쓰면서 늘 비판적인 입장을 견지하려고 노력했다. 왜냐하면 한국의 독서문화는 여전히 비판 정신이 약하고 당파적 숭배주의 경향이 강하기 때문이다. 당파가 존재하는 이유는 권력을 갖기 위해서다. 그래서 나는 평생 당파에 속하지 않고 권력을 갖지 않으면서 홀로 작업했다.

이 책도 마찬가지다. 나는 마르크스나 바쿠닌 어느 한쪽 편을 들 생각은 추호도 없다. 내가 아나키즘에 관심을 기울이는 것은 아나키즘이 무조건 옳다고 생각해서가 아니다. 아나키즘 같은 사상이 있다는 것을 보여주기 위해서다. 특히 한국에서는 아나키즘이 너무도 무시되기에 어느 정도라도 소개하여 빈 곳을 채우고 싶었다. 한편으로는 한국의 강력한 국가주의나 권위주의나 집단주의나 자본주의를 해소하는 데 조그마한 자극이라도 되지 않을까 싶은 마음도 있었다. 40여 년에 걸친 나의 이러한 노력이 얼마나 자극이 되었는지는 여전히 의문이고, 그래서 글을 낼 때마다 허무를 느끼면서 다시는 글을 쓰지 않겠다고 마음먹기도 하지만, 그러면서도 나는 글쓰기를 멈출 수가 없었다.

이 책도 그중 하나다.

위에서 언급한 하워드 진의 희곡에서 마르크스는 바쿠닌이 항상 혁명에 실패하면서도 "마치 그는 사랑에 실패하면 더욱더 기를 쓰고 사랑을 찾아 나서는 그런 사람 같았"(진103)다고 묘사한다. 바쿠닌의 이런 면을 같은 러시아 귀족 출신이자 아나키스트인 표트르 크로포트킨(Peter Kropotkin, 1842-1921)은 "도덕적인 인품"(크로포트킨367)이라 말하고, 그 점으로 바쿠닌은 영향력을 행사했다고 강조한다. 실패하는 혁명을 좇은 삶이 과연 '도덕적'인 것인지 아닌지 잘 알 수 없지만, 아나키스트인 크로포트킨에게는 그렇게 느껴진 모양이다. 그러나 바쿠닌은 평생 스스로 힘들게 노동하여 돈을 벌어본 적이 거의 없이, 남에게 돈을 빌리거나 얻어서 먹고살았는데(갚은 적도 거의 없다), 이런 사람을 '도덕적'이라고 할 수 있을지 의문이다. 게다가 상속을 가장 비도덕적인 것으로 비난하면서도 자기에게 상속된 재산을 받고자 노력했다. 이 점 역시 꽤 아이러니하다. '도덕적'이라는 말과도 잘 어울리지 않는다.

하지만 크로포트킨이 바쿠닌을 '도덕적'이라고 일컬은 것은 그가 '지적인' 권위보다 '도덕적'인 권위에 충실했다는 의미였다. 이때 그 '지적인' 권위란 마르크스를 가리키는 말일 수도 있다. 조금 다른 차원이기는 하지만 이사야 벌린(Isaiah Berlin, 1909-1997)은 "바쿠닌과 마르크스는 시와 산문처럼 달랐다"고 비교했다. 이를 감성과 지성으로 비교할 수도 있겠다. 또는 '서정적이고 자유로운 정신' 대 '융통성 없이 꾸준히 일만 하는 사람', 또는 '인간적인 자유의지론자' 대 '무자비한 권위주의자'로 비교할 수도 있을 것이다.(원437) 또 다른 차원에서는 바쿠닌과 마르크스를 트로츠키와 스탈린으로 비교하기도 한다.(원436)

마르크스나 엥겔스는 스스로를 과학적 사회주의자라고 칭하면서 유토피아주의자들을 공상적 사회주의자라고 몰아붙였다. 그 두 사람이 바쿠닌을 공상적 사회주의자라고 부른 것은 아니지만, 아마 그쪽에 더 가깝다고 간주했던 것 같다. 아니, 적어도 자기들과는 다른, 더 정확하게는 자기들보다 지적 능력이 떨어지는 비과학적 사회주의자라고 보았던 것 같다. 그러나 바쿠닌은 마르크스를 인간 본연의 혁명적 열정을 거세당한 사람이라고 보았다.(애브리치18) 반면 자신은 "마르크스 같은 체제의 발명가가 아니라" "어떤 체제에도 집착하지 않는" "충실한 탐구자" "실천의 혁명가"라고 자처했다. 항상 자유를 추구하며 몸소 실천하는 사람이라는 뜻이다.

이 책이 마르크스를 비롯하여 그의 후배들이 쓴 책들로 오염된 바쿠닌과 아나키즘에 대한 오해를 풀고, 나아가 이 어두운 세상을 밝혀주는 하나의 희망이 될 수 있었으면 좋겠다. 그 밖에도 이 책은 많은 부분에서 바쿠닌에 대한 기존의 저작들과 다른 관점을 취한다. 무엇보다도 이 책은 바쿠닌과 아나키즘의 핵심인 비판 정신을 제대로 알리기 위해 쓰였다. 모든 형태의 권력에 저항하고 비판하는 정신이야말로 아나키즘의 핵심이니까.

1부

청춘의 낭만객
미하일 바쿠닌

1장 바쿠닌의 출생과 교육

청춘의 낭만객

낭만(浪漫)이라는 말은 '물결 랑'과 '흩어질 만'이라는 두 한자의 조합으로 '물결이 흩어진다'라거나 '흩어지는 물결'이라는 뜻이다. 해변을 걸어본 사람이라면 누구나 발치에서 물결이 부서지던 그 아름다운 순간을 기억할 것이다.

그런데 이 말은 일본인들이 roman이라는 서양어를 옮기면서 본래 뜻과 무관하게 그저 발음을 따라 한자로 표기한 데 불과하다. 요즘 일본식 말을 청산하고 서양의 원어를 그대로 쓰자는 분위기가 대세인데(가령 불란서를 프랑스로 부르는 것처럼), 그냥 '로만'이라고 적으면 낭만이라는 말의 뜻이나 분위기가 죽는 듯해 유감이다.

'낭만'이라는 말에 '객'을 덧붙인 '낭만객'이라는 표현은 국어사전에 나오지 않는다. 그렇다고 일본말도 아니다. 크게 자신하기는 어렵지만, 우리가 사용하는 말이라고 생각하여 아나키스트가 되기 전 바쿠닌의 삶을 '낭만객'이란 말로 꾸며보았다. '낭만객'이란 '흩어지는 물결처럼 떠다니는 손님'이라는 뜻이다. 바쿠닌은 평생을 그렇게 살았다. 그런 만큼 그의 전반기 생에 대해서만 '낭만객'으로 특정하기엔 무리가 있지만, 흔히 후반생을 '자유의 혁명가'라고 부르는 것과 대비하여 이 말을 사용하고 싶다. 혁명가라고 하면 투철한 이미지가 먼저 떠오르지만, 낭만객이라고 하면 왠지 자유롭게 생각하며 행동하는 사람이라는 느낌이 든다.

낭만객과 비슷한 말로 동가숙서가식(東家食西家宿)이라는 말이 있다. 동쪽 집에서 밥을 먹고 서쪽 집에서 잔다는 뜻의 고사성어다. '일정한 거처가 없이 떠도는 사람'을 뜻하기도 하지만, '욕심을 지나치게 부리는 사람'을 비판하거나 '지조가 없는 사람'을 비꼬는 말로 쓰이기도 한다. 바쿠닌이 '일정한 거처가 없이 떠도는 사람'이고, 적어도 혁명에 관한 한 '욕심을 지나치게 부리는 사람'이기는 했지만, '지조가 없는 사람'이라고 하기는 힘들다. 그는 혁명의 냄새를 맡기만 하면 죽음도 무릅쓴 채 세상 어디라도 달려갔지만, 항상 실패했다.

앞에서 말했듯이 청소년 시절의 바쿠닌은 화려한 러시아 장교복을 입고 2미터에 육박하는 큰 키에 짙은 금발, 놀랍도록 파란 눈, 강인한 코를 갖춘 아름다운 용모의 미남자였다. 그런 바쿠닌이 혁명가가 되다니 대단한 변신이라고 하지 않을 수 없다.

머리말에서 말했듯이 연극 〈유토피아의 해안〉에서 에단 호크가 바쿠닌을 연기한 것은 잘못된 캐스팅으로 보인다. 호크는 키가 179센티미터인 데다가 체격이 왜소하기 때문이다. 얼굴 역시 젊은 바쿠닌이 에단 호크보다 훨씬 부드럽다.

바쿠닌의 풀네임은 미하일 알렉산드로비치 바쿠닌(Mikhail Aleksandrovich Bakunin)이지만 보통 미하일 바쿠닌으로 불린다. 이 책에서는 바쿠닌을 주로 쓰고, 가족 내 다른 바쿠닌과 구별할 때는 그들의 이름을 쓴다. 가령 바쿠닌의 아버지는 '알렉산드르'라고 적는데, 그 이름이 처음 나올 때는 풀네임으로 알렉산드르 바쿠닌(Alexandr Bakunin)이라고 표기할 것이다.

바쿠닌의 고향 프리아무키노

프리아무키노(Priamuhkino)*는 1933년부터 1990년까지 칼리닌(Kalinin)으로 알려진 트베르(Tver)시에서 동쪽으로 약 60마일 떨어진 오수가(Osuga) 강변에 있다. 트베르는 트베르주의 주도이고, 인구 40만 명 정도의 중소도시다. 러시아에서는 오랜 역사를 가진 도시 중 하나로 꼽힌다. 19세기 상트페테르부르크의 일상생활을 묘사한 문장을 보면 그곳 물장수는 대부분 트베르

---

* 카21 등에서는 프레무키노(Premukhino)로 표기한다.

출신이라고 했으니 트베르가 그리 부유한 지방은 아니었던 것 같다. 그들은 새벽 6시부터 한밤중까지 물을 배달해 팔았는데, 일이 너무 고된 탓에 노동 가능한 나이를 22세에서 44세까지로 제한했다.

오수가강은 볼가강의 지류인 트베르챠(Tvertsa)로 흘러 들어가 트베르와 모스크바로 흐른다. 우리에게 〈스텐카 라진〉이라는 노래로 유명한 볼가강은 유럽에서 가장 긴 강으로 길이가 3,690킬로미터에 이른다. 남한에서 가장 길다는 낙동강(525킬로미터)의 7배가 넘는다. 러시아 사람들은 볼가강을 '볼가 마투슈카'라고 부른다. 마투슈카는 '어머니'를 가리키는 단어인 '마치'보다 훨씬 정겨운 '엄마'를 뜻한다. 그들은 또한 러시아의 주요 교통로인 볼가강을 '러시아의 젖줄'이라고도 한다. 그러니 볼가강은 엄마의 젖줄인 셈이다. 나는 볼가강에 가면 언제나 어린 시절에 불렀던 노래를 다시 부른다.

넘쳐흐르는 볼가강 강물 위에
스텐카 라진 배 위에서 노랫소리 들린다.
페르시아 영화의 꿈 다시 찾은 공주의
웃음 띤 그 입술에 노랫소리 드높다.
돈 코사크 무리에서 일어나는 아우성
교만할 손 공주로다, 우리들은 우리다.
다시 못 올 그 옛날에 볼가강물 흐르고

꿈을 깨친 스텐카 라진, 장하도다. 그 모습

　스텐카 라진으로도 불리는 스테판 라진(Stepan Timofeyevich Razin)은 루스 차르국의 카자크(코사크는 영어식 이름)로 1670-1671년 봉기를 일으킨 인민 영웅이다. 이 노래는 라진이 전투 도중 페르시아 공주를 사로잡아 아내로 삼았는데, 이를 전우들이 비난하자 공주를 볼가강에 던져 죽이고 봉기를 일으킬 때의 초심으로 돌아갔다는 전설에서 유래했다. 라진의 봉기 이후

스테판 라진

300년이 지난 1970년대 한국에서 이 노래가 자주 울려 퍼졌다. 금지곡이었는데도 말이다.

　프리아무키노는 당시 러시아에서 가장 큰 도시인 모스크바에서 북서쪽으로 150마일, 러시아 수도 상트페테르부르크에서 남동쪽으로 2배 정도 떨어진 곳에 있었다. 대도시와 멀리 떨어진 시골이었던 셈이다. 그곳에는 프리아무키노를 포함하여 세 개의 마을과 자작나무, 소나무, 가문비나무가 무성한 4,000에이커의 숲, 약 675에이커의 농지, 약 340에이커의 목초지가 있었다. 그리고 길고도 널찍한 18세기 단층집이 있었는데, 그곳이 바로 바쿠닌 가족이 살았던 집이다.

　그 집의 전체 넓이는 600만 평으로 20제곱킬로미터가 훨씬 넘는다. 축구장을 기준으로 2,200개가 넘는 정도이니 눈으로 측정하기 힘들 만큼 넓다. 그러나 이 정도의 소유지는 당시 귀족에겐 중간급에 불과했다. 바쿠닌 집안이 소유한 땅은 러시아의 구 수도인 상트페테르부르크나 현 수도인 모스크바 사이에 있는 대평야 지역이었다. 몇몇 사람들은 다른 지역에서 보기 어려운 너무나도 광대한 땅을 러시아 문화의 형성과 발전을 규정하는 가장 중요한 요소라고 보기도 한다. 이러한 지리적 특성에서 오는 "삶의 피할 길 없는 답답함과 따분함"이 러시아 귀족들을 '저주받은 문제', 즉 '혁명'으로 내몰았다는 것이다.(빌링턴 2-432)

바쿠닌, '저주받은 문제'의 전형이 되다

바쿠닌을 '저주받은 문제'의 전형이라고 칭하는 이유는 무엇일까? 사람들은 흔히 바쿠닌에 대해 다음과 같이 말한다.

바쿠닌이란 인물에 의해 1840년대 말엽의 유럽에 들이닥친 파괴의 열정은 독일인의 사상과 슬라브인의 열정, 그리고 지방 귀족의 개인적 좌절과 따분함이 상호작용해서 생겨난 철학적 절망의 가장 극단적인 예증일 뿐이다. 더욱이 바쿠닌은 '동트는 새벽'의 '넘치는 힘'이 '담금질한 칼'의 미래가 '죽어가는 시인'의 입술에서 '살아있는 혁명가'의 삶으로 옮겨가는 것을 생생하게 보여준다. 그의 활화산 같은 이력은 다사다난한 알렉산드르 2세 통치기 동안 러시아를 휩쓴 돈키호테식 대의와 십자군 운동의 확산을 미리 보여주었고, 그것에 얼마간 영향을 미쳤다.(빌링턴2-431)

위 인용문에서 '죽어가는 시인'이란 19세기 러시아 사상가인 블라디미르 폐초린(Vladimir Pecherin)이 쓴 미완성 3부작 희곡의 제3부에 나오는 시인을 말한다. 차르 전제를 거부한 반항적인 작가이자 낭만주의 서정시인인 그는 러시아를 '동트는 새벽'의 나라라고 일컬으면서 "나는 은혜로운 검을 러시아에 쏟아부을 것"이라고 했다. 그가 말한 은혜로운 검이란 '다마스쿠스 검'인데 이는 가볍고 탄성이 크면서도 날카롭기로 이름난 명검이다.

태어나고 자란 자연환경이 한 인물의 인격을 형성하고 인생을 살아나가는 데 있어 중요한 요인으로 작용한다는 것을 부정할 생각은 없다. 그러나 위에서 인용한 미국의 러시아 학자 제임스 빌링턴(James Billington)처럼 지나치게 중시하는 경향에 대해서는 비판적으로 인식해야 한다. 빌링턴의 《이콘과 도끼: 해석 위주의 러시아 문화사 *The Icon and the Axe: An Interpretive History of Russian Culture*》는 60여 년 전인 1960년대에 나온 책이다. 저자는 그 책에서 러시아 문화의 형성과 발전을 규정하는 가장 중요한 요소로 자연환경과 함께 '동방 기독교의 유산'과 '서방과의 접촉'을 꼽는다. 빌링턴은 '서방' 중에서도 영국을 근대국가의 모범사례로 보고 바쿠닌을 비롯한 러시아 사상가들이 집중했던 독일 등을 부정적 시각으로 본다. 또 한편으로 그는 지리적 환경으로 인한 '지방 귀족의 개인적 좌절과 따분함'이라는 점을 지나치게 강조하는데, 이런 점은 비판적으로 살펴보아야 할 것이다. 빌링턴이 바쿠닌을 독일에 기울었다고 보는 것도 문제지만, 사실 이런 견해는 내가 이 책에서 비판하는 영미학자들의 공통된 의견이기도 하다.

나아가 바쿠닌을 비롯한 러시아인이나 러시아 문화를 이해할 때 '러시아성'(Russianness)이라는 개념을 강조하는 데도 비판적인 시각이 필요하다. 러시아에서 나온 《러시아인의 정신구조 사전》에 의하면 러시아성은 노동애, 조국애, 선의 추구, 동정심, 관용, 양심, 개인의 자유, 비겁함에 대한 증오, 극단적인 몰입,

적대 세력에 대한 증오 같은 개념들이 핵심이라고 한다.(김상현 9) 그러나 이러한 개념들은 어느 나라에서나 볼 수 있는 것들이고 러시아에서는 상대적으로 좀 더 강한 정도가 아닐까?

농노제 사회 러시아

19세기 러시아를 이해하려면 당시 러시아 사회의 가장 근본적인 문제였던 농노제를 이해해야 한다. 일반적으로 농노제(農奴制, Serfdom)란 봉건제 유럽 중세 사회에 존재했던 하층민의 종속 체제를 말하지만, 러시아에서는 농노제가 19세기까지 존속했다.

19세기 당시 러시아 귀족의 부는 소유한 토지의 넓이가 아니라 지주가 통제하는 성인 남성 농노의 수로 측정하는 것이 일반적이었다. 당시 바쿠닌 가족은 약 500명의 농노를 소유했는데, 여성과 어린이의 숫자는 그 이상이었다고 하니 모두 합해서 1,000명이 넘었을 것이다. 그중 65명의 농노가 가사도우미로 일했고, 프리아무키노 집에만 약 35명의 농노가 있었다. 나머지 사람들은 바쿠닌 가문의 땅에서 일하고 목재를 자르고 가축을 기르고 낚시를 하고 가족 단위로 의복과 기타 물품을 생산했다. 하지만 농노가 500명이라고 해서 갑부는 아니었다. 러시아에서 그 정도 규모는 중간 정도의 부유층에 해당했다.*

당시 러시아의 진짜 골칫거리는 전쟁과 반란보다 농노제를 어떻게 할 것인가, 경제 시스템을 자본주의로 전환할 것인가 하는 문제였다. 자본과 자본가가 충분하다고 해서 자본주의로 전환할 수 있는 게 아니었다. 무엇보다 중요한 것은 노동자, 즉 자본가를 위해 일할 수 있는 인구가 얼마나 많은가 하는 점이었다. 따라서 러시아에 자본주의를 안착시키려면 농노를 임금 노동자로 전환해야 했다. 그러나 이는 러시아 사회의 근본 경제 체제를 파괴하는 것 이상을 뜻했다. 차르와 귀족이 중심이었던 농노제 사회 구조를 파괴하지 않는 한 자본주의로 전환하는 것이 불가능하다는 의미였기 때문이다.

농노제는 자본주의와 매우 다르게 작동한다. 자본주의에서는 고용주가 생산이 이루어지는 공장을 소유하고 통제한다. 누구를 고용하고 누구를 해고할지, 어떻게 물품을 생산할지 등등 모든 문제를 고용주가 결정한다. 노동자가 하는 일이란 고용주를 위해 상품이나 서비스를 생산하는 것이고, 그들이 생산한 모든 것은 결국 자본가의 몫으로 돌아간다. 고용주는 노동자가 생산한 상품을 판매하고 노동자에게 그들 자신이 창출한 가치 중 일

---

* 16세기에 퇴계 이황이 367명의 노비 문서를 남겼을 정도로 조선도 노예제 사회였다. 세종의 아들 중 광평대군과 영응대군은 각각 1만 명 이상의 노비를 소유했다. 서울에 사는 미관말직 양반 관료도 평균 100명의 노비를 소유하였다. 조선의 노비와 달리 유럽의 노예나 농노는 대부분 전쟁 포로들이었다. 투르게네프가 쓴 《사냥꾼의 수기》에서 볼 수 있듯 러시아에서는 전쟁 포로를 농노로 데리고 있는 경우가 많았다.

러시아의 농노

부를 임금으로 제공한다.

 이에 비해 농노는 상품을 생산하여 그 대부분을 자발적으로 또는 위협과 위력에 의해 국가와 귀족, 그리고 교회에 바쳤다. 장인, 전문가, 상인 등의 중산층도 있었지만, 당시 러시아에선 지주와 농노의 관계가 가장 중요했다. 농노가 인구의 대다수를 차지했고, 그들이 부의 대부분을 생산했기 때문이다(차르를 비롯한 귀족은 농노가 생산한 부의 대부분을 가져가기만 했다).

 러시아에는 독립하여 자급자족하면서 살아가는 농민도 있었지만 극소수에 불과했다. 대다수는 다른 사람이 소유한 경작지를 일구며 살았다. 그중 약 40퍼센트는 생산물을 차르에게 직접 바치는 국영 농민이었고, 나머지 약 60퍼센트가 농노, 즉 바쿠

프리아무키노 저택

프리아무키노 저택의 정자

닌과 같은 귀족이 사적으로 소유한 사람들이었다. 농노들은 법으로 특정 지주와 토지에 묶여 있었다. 그들의 후손도 마찬가지였다. 일부는 조상들처럼 들판에서 일했고, 일부는 제화공이 되거나 대장장이가 되었다. 여성들은 가사도우미로 일하기도 했다. 농민들은 소유주에게 몇 가지 방법으로 임대료를 지불했다. 가장 일반적인 방법이 소유주를 위해 직접 노동(barshchina)을 제공하거나 농장 생산물에서 일정 부분을 떼어 현물(obrok)을 지급하는 것이었다.

〈정원의 집〉

옆에 있는 사진은 바쿠닌이 살았던 프리아무키노 저택이다. 애석하게도 이 집에 대한 구체적인 정보는 찾아보기 어렵지만, 바쿠닌의 오랜 친구였던 투르게네프가 《사냥꾼의 수기》에 묘사한 내용을 보면 어느 정도 상상이 가능하다. 소설의 세 번째 에피소드에는 지주의 거대한 저택 주변에 여러 개의 부속 건물이 있는 것으로 나온다. 농노의 방, 작업장, 마구간, 곡물 창고와 마차고, 목욕탕, 손님과 지배인들을 위한 사랑채, 꽃을 가꾸는 온실, 그네 등이다. 거대한 잔디 정원과 연못, 정자도 있었다.

프리아무키노에 대해서는 최근 존 랜돌프(John Randolph)가 쓴 《정원의 집: 바쿠닌 가족과 러시아 관념론의 로맨스*The*

House in the Garden: The Bakunin Family and Romance of Russian Idealism》라는 책에 상세히 서술되어 있는데, 그 이야기는 이 책의 제1부에 해당하는 내용이기도 하다.* 여기서 garden을 '정원'이라고 번역했지만, 그 정원이란 우리식으로 울타리 안의 몇 평 남짓한 꽃밭을 말하는 게 아니라 위에서 보았듯 수백만 평의 공간을 뜻한다.

  2002년 영국의 극작가인 톰 스토파드(Tom Stoppard)는 3부작 연극인 〈유토피아의 해안〉에서 러시아 지식인의 정신적 역사를 묘사했다. 여기서 그는 프리아무키노를 제1막의 배경으로 선택했다. 연극은 바쿠닌과 마찬가지로 러시아 문학사에서 가장 오래 사랑받아온 작가 이반 투르게네프(Ivan Turgenev, 1813-1883), 영리하고 변덕스러운 젊은 비평가 비사리온 벨린스키(Vissarion Belinsky), 귀족 알렉산드르 게르첸(Alexander Herzen) 등이 주인공으로 등장하여 정치, 사랑, 상실, 배신의 드라마를 써나간다. 그러나 이 작품에서 바쿠닌은 부정적인 인물로 묘사된다. 절망적일 만큼 선견지명이라곤 찾아보기 힘들고, 끊임없이 감옥을 들락거리면서 항상 지저분한 모습으로 유행이나 좇는, 무책임하고 다른 사람들에게 돈을 구걸하는 인물로 그려진다. 이를테면 '경멸'의 대상으로 등장한 것이다. 이런 모습은 일반적으로 E. H. 카를 비롯한 영국인들이 바쿠닌에 대해 가진 편

---

* John Randolph, The House in the Garden: The Bakunin Family and Romance of Russian Idealism, Cornell University Press, 2007.

견의 발로였음은 앞에서도 지적했다.

프리아무키노의 역사는 바쿠닌의 할아버지인 미하일 바실리에비치 바쿠닌(Michael Vasilevich Bakunin)이 1779년에 상트페테르부르크에 있는 집을 버리고 그곳으로 이사하면서 시작된다. 할아버지는 장교 출신의 외교관으로 페르시아 주재 러시아 대사를 지냈는데, 러시아 귀족 14계급 중에서 제4위에 해당했다.

바쿠닌의 할아버지는 러시아 풍자화에 나오는 전형적인 귀족이었다. 활력이 넘치며 곰처럼 위압적인 모습을 갖춘 남성을 떠올리면 된다. 가족 간에 전해오는 이야기에 따르면, 그는 나무판자 한 장으로 도적 무리를 혼자서 몰아내기도 했고, 마부가 무례하게 행동하자 번쩍 들어 강물에 던졌다고 한다. 이 책의 주인공인 바쿠닌은 그의 장손으로 비슷한 용모와 성격을 가졌지만, 할아버지와 같은 괴력의 소유자는 아니었다.

바쿠닌의 할아버지는 아주 오래된 러시아 가정 출신의 류보브 페트로브나 미세츠카바(Liubov Petrovna Myshetskaya)와 결혼했다. 바쿠닌 가문보다 훨씬 전통 있는 가문의 자손이었다. 두 가문의 이익을 위해 지위와 부를 결합한 것이었으니 일종의 정략결혼인 셈이다. 대부분의 유럽 국가와 달리 러시아의 귀족 여성은 재산과 농노를 소유할 수 있었다. 이에 따라 미세츠카바는 트베르 지방에 있는 엄청난 영토를 상속하여 1779년에는 프리아무키노 마을을 사들였다. 덕분에 바쿠닌의 할아버지는 공직에서 은퇴하여 재산을 관리하며 편하게 살 수 있었다.

바쿠닌의 조부모는 아들 셋과 딸 다섯을 두었다. 딸 둘은 결혼했으나 나머지 셋은 독신으로 살았고 두 아들은 전통적인 남성 귀족의 길을 걸어서 각각 공무원과 군인이 되었다. 막내아들 알렉산드르만 다른 길을 갔다. 러시아의 전형적인 귀족이었던 아버지와 달리 알렉산드르는 18세기 후반과 19세기 초반의 '현대' 러시아 귀족을 대표했다. 그는 육체적으로 강인하지도 성급하지도 않았다. 도리어 허약한 편이었다. 부모는 알렉산드르가 혹독한 러시아 기후를 견딜 수 없다고 판단하여 그가 아홉 살이 되자 이탈리아의 고(古) 도시 파도바(Padova)로 보냈다. 바쿠닌 가문이 프리아무키노에 정착하기 직전이었다. 추운 나라에 사는 러시아인들은 예나 지금이나 따뜻한 이탈리아를 좋아한다. 톨스토이의 소설 《안나 카레니나》에도 카레니나와 그녀의 애인인 브론스키가 이탈리아로 도피 여행을 떠나는 장면이 나올 정도다.

바쿠닌의 조상과 부모는 어떤 사람들이었을까

바쿠닌 가문의 시조로 1575년부터 1586년까지 폴란드의 왕을 지낸 스테판 바토리(Stephen Bathory)도 젊은 시절 파도바에서 공부했다. 덕분에 1789년, 파도바에 그의 동상이 세워졌다. 원래 트란실바니아(Transilvania)의 왕자였던 스테판은 현재의 에스토니아와 발트해의 라트비아 일부인 리보니아(Livonia)를 두고 러시아의 뇌제(雷帝, Ivan the terrible)라고 불린 이반 4세를 상대로 여러 차례 전쟁을 벌였다. 스테판은 지금도 폴란드에서 숭배하는 인물이다. 반면 스테판의 질녀인 엘리자베스는 늑대인간으로 600명 이상의 처녀를 살해하고 젊음을 유지하기 위해 그들의 피로 목욕했다는 혐의를 받아 1614년에 유죄 판결을 받은 후 감옥에서 사망했다. 이러한 바토리 가문과의 연결고리가 약했기에 망정이지 그렇지 않았으면 바쿠닌의 비방자들은 틀림없이 그의 아나키즘이 늑대인간 유전자의 결과라고 주장했을지도 모른다. 흡혈귀인 드라큘라 백작도 트란실바니아 사람이므로 그가 아나키즘의 선구자라고 했을지도 모른다.

바쿠닌의 아버지 알렉산드르는 자유가 없는 러시아와 달리 자유가 흘러넘치는 이탈리아의 파도바에서 젊음을 만끽했다. 아마도 그는 가문의 시조인 바토리의 동상이 세워지는 모습에 감격했을 것이다. 파도바 대학은 1222년, 자유의 상징으로 건립되었다. 세계 최초이자 이탈리아 최초의 대학인 볼로냐 대학의 교수와 학생들이 학문적 자유를 찬탈당한 것에 항의하여 그곳을 떠난 뒤 설립한 대학이었기 때문이다. 이탈리아의 두 번째 (세계에서는 일곱 번째)로 오래된 대학인 파도바 대학의 모토는 '파도바의 자유는 모든 사람에게 전부이고 완전하고 일반적이다(Universa Universes patavina libertas)'였다. 러시아가 상징하는 정통, 독재, 문화적 빈곤과는 완전히 반대되는 것이었다.

바쿠닌의 아버지 알렉산드르 바쿠닌

알렉산드르는 그곳에서 벌레*에 관한 세 편의 라틴어 논문으로 자연사 박사 학위를 받았다. 학위를 받은 후 그는 러시아 외교부에 들어가 피렌체와 토리노의 공사관에서 비서로 일했다. 그동안 18세기의 가장 중요한 사건인 프랑스 대혁명을 직접 목격할 수 있었는데, 어쩌면 1789년 7월 14일 바스티유 습격에 참여했거나 그 장면을 관찰했을지도 모른다. 21세 청년 시절에 겪은 경험은 자신만이 아니라 그의 가족에게도 지대한 영향을 미쳤다.

프랑스 대혁명은 전 세계에 반향을 일으키며 정치 권력에서 예술, 국가 개념과 민족주의, 사물을 측정하는 방식에 이르기

---

* 카22에서는 '기생충'이라고 하지만 의문이다. '벌레 같은 인간'이라고 번역되기도 했다.(《반역아 미하일 바쿠닌》, 종로서적, 1989, 6쪽.)

까지 모든 것을 바꾸었다. 유럽 전역에 퍼진 철학자, 화가, 음악가, 시인들은 적어도 초기에는 혁명에 박수를 보내고 지지했다. 혁명의 이상에 대한 공감은 살롱, 콘서트홀, 강의실 등에서도 이루어졌고, 국제적으로도 파급되었다. 특히 아이티에서는 가장 직접적이고 효과적으로 흑인 노예들이 혁명을 수용하고 1791년 8월에 제국 프랑스에 대항하는 세계 최초의 노예 반란을 성공시켰다.

알렉산드르는 대혁명에 동조했다. 그는 이제 더는 아버지의 방식이 통하지 않는다고 여겼다. 한편 그의 아버지는 건강이 더 나빠지고 있었고, 그의 형제들은 차르를 섬기는 일을 계속해야 했다. 어머니와 자매가 재산을 관리할 수 없다는 당대의 성차별적인 인식으로 인해 집안의 유산을 책임질 사람이 필요해지자 알렉산드르의 부모는 아들이 집으로 돌아와야 한다고 탄원했다. 결국 알렉산드르는 유망한 외교관직을 포기하고 서른이 채 되기 전 러시아로 돌아왔다. 그러나 더는 혼자가 아니었다. 그는 자유, 교육, 정의라는 새로운 이상과 함께 왔다.

시골 생활은 즐겁지 않았다. 빚은 많았고 지주로서의 삶은 고되었다. 그래서 2년 만에 공직에 복귀했으나 부패한 모습에 좌절하여 10개월 만인 1799년에 다시 고향으로 돌아와 그때부터 장원을 가꾸는 데 몰두한다. 그 결과 2년 만에 빚이 줄고 농노의 수는 두 배로 늘었다. 곡식을 갈던 물레방아를 증축하고 제재소를 건립하고 가옥을 개조했다. 1803년, 부친이 사망하자 어머니는 결혼할 때 가져온 재산 대부분을 알렉산드르에게 증여했다. 이로써 그는 프리아무키노의 주인이 된다.

알렉산드르는 자신이 러시아와 서양이라는 두 세계를 잇는 다리라고 생각했다. 평화롭고 목가적인 분위기에서 러시아 전통에 유럽의 선진문물을 이식하면서 공존 가능성을 탐지한 그는 의식적으로 '자연이라는 뿌리에 외국의 싹을 접목'했다.

무엇보다 그는 토론과 저술을 통하여 신민과 통치자의 상호 권리, 의무 및 책임을 명확하게 규정하도록 법률을 개정하고, 부패와 자의적 결정을 종식할 사법개혁을 요구했다. 나아가 재산은 법으로 보호되어야 하고, 독재정권에 의해 압류되지 않아야 하며, 모든 사람의 권리는 폭정으로부터 보호받아야 마땅하다고 주장했다. 성직자들은 예술과 과학이 시대에 뒤떨어진 미신적인 사고 때문에 방해받지 않도록 대중을 도와야 하며, 정부는 주로 농업과 원자재 수출에 기반을 둔 경제 시스템을 현대화하여 무역과 산업이 번성할 수 있도록 해야 한다고 역설했다.

특히 그는 러시아 경제의 근간인 농노제를 신랄하게 비판했다. 농노제를 철폐해야 한다고 주장하지는 않았지만, 농노들이 처한 끔찍한 상황을 개탄했다. 가난을 개인의 게으름 탓으로 돌리는 많은 귀족과 달리 알렉산드르는 러시아의 저개발 정책 자체가 경제적, 정치적 억압의 결과물이라는 것을 잘 알고 있었다. 그는 계몽된 농노의 모델을 만들기 위해 자신의 농노를 위한 '지주와 농민의 계약'을 작성하여 각자의 상호 권리와 책임을 설명하고 농민에게 토지와 세습 소유권을 부여한다는 계획을 세웠다. 알렉산드르는 그것이 농노들의 생산성을 향상하고 국가에 대한 충성심을 유지하는 데 충분한 자양분이 되어주리라고 믿었다.

그러나 알렉산드르는 혁명가가 아니었다. 그가 주장한 개혁은 지주와 농민 간의 갈등을 제거하면서 농노제를 유지하는 것이었다. 이는 오늘날 고용주들이 노동자들에게 최저 임금을 주면서 회사에 충성하기를 바라는 것과 크게 다르지 않았다. 오늘날 최저 임금조차 주려고 하지 않는 고용주들에 비하면 200년 전인 19세기 초 알렉산드르의 주장은 매우 진보적인 것으로 보이지만 말이다. 게다가 그는 현대적인 아이디어와 기술을 사용하여 인간과 자연이 조화로운 상태로 돌아가기를 희망했다. 따라서 낭만적인 장원을 창조하는 데도 열성을 다했다. 낭만객 아나키스트 바쿠닌은 그런 아버지 밑에서 태어났다.

미하일 바쿠닌의 어린 시절

1810년, 42세가 된 알렉산드르는 또 다른 낭만적인 충동에 휩싸인다. 이웃 지주의 18세 의붓딸인 바르바라 무라비에바(Varvara Muravieva)와 사랑에 빠져 결혼한 것이다. 23세라는 나이 차는 당시 유럽 귀족들 사이에서 그다지 문제 거리가 되지 않았다. 두 사람은 14년 동안 11명의 자녀를 낳았다. 그들 부부가 자녀를 많이 둔 데엔 몇 가지 이유가 있었다. 산아제한이 없었다는 것도 다자녀 가정이 된 데 한몫했지만, 당시 사회가 어린아이들을 부와 지위의 잠재적 원천으로 파악하고 있었다는 게 더 큰 요인이었다. 특히 소작농 가정에서는 자녀가 많을수록 일손이 늘어나는 셈이었고, 나아가 그중 누군가가 출세할 수도 있는 일이었다. 그러니 지위 변화의 사다리를 타기 위해서라도 아이들을 많이 낳고 싶어 했을 것이다. 유럽도 마찬가지였다. 가령 산업화 시기의 영국 귀족 가정에서는 6명의 자녀를 두는 게 일반적인 현상이었다. 러시아는 의료 서비스의 질이 열악해서 유아 사망률이 높았으므로 출산은 더욱더 장려되었다. 게다가 러시아 귀족들은 유모를 고용했기에 양육 의무에서 벗어난 산모는 계속 출산을 할 수 있었다.

두 딸 뤼보프(Lyubov)와 바르바라(Varvara)에 이어 바쿠닌은 1814년에 태어났다. 그리고 1815년과 1816년에 각각 타티아나(Tatiana)와 알렉산드라(Alexandra), 그리고 1818년과 1823년 사이에 다섯 명의 아들인 니콜라이(Nikolai), 일리야(Ilya), 파벨(Paul), 알렉산드르(Alexander), 알렉세이(Alexei)가 태어났다. 1년 후, 또 다른 딸 소피아(Sophia)가 태어났지만 세 살이 되기 전에 이질로 죽는다.

바쿠닌의 어머니는 출산하느라 너무 바빴고, 훗날 아이들에게 무시당하는 존재로 남는다. 바쿠닌은 성인이 된 뒤 그의 형제자매들이 모두 아버지를 존경했지만, 정작 어머니는 사랑하지 않았다고 말했다. 러시아에서는 어머니와 자녀들의 관계가 제한적이고 형식적이었다. 특히 귀족 어머니들은 어린 자녀들을 양육하는 데 거의 관여하지 않았다. 대신 그들은 훈련을 담당하는 간호사와 가정교사를 감독했고 아이들에게는 따뜻함과 애정보다는 무조건적인 복종과 질서를 요구했다. 귀족 계급의 여성들에게 우울하고 냉담한 성향이 강했던 것도 이런 사회적 배경과 무관하지 않을 것이다.

한편 바쿠닌의 아버지는 장 자크 루소(Jean Jacques Rousseau, 1712-1778)의 《에밀Émile, ou De l'éducation》에서 영감을 받아 자신이 어린 시절에 겪은 '지루함과 속박'을 피하려고 아이들을 따뜻하고 친절하게 대했다. 아이들에게 무엇인가를 가르치거나 태도 등을 시정할 필요가 있을 때면 그는 이성적으로 접근하여 가르치고 길을 안내하면서 아이들 스스로 변화하도록 설득했다. 친절하고 따뜻한 학습 환경을 제공하려 했던 그의 노력은 대체로 성공적이었다. 바쿠닌이 죽기 5년 전인 1871년에 쓴 글에서 그는 아버지를 "영혼이 풍부하고, 교육을 잘 받았으며, 학문적이며, 매우 진보적이며, 박애주의적이며, 무신론자가 아닌 이신론자, 자유로운 사상가"였다고 회상했다.

아버지는 역사, 지리, 자연과학을 가르치고, 프랑스어, 영어, 독일어, 이탈리아어, 미술, 종교, 서양 문학, 철학, 음악은 전담 가정교사들이 가르쳤다. 바쿠닌은 바이올린에 능숙했고 스케치에도 재능이 있었으며 5개 국어를 구사했다. 일반적으로 딸의 교육을 가사나 예절 교육 등에 제한하던 대부분의 러시아 귀족과 달리 알렉산드르는 딸도 아들과 함께 교육했다.

어린 시절의 바쿠닌은 예의 바르고 가족과 관습에 대해 사려가 깊었고 타인을 존중하는 아이였다. 모범생이었고, 생일을 맞을 때마다 가족들에게 감사의 편지를 잊지 않는 다감한 성품을 지녔다. 아홉 살 때는 생일날 아버지에게 "영원한 행복"을 기원하면서 "사랑하고 존경하는 아들"이라고 서명했다. 이듬해 그는 외할아버지에게 항상 약속을 지키고 좀 더 나은 사람으로 성장하기 위해 노력하겠다고 썼다. 어머니의 생일에 보낸 편지에서는 건강을 기원하고 병에서 빨리 회복되기를 바라며 라틴어와 산수를 더 열심히 공부하겠다고 약속했다. 그러나 행복한 가정과 달리 바깥세상은 전쟁으로 비참했다.

전쟁과 반란의 세월들

바쿠닌이 태어난 1814년 5월 30일은 프랑스가 러시아, 영국, 오스트리아, 프로이센 및 기타 여러 국가와 벌인 10년 이상의 전쟁을 끝낸 파리 조약(Treaty of Paris, 제1차 파리 조약이라고 부르기도 함)이 체결된 날이었다. 그 2년 전인 1812년 6월 24일, 나폴레옹의 60만 대군은 러시아를 침공하여 모스크바로 진격했다. 이는 히틀러의 기갑부대가 130년 후에 간 거리보다 더 먼 거리였다.

60만 명의 프랑스 군대가 러시아를 침략했을 때 알렉산드르는 다른 지역 귀족들과 함께 대피 계획과 농민 징집 작전을 수립했다. 그러나 징집 문제는 지주들을 딜레마에 빠뜨렸다. 전쟁에 참여하기 위해 농노를 전장으로 보내면 땅을 경작하지 못해 결국 파산할 게 뻔했기 때문이다. 지주들은 흥정 끝에 농노 25명 중 1명을 전쟁터로 보내자고 합의했다. 하지만 프랑스가 러시아를 침공하자 프랑스에 대한 알렉산드르의 애정은 빠르게 식었다.

《전쟁과 평화》에서 톨스토이가 가장 잘 묘사한 보로디노(Borodino) 전투에서 약 5만 명의 러시아인과 나폴레옹의 병사 약 4만 명이 전사했다. 러시아군은 철수했고, 일주일 후인 1812년 9월 14일 육군이 모스크바에 입성했다. 나폴레옹이 퇴각했다는 소식을 접한 알렉산드르는 축하하는 마음으로 자신의 농노들을 비정규군에 편성한 뒤 전투에 나섰다. 이와 비슷한 경로를 거친 일련의 파르티잔 무리는 러시아 전역에서 프랑스 침략자들을 상대로 보급선을 끊는 등 그들을 혼란에 빠뜨리면서 사기를 꺾었다. 퇴각할 때 나폴레옹의 군대는 겨우 2만 명 정도에 불과했다.

알렉산드르에게 나폴레옹 전쟁보다도 더 충격적인 사건은 1825년 말 차르가 죽고 난 직후에 터진 데카브리스트의 봉기

('12월 당원의 반란'이라고도 한다)였다. 바쿠닌의 외가 사람 중 다수가 반란에 참여하여 집안에 심각한 영향을 주었다. 이는 나폴레옹 전쟁으로 인해 애국심에 불탄 알렉산드르에게 너무나도 큰 충격이었다.

그러나 봉기는 실패했다. 100명이 넘는 장교들이 시베리아로 추방되고 더 많은 사람이 직위를 박탈당한 뒤 코카서스로 유배당했다. 하사관들은 총에 맞아 다치거나 죽었다. 5명의 지도자를 교수형에 처하려고 했는데 목을 감은 올가미 중 세 개가 미끄러지는 바람에 한 번 더 교수형을 집행해야 했던 일도 있었다. 그중 한 명은 넘어져 다리가 부러지면서 다시 교수형을 당했는데, 그때 이렇게 외쳤다고 한다. "불쌍한 러시아! 사람을 제대로 묶을 줄도 모르다니!"

데카브리스트의 봉기

실패한 반란과 피비린내 나는 저항운동은 러시아 사회를 충격에 빠뜨렸다. 교수형을 당한 두 사람에 대해 알고 있었던 알렉산드르 푸시킨(Alexander Pushkin, 1799-1837)은 〈황제 니콜라이 1세에게〉라는 시를 남겼다.

　그는 황제가 되었고 그의 재능과 추진력을 과시했다.
　시베리아에 120명을 보내고 5명을 죽였다.(Leier29)

　푸시킨은 데카브리스트의 난이 터진 1824년 미하일롭스크에 있었다. 자신이 추방당했기에 망정이지 상트페테르부르크에 있었다면 그 역시 반란에 동참했을 거라고 말했다. "삶이 그대를 속일지라도 / 슬퍼하거나 노여워 말라"로 시작되는 시로 우리에게도 친숙한 푸시킨은 러시아 근대문학의 창시자이자 러시아의 국민시인으로 19세기 러시아 문학의 황금기를 열었다고 평가된다. 1799년 명문 귀족의 장남으로 태어난 그는 우리의 중고교에 해당하는 리체이를 졸업하고 8등 문관으로 외무성에 근무하면서 작품 활동에 몰두했다. 그러나 농노제와 전제 정권을 비판하는 시를 지었다는 이유로 1820년 러시아 남부로 전근을 당했다가 오데사에서 총독과 불화를 일으킨 탓에 미하일롭스크로 추방되었다. 1825년에 모스크바와 상트페테르부르크로 돌아와 1831년에 《예브게니 오네긴》《스페이드의 여왕》《대위의 딸》과 같은 대표작을 발표했고, 같은 해 결혼하여 관직에 복귀했으나

1836년 아내의 스캔들로 인한 결투에서 사망한다.

 니콜라이 1세는 1826년 비밀경찰로 악명 높은 '제3과(Tretiye Otdeleniye)'를 창설하고 엄격한 검열을 실시했으며 해외여행도 제한했다. 바쿠닌 가족은 새 정권하에서 특별히 몸을 사려야 했다. 알렉산드르는 급진적이진 않았으나 유럽 전역을 여행한 이력이 있었고, 데카브리스트 봉기로 교수형을 당한 5명 중 한 명이 아내의 팔촌이었기 때문이다. 이후 정권이 바뀌면서 알렉산드르에게 가장 중요했던 자녀 교육도 비자유주의적인 방향으로 바뀐다. 바쿠닌은 "당시 아버지가 자녀들을 차르의 충성스러운 신하로 만들려고 했다"라고 전한다.

러시아의 농노제와 자본주의 전환

 지주들은 농노의 삶을 무제한으로 통제했다. 알렉산드르 같은 자비로운 지주도 바쿠닌이 말했듯이 "남녀를 불문하고 약 2,000명의 노예를 거느린 주인으로서 그들을 팔고 구타하고 시베리아나 군대에 보낼 수 있는 권한이 있었다. 무엇보다도 그들을 무자비하게 착취하거나, 간단히 말해서 그들의 삶을 약탈하고 강제 노동을 시켜 생계를 이어"갔다.

 그러나 그들의 삶과 노동에 대한 이러한 권한은 일반적으로 농민이 일하는 방식에 대한 권한으로 확장되지는 않았다. 소작농은 토지를 소유하지 않았지만 거의 아무런 간섭 없이 농토를 점유하고 경작했다. 지주가 이들이 하는 일을 직접 감독하는 경우는 거의 없었다. 농민들의 자치공동체인 미르(Mir) 또는 코뮌이 작업 방식과 수행 작업량에 대한 결정권을 상당 부분 갖고 있었기 때문이다. 따라서 농민들은 소작하는 토지를 실질적인 의미에서 자신의 땅이라고 믿었다. 지주들이 농민 공동체를 '근대화'의 장애물로 보았던 배경이다.

이곳에서 나온 생산물 중 잉여분은 모두 지주에게 넘어갔기에 농민들은 더 많이 작물을 생산하거나 일을 효율적으로 하려고 들지 않았다. 나아가 그들은 생산성을 높이려고 지주가 제안하는 혁신적인 농업기술의 수용도 거부했다. 따라서 농민들은 곧잘 무지, 완고함, 전통에 대한 집착, 현대화에 대한 거부의 상징으로 비난받곤 했다. 하지만, 그들에게 새로운 기술은 실제로 위험한 것이었다. 검증되지 않은 새로운 농법을 적용했다가 농사에 실패하면 굶어 죽는 당사자는 지주가 아니라 농민이기 때문이다. 그에 반해 오래되어 익숙한 전통 농업기술은 안전했다. 비효율적으로 보일지라도 가치는 분명했다. 농민 가족을 대대로 유지할 수 있게 해준 것은 고리타분하게 여겨지던 전통 농업기술이었다.

따라서 농노들은 지주들이 주장하는 혁신을 오늘날 노동자들이 고용주의 시간 관리와 새로운 관리 기법을 바라보는 것처럼 의심의 눈길로 바라보았다. 그 결과 '서구화' '근대화' '산업화'

같은 시도들, 더 정확하게는 러시아 농민에게 자본주의적 관계를 강제하려던 다양한 시도는 곧잘 실패했다. 게다가 농노들의 저항도 만만치 않았다.

농민의 수는 지주보다 훨씬 많았다. 대략 인구의 85퍼센트 이상이 농민이었다. 그들은 또한 한곳에 모여 살았다. 당시 대부분의 미국 노예 소유자는 20명 미만의 노예를 소유했으나 러시아에는 1천 명 이상의 농노를 가진 귀족이 흔했다. 예를 들어 1860년에 단 한 명의 미국인만이 1,000명의 노예를 소유한 반면 러시아에서는 1,000명 이상의 농노를 소유한 귀족이 흔했다.

최초의 농민 저항운동은 1670-1671년에 일어났다. 농민 수천 명이 돈 코사크(Don Cossack)인 스텐카 라진에게 합류하여 땅을 장악하고 지주와 귀족을 학살했다. 20만 명의 농민이 반란군을 조직하여 영지와 농작물을 불태우고 학살을 자행한 것이다. 최초의 반란은 실패로 돌아가고 라진은 참수되었지만, 반란의 불씨는 꺼지지 않았다. 1773-1775년 사이에 예멜리안 푸가초프(Yemelyan Pugachev)가 주도한 반란군은 우랄강과 볼가강을 따라 시골 마을을 횃불로 태웠으며 한때 모스크바를 위협하기도 했다. 그들은 농노제 폐지와 농민을 위한 토지 몰수를 선언하고 귀족과 정부 관리를 처형할 것을 요구했다. 알렉산드르 바쿠닌 같은 비교적 자비로운 귀족조차도 그의 농노가 나폴레옹의 러시아 침공을 봉기의 기회로 삼을 것이라고 걱정했고, 차르는 농민 반란을 예방하는 차원에서 군대 규모를 확장했다.

러시아 귀족들은 자본주의화를 위해 애덤 스미스(Adam Smith, 1723-1790)의 저작에 관심을 기울였다. 자본주의를 정착시키려면 전면적인 변화가 먼저 이루어져야 했지만, 알렉산드르 1세가 귀족들에게 '농노를 풀어주고 토지를 제공하라'는 내용으로 법을 바꾸었을 때 이를 받아들인 귀족은 거의 없었다.

경제적인 문제 못지않게 정치적인 문제도 농노제에 의존하고 있었다. 귀족들이 말하는 자유란 흔히 가장 가혹한 착취로부터 농노를 보호하는 전통, 관습 및 법률로부터의 자유를 의미했다. 그들이 원했던 것은 농민의 의사와 상관없이 토지를 마음대로 할 수 있는 권리였다. 그리고 한편에서는 농민을 소유하여 전폭적으로 통제하려면 모든 재산을 자신들의 수하에 두어야 한다고 주장했다. 하지만 농민들이 자신의 토지를 소유하는 쪽이 더 낫다고 생각하는 사람들도 있었다. 지주가 감독만 잘하면 농민들이 자기 몫의 땅을 경작할 때 생산성이 더 높아질 거라고 믿은 것이다. 두 경우 모두 법적 변경이 필요했다. 하지만 귀족들이 효율적으로 소송을 제기하려면 먼저 정치 질서가 바뀌어야 했다.

귀족들은 또한 국가 자원이 각 분야에 다른 비율로 할당되는 정치적 변화를 촉구했다. 자본주의 산업화라는 목적을 이루려면 기반 시설을 짓는 데 투자를 집중해야 한다고 주장했고, 민간 기업의 경우엔 운영 비용을 절약할 수 있도록 나머지 인구에게 국세를 부과해야 한다고 주장했다. 그러나 연간 예산의 50퍼센트가 군대에 투입되었던 러시아에서는 자본가와 자본가가 되기를 열망하는 귀족들에게 막대한 자금을 제공할 수가 없었다. 차르 역시 전폭적인 투자에 대한 의지가 없었다. 물론 그도 어느 정도 변화를 원했지만 이를 귀족과 농민에게 강요할 수는 없었다. 많은 귀족이 현 제도에 만족하고 있었기 때문이다. 차르에겐 다른 한 집단을 희생시키면서라도 다른 한 집단을 소외시킬 마음의 여유가 없었다. 결국 러시아는 방향을 틀 때마다 저항에 부딪혔다. 모두가 개혁을 원하는 것 같았지만, 정작 그것이 정확히 무엇을 의미하는지는 알지 못했다. 아니, 모두가 동의하는 개혁의 정체는 여전히 모호했다. 농민 자신은 물론 지주들 역시 민중을 농노의 상태에서 벗어나게 해줄 방법을 알지 못했다.

바쿠닌, 소년 사관생도가 되다

당시 러시아 귀족 가문의 젊은이가 선택할 수 있는 진로는 세 가지였다. 가족의 재산을 관리하거나 차르 밑에서 공직에 종사하거나 군에 가는 것이었다. 장남이었던 바쿠닌은 관례대로 군대에 갔다. 1828년, 14세의 바쿠닌은 러시아의 수도인 상트페테르부르크에 있는 포병 사관학교로 진학했다. 아버지를 기쁘게 해주고 싶다는 마음과 달리 당장 선택의 여지가 없다는 판단 아래 그는 입대를 결심했다. 그러고는 1년간 준비한 끝에 그 이듬해 입학시험에 합격한다.

'성스러운 표트르'라는 뜻의 상트페테르부르크는 표트르 1세가 세운 수도로 18세기에는 '북쪽의 바빌론'이라고 불렸고, 19세기에는 '서유럽으로 향한 창문'으로 흔히 통했지만, 활기라곤 찾아보기 힘든 곳이었다. 한 나라의 수도였는데도 거리는 인간과 동물의 배설물로 가득했다. 봄이 되어도 환경은 별로 달라지지 않았다. 1837년 3월 17일, 누이들에게 보낸 편지에서 바쿠닌은 "봄철 이 도시의 매력은 고향의 꽃향기와 달리 진흙과 악취"라고 썼다.(Leier44) 1840년대 그곳의 인구는 47만 명에 이르렀으나 빈민굴이 있을 만큼 빈부격차가 극심했다.

사관학교의 교육도 어린 시절에 받은 교육과 너무 달랐다. 바쿠닌은 사관학교에 입학하기 전 1년 동안 고모 집에 머물렀다. 고모 부부는 바쿠닌에게 엄격한 종교관을 주입했다. 그 때문에 바쿠닌은 그나마 남아있던 종교적 감성을 완전히 잃게 된다. 사관학교 생활은 상상 그 이상으로 힘들었다. 규율은 가혹했고, 사소한 실수에도 엄청난 체벌이 가해졌다. 군대엔 온통 불평과 불만의 소리뿐이었다. 복무 기간이 자그마치 25년이었으니 그럴 법도 했다. 농민들은 제대 후 먹고살 길을 걱정하며 원망을 쌓아갔고 장교들은 종신형을 사형 선고로 바꿀 수 있을 만큼 권한을 보장받았지만, 그들 역시 현실적인 문제에서 벗어날 수는 없었다. 급여는 열악했고, 음식도 충분하지 않았다. 바쿠닌이 입대한 뒤로부터 85년이 지난 뒤에도 러시아 군대의 사정은 마찬가지였다. 그 환경이 얼마나 끔찍했는지 촘스키라는 젊은 이는 군에 복무하느니 차라리 조국을 버리기로 한다. 그가 바로 놈 촘스키(Noam Chomsky)의 아버지였다.

역사에서 흔히 확인하듯 당시 밑바닥에 고인 분노는 상부의 무능에서 비롯된 것이었다. 니콜라이 1세는 국정운영이나 전쟁에 대한 확고한 철학이 없었다. 전략도 없었다. 그는 오로지 훈련, 퍼레이드, 군대의 규정 같은 사소한 것들에 집착했다. 이런 성향은 니콜라이 1세의 개인적 특성을 반영한 것이지만, 한편으로는 경제적 압박의 결과이기도 했다. 당시 러시아의 군대는 체제 존립에 필요한 조직인 동시에 체제를 무너뜨리는 도화선으로도 기능했다. 러시아 경제의 주역인 농민들을 적군을 압도한다는 명목 아래 대거 군대로 편입시키는 바람에 나라 살림은 흔들렸다. 군인 수가 많아지니 무기도 더 많이 만들어야 했고, 그러려면 세금을 더 많이 거둬들여야 했는데 징수 대상들이 거의 다 군대에 가 있었다. 경제는 마비되었고, 그 결과 군대의 현대화는 무기한 미루어졌으며, 모든 문제가 해결될 기미를 보이지 않은 채 악순환을 거듭했다. 무기도 식량도 의약품도 원활하게 공급되지 않았다.

사관학교의 사정도 별반 다르지 않았다. 귀족 자제들을 장교로 훈련하는 곳이었지만 농민 출신 사병을 훈련할 때와 똑같은 잔인한 교육이 반복되었다. 자율은 없었고 오로지 복종만이 요구되었다. 현대 자유 국가의 아이러니는 군인들이 민주주의를 위해 싸우라는 명령을 받으면서도 정작 그 개념에 대한 경험이 별로 없다는 점이지만, 현대 한국의 군대나 과거 러시아의 군대에서는 이런 점이 전혀 문제시되지 않았다. 상명하복의 질서와 만들어진 혐오만 가득했다. 특히 데카브리스트 봉기로 인해 장교 교육 시 독자적인 사고와 서구식 사고의 '감염'은 철저히 통제되었다. 체벌이 얼마나 끔찍했던지 자살을 시도하는 사람도 드물지 않았다.

바쿠닌은 사관학교 체제에 제법 잘 적응했다. 우리가 뒤에서 보게 될 반항적인 혁명가의 모습과는 사뭇 다르다. 하지만 그는 곧 사관학교 생활에 절망한다. "학교에 다니는 3년 동안 공부를 거의 하지 않았다" "시험에 합격하기 위해 매년 마지막 달에만 공부했다"라고 누이들에게 보낸 편지가 좋은 예다. 다른 장교들처럼 도박과 성매매를 일삼지는 않았지만, 그 역시 나중에는 상당한 빚을 져서 평생 빚쟁이로 살아가게 된다. 사교생활도 즐겼지만 춤추는 것을 좋아하지는 않았다.

바쿠닌은 생도 시절부터 푸시킨의 《보리스 고두노프 Boris Godunov》를 비롯하여 독서에 열중했다. 프리드리히 실러(Johann Christoph Friedrich von Schiller)의 《빌헬름 텔 Wilhelm Tell》과 셰익스피어의 《맥베스 Macbeth》, 요한 데이비드 위스(Johann David Wyss)의 《스위스 로빈슨 가족 Der Schweizerische Robinson》도 그의 애독서였다. 이러한 작품이 바쿠닌의 삶에 어떤 영향을 미쳤는지 짐작하기란 어렵지 않다. 그는 특히 《빌헬름 텔》을 좋아했다. 그를 롤모델로 삼아 자신도 언젠가는 그와 같이 정의를 위해 싸우겠다고 생각했다.

첫사랑과 낭만주의

바쿠닌은 벼락치기로 마지막 시험에 통과하고 1833년 1월에 소위로 임관하면서 "갑자기 자유를 얻었다"라고 누이에게 편지를 썼다. 그러고 나서 첫사랑이 시작되었다. 먼 친척인 마리 보예코프(Marie Voyekov)가 그 상대였다. 당연히 플라토닉 러브였고, 당연히 금방 끝이 났다. 첫사랑이 막을 내릴 때 바쿠닌은 "상트페테르부르크가 사막으로 변했다"고 누이에게 하소연했지만, 마음의 상처는 그리 심각하지 않았다.

E. H. 카는 마리와 함께 베토벤 교향곡 〈합창〉을 듣고 있을 때의 바쿠닌이 "당장에라도 세상을 전부 파괴할" 것 같았다고 한다. 그러면서 바쿠닌의 표정에서 파괴적인 성향의 징조를 제대로 읽어낸 마리를 "통찰력 있는 여성"이라고 칭찬했다.(카32) 그러나 이는 바쿠닌이 어릴 적부터 파괴적이었다고 보고 싶어서 붙인 말인 듯하다. 왜냐하면 바쿠닌은 누이에게 보낸 편지에서 "음악은 영혼이 자신을 가둔 육체에서 탈출하는 데 도움을 주는 것 같다" "음악은 나를 하늘의 영역으로 끌어올렸고, 야망과 부에 대한 갈증 때문에 하늘의 소리를 감상할 수 없는 사람들을 불쌍히 여기게 하면서도 매우 행복하게 만들었다"고 썼는

데, 여기서 말한 '폭풍'은 베토벤 교향곡 제6번 〈전원〉 제2악장에 나오는 것이므로 두 사람이 교향곡 제9번을 들었을 가능성은 없다.(Leier53) 설령 마리가 그런 말을 했다고 해도 바쿠닌이 어릴 적부터 파괴적인 성격을 가졌다고 보기는 어렵다.

또한 카는 바쿠닌이 당시 함께 살았던 고모가 빚에 대해 캐문자 그 집을 "당당하게 뛰쳐나왔다"고 하면서 그 "최초의 반란"이 "첫사랑보다 더 중요한 획기적 사건"이었다고 한다.(카 33) 그러나 당시의 편지에서 바쿠닌은 고모가 바쿠닌에게 책을 훔쳤다고 하는 바람에 화가 나서 뛰쳐나온 것이라고 말했다.(Leier54) 바쿠닌이 고모 집에서 나온 것은 사실이나 이를 "최초의 반란" 운운하는 것은 과장이다.

당시 바쿠닌이 가장 골칫거리로 여긴 것은 군대였다. 군대 생활의 일상과 훈련은 지루했다. 바쿠닌이 쓴 편지를 보면 그가 '상급자에게 말을 걸지 못하고 어리석고 무익하고 비합리적일지라도 명령에 복종해야 하는 것'을 특히 참기 어려워했다는 것을 알 수 있다. 어쩌면 이런 고민은 당시 바쿠닌이 낭만주의에 막 젖어든 탓일지도 모른다.

낭만주의는 혼돈, 급격한 변화, 권력 투쟁의 세계였다. 1776년의 미국독립선언과 1789년의 프랑스 시민혁명은 세상을 뒤집어놓은 것 같았다. 그러나 질서보다는 혼돈과 불확정성이 우세했다. 과거의 권세는 의미를 상실했다. 미래는 유동적이었으나 새로운 형태의 억압을 준비 중이었다. 산업 혁명 역시 새로운 압제자로 등장한 자본가에게 권력을 넘겨주면서 혼란을 가중시켰다. 엄청난 부와 엄청난 빈곤이 동시에 발생했다. 실제로 프랑스 혁명과 영국의 산업 혁명은 얼마간 '모든 것이 가능'하게 보이는 착시현상을 일으켰다. 적어도 농민, 노동자, 그리고 각국의 선주민들에게는 그렇게 보였다.

점차 산업화의 본질을 꿰뚫고 이에 반대하는 작가들이 목소리를 내기 시작했다. 퍼시 셸리(Percy Bysshe Shelley)는 농장과 공장에서 일하는 임금 노동자들의 가혹한 현실을 개탄하면서 자유를 쟁취하자고 외쳤고, 윌리엄 블레이크(William Blake)는 "어두운 사탄의 방앗간"이라 불리는 공장을 저주했으며, 바이런(George Byron)은 임금을 낮추기 위해 들여온 기계를 부수는 숙련공들의 러다이트(Luddites)운동에 손을 들어줬다. 그들은 산업화가 인간을 생산 부품으로 만들어가는 모습, 어린이들을 공장 안으로 몰아넣고 가혹한 노동에 시달리게 하는 현실, 그리고 시골에서 마구잡이로 데려온 농민들을 더럽고 병들고 축축한 도시로 몰아넣는 과정을 지켜보면서 저항의 목소리를 냈다.

그들은 또한 합리적 계몽의 약속이 사상가들이 아니라 정치와 경제의 일선에 선 실용주의자들 때문에 배신당했다는 사실에 주목했다. 실용주의자들은 정치 및 경제 혁명의 잠재력을 이용하여 인류를 모든 압제에서 해방하기는커녕 인간을 더 강력한 사슬로 묶어두었다. 이로써 인간의 이성은 베틀에 속박되었고, 예술은 배부른 산업 돼지들의 살진 얼굴을 반영하는 거울이 되었다. 이런 세상을 낭만주의자들은 더는 간과할 수 없었다. 따라서 그들은 "인제 그만!"이라고 소리쳐야 했다.

러시아에서도 낭만주의는 러시아의 가장 위대한 시인인 푸시킨을 비롯하여 많은 작가에 의해 구가되었다. 푸시킨은 서사시 〈청동 기사: 상트페테르부르크 이야기〉에서 신화적인 러시아의 과거에 귀를 기울였고, 〈푸가초프 반란의 역사〉에서 미덕을 찬양하고 사람들의 고통을 한탄했다. 러시아에서는 정치사상의 발전이 더뎠지만, 푸시킨이나 베네비티노프(Dmitry Venevitinov)와 같은 러시아 낭만주의자들은 셸리와 바이런처럼 정치적 문제에 깊이 관심을 가졌다. 푸시킨이 1820년에 발표한 〈자유에 대한 송가〉는 너무나 반항적이어서 남부 러시아로 추방당할 정도였다. 베네비티노프는 1826년 데카브리스트들과의 연관으로 인해 체포되었고 문학, 철학, 정치를 읽고 토론하는 '지혜를 사랑하는 사람들의 모임'이라는 작은 서클을 만들었다.

바쿠닌도 푸시킨이나 베네비티노프의 책을 읽었다. 그러나 군인 시절에는 정치적이거나 철학적인 말을 많이 하지 않았다. 그는 책의 영향이 아니라 자신의 삶과 주변 환경에 대해 중요한 질문을 던지면서 서서히 반항아의 면모를 갖추기 시작한다. 20대에 접어들면서 그는 여전히 가족이 바라는 일을 하고 싶다는 마음과 자신에게 진실하기 위해 '해야만 하는' 일 사이에서 고뇌했다. 그것은 개인적인 일이 곧 정치적인 일이 될 수 있다는 것을 의미했다.

2장 반항의 시작

귀향과 탈영

1833년 8월, 바쿠닌은 5년 만에 고향으로 돌아갔다. 바쿠닌과 마찬가지로 고향의 누이들에게도 변화가 있었다. 누이들의 가장 큰 고민은 결혼문제였다. 당시 남녀 간의 결혼은 소위 낭만적인 사랑의 절차대로 진행되는 경우가 거의 드물었다. 경제력과 권력의 복잡한 순위 체계를 염두에 둔 채 가족의 지위를 유지하고 향상하는 데 목적이 있었기 때문이다. 바쿠닌이 가족에게 의리를 지키는 아들의 길과 자신의 길 사이에서 갈팡질팡한 것처럼, 누이들은 가정환경과 사회적 규범 사이에서 갈팡질팡하고 있었다. 훌륭한 가정교육을 받은 누이들은 천박한 결혼 시장의 현실에 분개하면서도 그 영향에서 쉽게 빠져나오지 못했다.

바쿠닌은 귀향 3개월 전에 집안의 장녀인 큰누나 뤼보프가 약혼했다는 소식을 들었다. 상대는 프리아무키노 근처에 영지를 소유한 기병 장교이자 귀족인 콘스탄틴 렌이었다. 바쿠닌은 누이의 약혼에 별로 관심을 두지 않았으나, 귀향 후 그 일이 아버지의 강요로 인한 것임을 알고는 크게 분노했다. 누이들이 뤼보프가 처한 곤란한 상황에 대해 털어놓자 바쿠닌은 '신중하게 고려하여 약혼을 취소해달라'고 부모에게 요청했다. 부모는 자녀들의 청을 받아들였다. E. H. 카는 이것을 "젊은 반항아"의 "반항의 수위"를 높인 "엄청난 소동"이라고 하지만(카35-36) 그 정도의 일은 당시 러시아에서는 흔한 일이었으니 이 역시 과장이다. 그러나 이 에피소드는 바쿠닌이 행한 부모에 대한 최초의 반항인 셈이었다.

그 뒤 고향에서 상트페테르부르크로 돌아온 바쿠닌은 외사촌인 니콜라이 무라비요프를 비롯한 지식인들을 만났다. 무라비요프의 세 딸과도 친하게 지냈다. E. H. 카는 바쿠닌이 그들과 어울리느라고 성적이 부진해져 퇴교 처분을 받은 것처럼 말하지만(카39), 실은 복장 불량으로 퇴교 처분을 당했다.(Leier58) 이어서 카는 바쿠닌이 세 딸 중 하나를 선택할 수 없었던 아쉬움으로 "에로틱한 상상력"을 발전시켜 15년 뒤에 세 딸을 소재로 한 미발표 소설을 썼다고 말하지만(카39), 이는 억측에 불과하다.

퇴교 이후 바쿠닌은 폴란드 국경의 수비대로 배치되었다. 외로운 수비대 생활 중 그는 독서가 주는 즐거움에 흠뻑 빠져들었다. 바쿠닌에겐 루소가 만년에 쓴《고독한 산책자의 몽상*Les Reveries du promeneur solitaire*》에 나오는 '고독의 즐거움'에 대한 부분이 마뜩잖게 보였다. 그래서 "인간은 모여 살도록 만들어졌다"고 기록했는데, 이런 사고는 훗날 그의 사상을 형성하는 데 중요한 버팀목이 되었다. 바쿠닌은 개인주의자도 개인주의적인 아나키스트도 아니었다. 그는 삶의 기쁨과 고통을 함께 나누려면 반드시 가족과 친구가 있어야 한다는 것을 일찍부터 깨달았다. 따라서 그는 루소식의 '자발적 고독'은 이기주의와 같으며, 이기주의자는 결코 행복할 수 없다고 주장했다.

바쿠닌은 수비대에 간 지 반년 만인 1836년 1월에 탈영하여 고향으로 돌아왔다. '자발적 고독' 대신 '자발적 탈영'이라는 직접 행동을 취한 것이다. 소위 아나키스트적 행동이라고 볼 수 있는 최초의 사건이었다(그러나 당시의 바쿠닌은 '아직' 아나키스트가 아니었다). 아들을 탈영병이 되게 놔둘 수 없었던 아버지의 노력 덕분에 바쿠닌은 '질병 퇴직'으로 처리되었다. 아버지는 내심 바쿠닌이 공무원이 되기를 바랐다. 하지만 그는 공부를 계속하기로 마음먹었다. 당시의 결정에 대해 바쿠닌은 "공부는 내 삶의 필수적인 토대이자 종교"로 이를 저버리는 것은 "인간 존엄성"을 침해하는 것이라고 편지에 썼다. 두 달 뒤 그는 누이들과 함께 모스크바로 갔다.

스탄케비치를 만나다

나폴레옹 전쟁 이후 모스크바는 진보의 아성(牙城)이 된 반면, 데카브리스트 봉기 이후 상트페테르부르크는 보수의 소굴이 되었다. 모스크바에서는 1755년에 설립된 모스크바대학이 진보의 중심이었으나, 학생들이 만든 서클은 대학을 넘어 철학, 문학, 정치의 중심으로 자리 잡았다. 당시 러시아에서 만개한 진보적인 철학 사상의 주축은 스탄케비치(Nikolai Stankevich, 1813-1840)를 중심으로 모인 서클과 게르첸 및 오가료프(Nikolay Ogarev, 1813-1877) 중심의 게르첸-오가료프 서클이었다. 전자는 독일의 관념론 철학과 낭만주의 시인들, 후자는 프랑스 사회주의자들의 영향을 받았고, 전자가 비정치적인 성격이었다면 후자는 정치적이었다.

바쿠닌이 모스크바에 온 목적은 니콜라이 스탄케비치와 그의 동료들을 만나기 위해서였다. 당시 스탄케비치는 '새 예언자'로서 '철학과 인류애의 콜럼버스'로 환영을 받았다.(빌링턴372) 바쿠닌은 모스크바에 오기 한 해 전부터 스탄케비치를 알고서 급속히 친해졌으나 두 사람은 여러 면에서 매우 달랐다. 바쿠닌은 신체적으로 위풍당당하고 떠들썩하며 토론할 때는 독단적이고 공격적인 태도를 보였다. 눈치가 빠른 그는 방대한 자료를 종합할 줄 아는 능력을 지녔으며 대담한 통찰력과 극적인 과장으로 사람들을 매료시켰다. 돈을 자유롭게 빌려 썼으며 철학과 우정에 신중했다. 반면 조용하고 창백하고 신체적으로 허약한 스탄케비치는 바쿠닌 일가보다 부유한 지주의 아들로서 입대를 강요받지 않았다. 바쿠닌을 외적으로 강한 '양(陽)'이라고 친다면 스탄케비치는 냉철한 '음(陰)'이었다.

1813년에 태어난 스탄케비치는 귀족 자제들 외의 아이들이 주로 다니는 학교에서 교육을 받았다. 그곳의 민주적인 교육은 그에게 큰 영향을 미쳤다. 그는 나중에 모스크바대학에 입학하여 문학과 역사를 공부했고, 스승 중 한 명인 미하일 파블로프(Michel Pablov)를 통해 독일 관념론 철학을 배웠다. 파블로프 교수의 집에 살면서 스탄케비치는 공식적인 금지령에도 불구하고 몰래 철학을 공부하면서 토론에 참여했다. 파블로프는 철학이 아닌 자연과학을 가르치면서 '과학이란 무엇인가?' 또는 '자연이란 무엇인가?'라는 질문을 중심으로 탐구주제를 던져주고는 그 가운데서 철학을 논하도록 지도했다. 물리학과 농학 분야에서도 관념론 철학자들은 러시아 아카데미에 진출했다. 1834년에 대학을 졸업한 스탄케비치는 학교 감독관이 되었다. 이 직업은 그에게 공식적인 지위와 수입을 보장해주었지만, 그는 철학과 문학 비평에 더 많은 시간을 쏟았다. 스탄케비치는 27세의 나이에 결핵으로 사망하기까지 짧은 생애를 살아가는 동안 거의 글을 쓰지 않았지만 명료하고 비판적인 사상을 주장했으며 같은 세대의 사상가들에게 영감을 주었다.

모스크바와 스탄케비치 서클은 바쿠닌에게 흥미진진한 환경에서 진지하게 연구할 수 있는 시간과 좋은 동료들을 허락했고, 당시 대학생들과 교수들에게는 익숙한 방식으로 학문과 우정을 쌓아갈 수 있도록 도왔다.

소설 《루딘》과 바쿠닌

이반 투르게네프가 1856년에 쓴 《루딘》에 나오는 주인공 루딘은 '그냥 바쿠닌'이라고 해도 과언이 아니다. 배경이 1840년대로 설정된 이 소설은 중부 러시아 시골의 자유주의적인 귀부인이 이야기를 들어줄 손님으로 루딘을 초대하면서 시작된다. 바쿠닌과 마찬가지로 루딘도 티베르 출신의 퇴역 장교지만, 바쿠닌과 달리 가난한 지주의 아들로 태어나 편모슬하에서 자란 사람이다.(루딘92) 그러나 낯선 이들과 친구들의 친절에 의존하면서 재정지원까지 받은 점이 비슷하다. 정열과 용기와 넘치는 생명력을 소유했다는 특성도 루딘과 바쿠닌의 닮은 점이다. 소설 속 루딘이 "위대함은 하늘이 아니라 사람에게서 나온다"고 주장하는 영리한 논쟁가라는 점 역시 바쿠닌과 같다. 루딘의 전반적인 특징으로 묘사되는 무능하고 차갑고 지적으로 오만하고 사나우며 누군가를 사랑하거나 단호하게 행동할 수 없다는 점도 바쿠닌과 유사하다. 그리고 "거침없이 흘러나오는 즉흥시인과 다름없는 그의 웅변은, 말재주가 능란한 변사의 독선적인 기교와는 달라서 순수한 영감으로 넘쳐흐르고 있었다"(루딘63)는 점 역시 두 사람의 공통점으로 보인다.

《루딘》에 나오는 레지네프라는 인물은 루딘과 함께 보낸 대학 시절, 서클에 참여하면서 겪었던 자신의 변화에 대해 다음과 같이 회상한다.

> 나는 완전히 다시 태어났다. 나는 자만심을 억누르고, 질문을 하기 시작했고, 배우고, 기뻐하고, 숭배했다. 요컨대, 그것은 일종의 교회에 들어가는 것과 같았다. …여섯 명의 소년들이 모여 있고 우리의 유일한 가벼운 하나의 우지 양초, 쓸쓸한 차와 아담만큼 오래된 마른 비스킷… 하지만 당신이 우리의 말을 듣고 우리의 얼굴을 보았더라면! 모든 사람의 눈에는 설렘이, 뺨은 불타오르고, 빠르게 뛰는 우리의 심장은 신에 대해, 진리에 대해, 인류의 미래에 대해, 시에 대해, 때로는 헛소리를 하고, 공허한 말에 도취되어 있지만 그게 무슨 상관이야! …오, 그때는 정말 멋진 시간이었다.(루딘116-117. 번역은 수정됨)

위에서 본 레지네프의 변화는 루딘의 변화, 즉 바쿠닌의 변화이기도 했다. 루딘은 대학 시절에 레지네프의 연애를 비롯하여 사생활에 간섭했다가 사이가 멀어졌는데, 그 후 몇 년 만에 재회한 참이었다. 레지네프가 그런 이야기를 들려주는 상대인 나탈리야(나타샤) 역시 루딘의 영향을 받아 각성하면서 집을 나가기로 결심하고 루딘 앞에 서지만, 루딘은 그녀를 위해 아무런 행동도 하지 않는다. 그러고는 다시 유랑생활에 접어들었다가 자신과 관련이 없는 1848년 프랑스 혁명에서 죽는다. 이처럼 《루딘》에 묘사된 30대의 바쿠닌은 실제의 바쿠닌과는 다르지만, 뒤에서 보듯이 1856년 그 소설을 쓸 당시의 투르게네프는 바쿠닌을 '그렇게 변한 사람으로' 묘사했다.

투르게네프는 1856년 《루딘》을 내고 몇 년 후 루딘이 바쿠닌을 "정확하게 묘사"했다고 주장했다. 반면 게르첸은 "투르게네프는 성경적 관습에 사로잡혀 루딘을 자신의 형상으로 창조했다"고 보았다. 그러나 에일린 켈리(Aileen Kelly)는 《미하일 바쿠닌-유토피아주의의 심리학과 정치학에 관한 연구 *Mikhail Bakunin-A Study in the Psychology and Politics of Utopianism*》에서 바쿠닌과 루딘은 같다고 주장했다. 투르게네프가 후기에 쓴 더 유명한 소설인 《아버지와 아들》(1862)의 등장인물들처럼, 루딘은 개인의 모습을 정확히 반영한 묘사라기보다 작가가 별로 좋아하지 않는 철학적, 정치적 입장을 희화한 인물이었다. 따라서 소설의 루딘을 실제의 바쿠닌으로 보아서는 안 된다. 투르게네프가 《루딘》을 썼을 때는 바쿠닌이 차르의 감옥에 갇혀 있을 시기였고, 투르게네프는 젊은 날의 급진적 정치의식을 포기한 지 한참 지난 뒤였기 때문이다. 게다가 투르게네프는 바쿠닌의 여동생 타티아나와의 사이가 좋지 않게 끝났고, 나중에 러시아 당국으로부터 바쿠닌과의 관계에 대해 심문을 받았던 만큼 과연 투르게네프가 '루딘'과 바쿠닌을 동일시했을

지는 의문이다.

젊은 날의 로맨스

강렬한 지적 작업에는 강력하고 복잡한 감정이 수반되기 때문에 서클은 또한 로맨스에도 열중했다. 비슷한 연령대의 사람들이 치열한 지적 토론으로 많은 시간을 함께할 때마다 스캔들이 생기는 것은 매우 자연스러운 일이었다.

스탄케비치 주변에 모인 사람 중에 베이어(Beyer)라는 부유한 미망인의 두 딸이 있었다. 나탈리아(Natalie Beyer)는 1809년, 알렉산드라(Alexandra Beyer)는 1810년에 태어났으므로 바쿠닌의 자매인 뤼보프, 바르바라와 비슷한 나이였다. 베이어 가족은 프리아무키노에서 멀지 않은 곳에 대토지를 소유하고 있었다. 1834년경 스탄케비치는 나탈리아 베이어를 사랑하게 되었지만, 그녀가 곧 경솔함과 신경질적인 증세를 드러내자 실망했다. 이어 스탄케비치는 뤼보프를 짝사랑했다. 2년 뒤 바쿠닌과 뤼보프가 모스크바에 나타나자 스탄케비치를 둘러싸고 나탈리아와 뤼보프 사이에 갈등이 생겼고, 바쿠닌도 문제의 소용돌이에 휩싸였다. 이로써 나탈리아와 그녀의 여동생 알렉산드라는 자연스레 바쿠닌과 알고 지내는 사이로 발전했고, 자매는 차례로 그에게 강렬한 감정을 품게 됐다.

여기서 바쿠닌이 "처음으로 이상한 기질"을 보여준다고 E. H. 카는 말한다.(카49) 베이어 자매와 에로틱한 관계를 맺지 않았다는 뜻인데, 이로부터 카는 바쿠닌의 "성적인 발달은 이상하리만큼 늦었"고 "만년의" 바쿠닌은 "분명 성불구"였으며 "성적 무능은 사춘기 때부터 시작됐을 수 있고" 이는 "자신을 억누르고 있던 어머니를 향한 증오심의 심리적인 소산"으로 "성적 출구를 거부당한" 바쿠닌의 "격정은 자기 삶에서 맺고 있는 모든 개인적이고 정치적인 관계 속에서 분출됐고, 강렬하면서도 기이한, 그러면서도 파괴적인 개성을 형성"했으며 "19세기 중반의 유럽 사회에 커다란 영향을 끼쳤다"고 말한다.(카49-50)

이 무슨 터무니없는 억측인가! 그것이 20세기 영국인인 카 자신의 성 경험에서 나온 판단인지는 몰라도, 19세기 전반의 러시아 귀족이 사춘기에 성 경험을 한다는 것은 지극히 예외적인 일이었다. 바쿠닌이 베이어 자매에게 쓴 편지는 자신의 사랑이 순수하다는 것을 강조한 것인데, 이를 카는 "둘만의 이기주의"라고 비난한다.(카50) 순수한 사랑이 어떻게 이기주의인가?

칸트와 피히테를 공부하다

바쿠닌은 스탄케비치와 교류하면서 철학에 대한 흥미를 키웠다. 당시 스탄케비치는 독일 철학자 프리드리히 빌헬름 요제프

쉘링(Friedrich Wilhelm Joseph von Schelling)에서 이마누엘 칸트(Immanuel Kant, 1724-1804)로 관심을 돌리고 있었다. 스탄케비치는 1835년 10월 중순, 열흘간 프리아리무키노에 머물면서 바쿠닌과 철학 토론을 벌였다. 그리고는 모스크바에 돌아가자마자 바쿠닌에게 칸트의 《순수이성비판Kritik der reinen Vernunft》(1787)을 보냈다. 그 뒤 두 사람은 거의 매일 칸트에 대한 의견을 편지로 교환했다. 주로 스탄케비치가 바쿠닌에게 칸트 철학을 가르치는 식이었다.

그러나 바쿠닌의 아버지는 아들이 철학을 공부하는 것을 멸시했다. 군인이 되기를 포기한 아들을 원망하면서 그 대신 공무원이라도 되어주기를 바랐다. 사실 탈영 후 바쿠닌도 공무원이 될 생각을 품은 적이 있다. 그러니 아버지의 눈에는 철학 공부에 매달린 아들이 생경하게 보였을지도 모른다. 1936년 새해에 아버지의 친구인 티베르 주지사가 바쿠닌에게 공직을 제안했지만, 바쿠닌은 자살을 불사할 만큼 거부한 끝에 말도 없이 모스크바로 떠난다. 그리고는 아버지에게 편지를 써서 관리가 될 생각은 추호도 없고 수학 선생으로 살면서 철학을 공부하겠다고 했다. 장남의 이러한 태도에 대해 아버지가 얼마나 실망했을지는 지금 우리로서도 충분히 짐작하고 남는다. 아버지는 간곡한 만류의 편지를 보냈지만, 아들은 부모와의 관계를 끊겠다고 쓴 편지를 누이동생 편으로 보냈다.

그 뒤 스탄케비치 서클은 칸트를 포기하고 요한 고틀리프 피히테(Johann Gottlieb Fichte, 1762-1814)의 철학에 심취한다. 자연스레 바쿠닌도 피히테를 접하면서 그의 저서인 《학자의 사명 *Von den Pflichten des Gelehrten*》[*]을 번역하여 〈망원경〉지에 발표했다. 피히테는 진정한 학자란 지식의 근원적인 욕구와 관계하는 철학적 인식과 자신이 속한 사회의 발전 방향을 아는 역사적 인식을 얻기 위해 헌신하는 사람이어야 한다고 말했다. 학자는 현실 비판자이자 현실 변혁자이어야 한다는 것이다. 바쿠닌은 이러한 주장에 깊이 공감하면서 평생 이를 몸소 실천했다. 이 점이야말로 번역작업의 진정한 의의가 아닐까?

바쿠닌은 생활을 위해 '수학 교사'라고 새긴 명함을 부유한 귀족 친지들에게 돌렸지만 찾아오는 학생은 없었다. 그래서 친구들이나 대금업자에게 돈을 꾸어서 살아야 했다. 바쿠닌은 남에게 돈을 빌려 호기롭게 쓰면서 친구들을 대접하는 바람에 악명이 높아졌다. 고골(Nikolai Gogol)의 희곡 〈검찰관〉(1836)[*]에 나오는 허풍쟁이 식객인 하급 관리 이반 알렉산드로비치 흘레스타코프가 그의 별명이 되었다.

바쿠닌은 함부로 돈을 빌리고 낭비하는 버릇을 평생 고치지 못했다. 그러나 이는 〈검찰관〉의 흘레스타코프가 도박으로 돈

---

* 희곡은 어느 마을에 검찰관이 파견된다는 소문에 군수를 비롯한 유지들이 검찰관이 묵고 있다는 여관으로 가는 것으로 시작한다. 마침 여관에 묵고 있던 최하등급(14등급) 공무원인 흘레스타코프가 도박으로 돈이 다 떨어져 무전취식을 하게 되어 경찰에 신고당할 위기에 처한다. 그를 검찰관으로 오인한 군수는 그에게 돈을 빌려주고 자기 집에 머물게 한다. 이튿날에는 마을 관리들이 모두 그에게 뇌물을 바친다. 결국 그의 정체가 탄로 날 때 진짜 검찰관이 왔으니 모두 출두하라는 명령이 전달되어 마을 관리들의 얼굴이 공포로 굳어지면서 연극은 끝난다.

을 날리고 무전취식하여 경찰에 신고당하는 것과는 달랐다. 그보다는 귀족 가문의 장남으로 태어나 어려서부터 돈에 구애받지 않고 자랐고, 자본주의의 상징인 돈을 경멸했던 탓으로 보는 게 타당할 것 같다.

자본주의가 미성숙했던 19세기 러시아에서는 흘레스타코프와 같은 인간상이 드물지 않았다. 이와 비슷한 러시아인의 전형으로 표트르 대제와 미시킨 공작이 꼽힌다. 표트르 대제는 러시아 제국 로마노프왕조의 초대 황제(차르)로 강력한 추진력과 활동력의 상징이다. 미시킨은 도스토옙스키의 소설 《백치》의 주인공으로 자본주의에 물들어가는 러시아에 찾아온 예수 그리스도처럼 완벽하게 아름다운 인물이다. 모든 러시아인에게는 흘레스타코프, 표트르, 미시킨이라는 세 인물이 공존한다는 말이 있다. 특히 바쿠닌은 평생토록 순수하고 어린아이 같은 심성을 유지했다는 점에서 흔히 미시킨의 모델이라고도 불린다. 또한 그는 표트르처럼 키가 컸고, 추진력과 활동력이 남달랐다. 여러모로 보아 바쿠닌은 전형적인 러시아인이라고 할 수 있을 것이다.

벨린스키와 바쿠닌의 누이들

1936년 5월, 바쿠닌은 다시 고향으로 돌아왔다. 그 전에 바쿠닌은 모스크바에서 훗날 러시아의 가장 중요한 문학평론가로 인정받는 벨린스키를 친구로 사귀었다. 귀향하면서 바쿠닌은 벨린스키에게 프리아리무키노로 오라고 청한다. 8월 후반, 벨린스키가 바쿠닌을 방문한다. 그런데 벨린스키에겐 몇몇 문제가 있었다. 하나는 벨린스키가 귀족의 아들이 아니라 가난한 군의관의 아들이라는 점이었다. 바쿠닌에게는 그런 게 전혀 중요하지 않았지만 벨린스키에게는 매우 중요했다. 벨린스키는 자신이 바쿠닌에게 무시당했다고 느꼈고, 심리적으로나 육체적으로 뒤처진다고 느꼈다. 바쿠닌의 자매들도 그에게 열등감을 증폭시켜주었다. 그 자매들 역시 귀족 교육을 받았던 터라 벨린스키가 모르는 독일어로 셸링과 피히테를 읽곤 했기 때문이다.

벨린스키에겐 중요한 과거사가 하나 있었다. 바로 농노제를 비판하는 희곡을 썼다는 이유로 모스크바대학에서 퇴학당한 일이었다. 그 뒤로 벨린스키는 문학 저널인 〈망원경〉에 글을 기고하고, 책을 쓰거나 번역하면서 생계를 꾸려나갔다. 이 잡지는 1831년부터 1836년까지 모스크바에서 출판되었는데, 러시아의 후진성에 대한 비판적 논평인 표트르 차다예프(Peter Chaadayev)의 《철학 편지》를 출판한 이후로 폐쇄되었다. 정부에서는 차다예프를 미쳤다고 선언하면서 그를 가택 연금에 처했다. 그러나 벨린스키는 보수적인 러시아 문학계를 계속 공격했고 그의 글은 젊은 비평가들로부터 찬사와 악명을 동시에 얻었다.

벨린스키는 프리아무키노를 방문하고서 분노에 휩싸였다. 시대 상황과 동떨어진 목가적인 시골과 전통에 젖어 있는 바쿠닌의 가족이 그에게는 영 마뜩잖았기 때문이다. 얼마 후 그는 프랑스 혁명에 대한 열정을 오래전에 잃은 나약한 노인 알렉산드르 바쿠닌에게 이렇게 말했다. "테러로 상징되는 폭력은 정당"하고 사회엔 여전히 "단두대를 기다리는 머리"가 있다고 말이다. 바쿠닌은 벨렌스키의 발언이 노인에 대한 불필요한 도발이자 환대를 무시하는 처사로 받아들였다. 더욱이 아버지는 벨린스키의 여행 자금을 마련해주기로 하지 않았던가.

그러나 바쿠닌의 누이들은 벨린스키에게서 모종의 영향을 받았다. 뤼보프는 스탄케비치를 사모하고 있었고, 바르바라는 결혼문제로 골머리를 앓고 있었기에 그의 영향력이 미치지 않았지만, 타티아나와 알렉산드라는 큰 영향을 받았다. 벨린스키는 그중 타티아나와 사랑에 빠졌다. E. H. 카는 이를 바쿠닌이 질투하여 벨린스키와의 우정을 배신하게 되고 결국 그를 비난하는 지경에까지 이르렀다고 말한다.(카77) 그런데도 벨린스키는 11월에 〈망원경〉이 폐간되어 모스크바로 떠날 때까지 프리아무키노에 머물렀다.

누이 뤼보프와 바르바라에게서 깨달음을 얻다

벨린스키가 프리아무키노를 떠난 직후인 1836년 11월, 뤼보프는 스탄케비치를 만났다. 그러나 스탄케비치는 아버지를 만난 뒤에 자신의 감정을 공식적으로 밝히겠다면서 편지를 교환한다. 이듬해 4월, 스탄케비치는 마침내 아버지의 승낙을 받고 뤼보프에게 청혼한다. 그러나 호사다마라 했던가, 그는 폐결핵을 선고받는다. 스탄케비치는 결국 뤼보프와의 사랑을 접고 건강에 좋은 기후를 찾아 그해 8월 독일로 갔다. 이듬해 뤼보프는 결핵에 걸려 세상을 떠난다.

바쿠닌 자매 중 바르바라는 종교에 가장 관심이 많았던 여성이었다. 이미 십 대부터 그녀는 강렬한 종교적 신비를 경험하면서 수녀의 길을 걷고자 했으나 부모의 만류로 포기했다. 이런 개인적인 경험 덕분일까? 바르바라는 야망과 재능이 좌절되는 데서 오는 상심과 우울감을 잘 이해하고 있었다.

1835년 그녀는 자기보다 훨씬 연상인 장교 니콜라이 디아코프(Nikolai Diakov)와 결혼했다. 바르바라 자신은 물론 바쿠닌과 자매들 역시 그를 훌륭하지만 다소 둔하고 다정한 바보이자 잠재적인 폭군으로 여겼다. 하지만 바르바라는 가족의 이익을 위해, 그리고 종교적 사명감을 이루기 위해 결혼을 감행했다. 그녀는 결혼을 통해 삶의 목적을 이루려고 했다. 모종의 희생을 감수하면서라도 말이다. 그러나 아쉽게도 그녀의 희생은 행복으로 이어지지 않았다. 바르바라는 남편의 강압적인 통제에 특히 분개했다. 디아코프는 그녀의 이성과 신앙에 관심을 기울이지 않았다. 다만 '전통적인 의미의 좋은 아내'가 되기만을 원했다. 바르바라는 종교를 공부하면서 사랑하지 않는 남자와 사는 것은 희생이 아니라 죄라고 믿게 되었다. 그녀는 죄책감에 시달렸고 더는 결혼생활을 참지 못하게 되었다.

바쿠닌은 벨린스키 같은 류의 많은 남성과 생각이 달랐다. 그는 여성들이 사랑하지 않는 남자와 결혼하거나 계산에 따라 결혼하는 것을 끔찍하다고 여겼다. 자매들을 여럿 두었던 덕분일 터다. 바쿠닌은 결혼에 대한 엠마 골드만(Emma Goldman, 1869-1940)의 견해처럼 '계산에 따른 결혼은 매춘'이라고 생각했다. 그리고 흔히 말하듯 '고통 속에서 구원을 얻을 수 있다'는 주장 역시 말도 안 된다고 경고했다. 현실의 비물질적 본성에 대한 관념론적 사색으로 후퇴하기는커녕 바쿠닌은 철학을 기반으로 실용적인 문제를 이해하고 직면하고자 노력했다.

뤼보프 바쿠닌(1811-1838)

바르바라 바쿠닌(1812-1856)

타티아나 바쿠닌(1815-1872)

알렉산드라 바쿠닌(1816-1882)

가족 간의 의견 분쟁과 바르바라의 해방 의식은 바쿠닌의 철학에 영향을 미쳤다. 이러한 투쟁은 바쿠닌이 외부 조건이 실제로 중요하다는 것을 확신하는 데 도움을 주었다. 행복은 자신이 노력한다고 해서 이루어지는 것도 아니고, 하늘에서만 얻을 수 있는 것도 아니라는 점을 뼈저리게 깨달았던 것이다. 바쿠닌은 행복은 현실 세계에서만 찾을 수 있으며, 그것은 인간이 개인적, 사회적 문제와 씨름하고 해결함으로써 비로소 얻을 수 있는 것이라고 여겼다. 그는 이렇게 말한다. "인류의 소명은 신화적인 낙원을 얻기 위해 팔짱을 끼고 이 땅에서 고통받는 것이 아니다. 그 대신에 그 하늘, 자기 안에 계신 신을 땅으로 옮기고, 실천적 생명을 일으키고, 땅을 하늘로 세우는 것이다."

따라서 역사가들이 독일 낭만주의와 관념론에 대한 바쿠닌의 관심이 현실로부터의 후퇴였다고 주장하는 것은 매우 어리석은 처사다. 실제로 그가 제기한 여러 문제는 현실적인 질문들과 곧바로 연결되었다. 바르바라의 해방을 위한 투쟁은 어느 정도 성공했다. 그녀는 곧 러시아와 그녀의 남편을 떠나 유럽으로 갔고, 스탄케비치와 '불륜'의 사랑을 시작했다. 의무와 자유가 충돌할 때 자유가 더 높은 미덕을 지닌다는 생각은 바쿠닌이 죽는 날까지 계속해서 울려 퍼졌다.

1840년에 스탄케비치가 사망할 때까지 바르바라는 그와 함께했다. 한편에서는 1840년, 소설가 이반 투르게네프가 타티아나에게 빠지지만, 그는 곧 낭만적 사랑을 포기한다.

헤겔 철학에 심취한 바쿠닌

스탄케비치는 1836년 11월부터 게오르크 빌헬름 프리드리히 헤겔(Georg Wilhelm Friedrich Hegel, 1770-1831)의 철학에 심취했고 바쿠닌도 헤겔 철학에 몰두했다. 셸링이나 칸트의 철학을 공부한 것은 헤겔 공부를 위한 준비 과정에 불과했을 정도로 그들은 헤겔의 사상에 급속도로 빠져들었다. 헤겔은 "러시아의 역사적 사고에서 화합과 낭만적 환상의 환희를 내쫓은 독일 관념론 철학자들 가운데 마지막 철학자"였다. 헤겔은 1838년부터 1848년까지 '빛나는 10년'이라고도 불리는 러시아 지성사의 혁신을 초래한 철학자다. 그는 합리적이고 체계적인 역사철학을 러시아인에게 가르치고 현실에 안주하지 않는 진지한 혁명 사상을 품도록 이끌었다. 특히 "현실적인 것은 이성적이고 이성적인 것은 현실적"이라는 헤겔의 유명한 선언은 절망에 빠져있던 러시아의 청년 세대에게 희망을 주었다.

헤겔 철학이 독일에서 좌우로 나뉘어 전개되었듯이 러시아에서도 마찬가지 현상이 나타났다. 독일에서 헤겔 우파가 "역사에서 국가는 세계정신의 최고 발현"이라는 헤겔의 주장에 흥분한 국가주의자로 둔갑했듯이 러시아에서도 헤겔 우파는 정치개혁에 관심을 보였다. "그러나 헤겔로 말미암아 변증법은 지금 있는 국가의 신성화가 아니라 완전한 파괴를 요구한다고 확신하게 된 러시아인이 훨씬 더 많았다."(빌링턴375) 바쿠닌도 그중 한 사람이었다.

헤겔이 러시아 청년들에게 역사에서 의미를 찾게 해주었듯이, 바쿠닌은 헤겔에게서 개인의 역사적 의미도 찾았다. 헤겔은 인간이 본능에서 감정으로, 그리고 다시 사색의 시기를 거친다고 말했다. 바쿠닌은 자신이 1836년까지 감정의 시기에 있었다고 판단하고, 앞으로는 사색의 세계로 진입해야 한다고 생각하면서 헤겔 연구에 몰두했다. 그 무렵 벨린스키도 헤겔에 심취했다. 덕분에 바쿠닌과 벨린스키는 자연스레 편지를 교환할 수 있었다. 바쿠닌이 지난여름에 벨린스키를 함부로 대한 점을 사과하자 벨린스키는 감격했다. 이로써 두 사람의 우정은 다시 개화했고 1837년의 겨울을 함께 지내게 된다.

1838년 3월, 벨린스키가 편집장이 된 〈모스크바 옵저버〉에 바쿠닌은 헤겔의 글 세 편을 러시아어로 번역하여 실었다. 인쇄된 글로서는 처음이었다. 바쿠닌은 소개 글에서 헤겔이 지적한 '현실'을 강조했다.

벨린스키와의 불화

헤겔을 통해 다시 맺어진 벨린스키와 바쿠닌의 우정은 그러나 더는 지속되지 않았다. 벨린스키가 바쿠닌을 관념론자이자 비현실주의자라고 비판했기 때문이다. 나아가 그는 바쿠닌이 그의 누이들의 현실 감각조차 왜곡시켰다고 비난했다. 벨린스키는 여성은 아내와 어머니가 되어야만 자신을 충족시킬 수 있다고 하면서 철학은 그들 너머에 있고 (철학을 공부하는 것은) 그들을 결국 파멸시킬 것이라고 했다. 덧붙여 "바쿠닌은 누이들에게 힘을 주지 못했고, 그 결과 누이들이 겁을 먹었다"라고도 말했다. 벨린스키에 의하면 "여성에게 결혼은 인생을 경험하는 유일하게 합리적인 방법이자 유일한 현실이다. 영성을 위한 결혼은 해방이고, 여성의 개성을 꽃피우는 단초"(Leier69)라는 것이다. 이에 대한 응답으로 바쿠닌은 벨린스키가 철학과 성차별 문제를 제대로 인지할 수 있도록 쓴 21페이지 분량의 긴 편지를 보냈다.

그런데 벨린스키가 바쿠닌과 그의 자매들에게 적개심을 품었다는 점이 왜 중요하게 다루어지는 것일까? 이는 역사가들이 바쿠닌에 대한 두 가지 연결된 주장을 뒷받침하기 위한 일종의 전략으로 보인다. 첫 번째, 그들은 바쿠닌이 관념론의 신비한 세계에 사로잡혀 현실과 동떨어졌고, 그 바람에 주변 세계와 연결되지 않았다고 말한다. 이런 주장을 펼치는 이들은 벨린스키가 관념론에서 현실주의로 빠르게 옮겨갔고, 그 덕분에 더욱더 튼튼하게 현실과 연결되고 덜 소외되었다고 강조한다. 두 번째, 바쿠닌은 훗날 환상적이고 유토피아적인 가치관에 물들었는데 이는 매우 비현실적이고 부적절했기에 결국 아나키즘에 끌렸다는 것이다. 그러나 바쿠닌이 아나키즘으로 가는 길은 훨씬 더 복잡했다. 이처럼 간단히 철학적 입장이나 심리적 상태에서만 그 원인을 찾을 수 없다.

정말 중요한 문제는 이런 구분이 조금도 '올바르지 않다'는 데 있었다. 모든 판단이 주로 두 남자 사이의 불화에서 비롯되었다고 보는 벨린스키의 해석에 기초하지 않는가? 벨린스키는 바쿠닌이 책과 추상적 관념 속에서 무익한 삶을 추구하는 데 빠져 자신의 감정을 억누르고 현실과 단절했다고 비난하고, 그들의 세대에게 올바른 임무는 공무원이 되어 사회의 일부로서 봉사하는 직업을 갖는 것이라고 주장했다.

그는 계속해서 바쿠닌은 현실 세계에 대해 아무것도 몰랐고 프리아무키노가 상징하는 꿈같은 세계와 철학적 사고로 대변되는 추상 세계에만 관심을 두었다고 주장했다. 반면 자신은 직업 구하기 같은 '현실'의 일부가 되는 일에 전념했고 그 결과 더 큰 통찰력과 진리를 독점하게 되었다는 것이다. 그러면서 벨린스키는 "중요한 것은 사회의 유용한 구성원이 되는 것"이라고 말했다. 놀랍게도 그는 또한 "바쿠닌이 자기 아버지를 최고의 모델로 삼은 것 같다"라고도 주장했다. 바쿠닌은 이 같은 벨린스키의 '현실과의 화해'를 '변절이자 배신'이라고 비판했다. 그러면서 "현실은 오직 행동을 통해 바뀔 수 있다"고 강조한다.

도피인가, 유학인가

벨린스키와의 결별 후 1840년 6월에 베를린으로 떠나기 전까지 20개월 동안 바쿠닌은 철학 공부에 열중했다. 장녀의 죽음과 차녀의 불륜으로 마음의 상처를 입은 부모를 위해 1838년의 겨울을 어린 시절 이후 처음으로 고향에서 보냈다. 그러나 아버지는 여전히 바쿠닌을 불신하고 그가 철학 공부에 매진하는 것을 못마땅해했다. 그는 아들에게 "문필가가 될 재주는 없으니 집안일이나 농사일을 하라"고 계속 권유했다.

그러나 바쿠닌은 헤겔 철학을 공부하고 고대 철학자들의 저술을 읽기 위해 고대 그리스어와 씨름했다. 기타 여러 분야의 책도 꾸준히 섭렵했다. 그중 가장 충격적인 책은 다비드 슈트라우스(David Strauss)가 1835년에 쓴 《예수의 생애 *Das Leben Jesus, kritisch bearbeitet*》였다. 슈트라우스는 그 책에서 예수를 신적 인물이 아니라 역사적 인물, 즉 인간적 존재로 이해해야 한다고 주장했다. 이는 오늘날의 관점에서도 급진적이고 혁명적인 주장이었는데, 다른 사람들도 곧 합류했다. 이때 바쿠닌은 처음으로 독일에는 슈트라우스를 지지하는 좌파와 그에 반대하는 우파가 있다는 사실을 알게 된다. 그러나 당시 바쿠닌은 좌파가 아닌 우파에 동조했다.

다른 서클 회원이자 바쿠닌의 친구인 바실리 보트킨(Vasily Botkin)이 헤겔 좌파의 기관지인 〈할레 연감〉을 정기 구독하고 있어서 바쿠닌은 그 잡지를 읽을 수 있었다. 그 잡지에서 바쿠닌은 루트비히 포이어바흐(Ludwig Feuerbach, 1804-1872)가 1839년에 쓴 글을 읽었다. 포이어바흐는 "모든 종교는 신성한 진리가 아니"라고 하면서 "역사적 맥락에서 살펴보아야 한다"고 주장했다. 헤겔 좌파 중 거의 홀로 헤겔과 함께 연구했던 브루노 바우어는 헤겔 철학의 핵심이자 중심이 종교의 파괴라고 선언했다. 그러나 바쿠닌은 포이어바흐의 유물론적 종교관을 이해할 수 없었기에 누이들에게 그의 사상을 믿지 말라고 경고했다.

바쿠닌은 거의 1년 동안 계속된 고향에서의 독서 생활을 청산하고 5년 만에 상트페테르부르크로 간다. 그곳에서 4개월을 머물다가 보트킨의 호출을 받고 다시 모스크바를 거쳐 고향으로 갔다. 보트킨이 자신을 좀 도와달라고 구조요청을 보냈기 때문이다. 당시 보트킨은 알렉산드라를 좋아했다. 돈도 아주 많았다. 그런데 바쿠닌의 아버지는 딸이 상인의 아들과 결혼하는 것을 마뜩잖아했고 기어이 결혼을 거절하는 편지를 보냈던 것이다. 바쿠닌은 친구를 돕기는커녕 아버지의 뜻을 따랐다. 결국 바쿠닌과 보트킨의 관계도 끝나고, 보트킨과 알렉산드라와의 관계도 끝난다.

바쿠닌은 1839년 말부터 1840년 초까지의 겨울을 모스크바에서 지냈다. 이때 게르첸과 오가료프를 만난다. 당시까지도 비정치적이었던 바쿠닌에게 그들이 미친 영향은 미미했지만, 오가료프의 부인이 마련한 모임에는 곧잘 참석하여 술을 마시곤 했다. 그 자리에서 바쿠닌은 카트코프(Katkov)라는 남자가 오가료프의 아내와 불미스러운 행동을 하는 장면을 목격하고 이를 친구들에게 알린다. 카트코프는 오가료프에게 사과하는 편지를 썼고 오가료프는 사과를 받아들였다. 그러고 나서 두 사람은 소문을 낸 바쿠닌을 비난하면서 그와 관계를 끊는다. 심지어 카트코프는 바쿠닌을 '고자'라고 불렀다.(카136) 그 뒤로 바쿠닌에겐 성불구자라는 소문이 끊이지 않고 따라다녔는데, 이는 앞에서 본 바쿠닌 성불구설과 마찬가지로 너무나도 황당한 이야기다.

E. H. 카는 바쿠닌이 이러한 "정신적 불안에서 벗어날 수 있는 유일한 길"로 해외여행을 선택했다고 말한다.(카129) 그러

나 실제 이유는 달랐다. 아버지의 말대로 공무원이 된다면 학위나 자격증이 없기에 말단직에 만족해야 하지만, 만일 독일에서 3년 만에 학위를 딴다면 모스크바대학의 교수가 될 수 있을 것으로 판단해서다. 결국 바쿠닌은 11년 동안 러시아로 돌아오지 못했지만, 아버지는 3년 만에 아들이 금의환향하리라고 믿으며 이를 승낙한다. 바쿠닌은 게르첸 등에게서 돈을 빌려 독일로 출발했다.

벌린의 주장

앞에서 본 E. H. 카의 주장, 즉 바쿠닌의 성 문제에 대해 운운한 것은 진보주의자들이 그 세대의 급진주의를 설명하려고 제시한 심리학 이론과 잘 들어맞았기에 꽤 오랫동안 회자되었다. 이데올로기를 막론하고 통설이 되었다고 해도 과언이 아니다. 가령 보수주의자인 이사야 벌린도 《러시아 사상가*Russian Thinkers*》에서 비슷하게 주장한다. 그는 바쿠닌을 "도덕적으로 경솔하고, 지적으로 무책임한" 인물로 묘사하면서 "추상적으로 인류를 사랑하고, 로베스피에르처럼 신음하며 피바다를 건널 각오가 되어 있다"라고 말한다.(벌린194)

벌린은 18-19세기에 서유럽과 북미의 의회가 설립한 자유주의, 즉 자본주의와 제한된 민주주의적 권리를 옹호하는 데 평생을 바쳤다. 그에게 가장 중요한 것은 정치 영역과 경제 영역을 엄격하게 구분하는 일이었다. 그는 민주주의를 투표소에서만 벌어지는 상황이라고 여겼다. 따라서 재산과 노동, 즉 인간을 통제할 수 있는 고용주의 경제적 권리가 민주주의의 어떤 개념보다 우선해야 한다고 믿었다.

반면 바쿠닌을 위시한 몇몇 사람은 자유가 삶의 모든 측면에 동등하게 확장되어야 한다고 주장했다. 그러면서 민주주의에 대한 비좁은 관점을 훌쩍 뛰어넘었다. 그들이 강조하는 자유란 억압적인 국가뿐만 아니라 농노제와 마찬가지로 자본주의까지 파괴하는 것을 의미했다. 자본주의 경제 체제는 이윤의 극대화를 목표로 인간의 자유를 제한하고 점차 말살했기 때문이다.

자본주의에 대한 이러한 급진적 비판에 맞서기 위해 벌린은 바쿠닌, 게르첸, 그리고 다른 사람들이 러시아의 끔찍한 빈곤, 후진성, 초라함에 대한 죄책감에 시달렸다고 주장한다. 차르의 억압적인 통치 아래 당시 귀족들은 아무것도 할 수 없었다는 것이다. 그들은 고립되었고, 자신들이 몸담은 세계에 일말의 영향도 미칠 수 없었으며, 따라서 한마디로 무력하여 정치적으로 좌절했다는 것이다. 그중 바쿠닌은 특히 성적으로 좌절한 경우라고 비꼬았다. 그러고는 이들이 불가능한 이상, 유토피아적 프로그램, 신비주의 철학의 신경증적 환상의 세계로 후퇴했다고 주장한다.

벌린은 그들의 급진적인 비전이 바쿠닌의 세대가 현실 세계를 이해하는 데 실패했다는 증거라고 본다. 여기서 벌린이 말하는 현실 세계란 거래, 타협 및 항복이라는 실용주의적인 정치 세계를 의미한다. 요컨대 벌린의 프로젝트는 현상 유지를 수호하고 손에 잡히는 모든 수단을 이용하여 다른 관점을 가진 철학을 비난하는 것이었다. 당시의 심리학적 해석이 그 어떤 과학적인 증거도 내놓을 수 없었다는 점 또한 벌린을 의기양양하게 해주었다.

마틴 말리아(Martin Malia)는 《알렉산드르 게르첸과 러시아 사회주의의 탄생 Alexander Herzen and the Birth of Russian Socialism》에서 벌린의 핵심적인 주장을 정당화한다. 그는 바쿠닌과 다른 사람들이 독일 관념론에 매료된 이유를 "실러나 셸링, 피히테와 같은 사상가들이 주장한 바처럼 자유란 본질상 사회적, 정치적 현실과 관계없이 달성할 수 있는 정신상태"이기 때문이라고 한다. 이러한 환상을 더는 품지 못하게 되자 러시아인들은 좌절하여 곧바로 눈을 정치 쪽으로 돌렸다는 것이다. 하지만 애석하게도 초기의 관념론을 극복할 수 없었고, 실용주의적이고 실천적인 정치를 채택할 수도 없어서, 이상과 유토피아에 전념할 수밖에 없었다는 것이다. 즉 이상(理想)도 유토피아도 (러시아인들에게는) 실현 불가능한 가치이자 관념이었다고 하면서 "러시아인들에게 정치는 불가능한 예술이었다. 그 이유는 정치의 비전 역시 종교처럼 맹목적인 믿음, 강렬함, 완벽에 대한 추구에 따라 존재했기 때문이다. 그래서 게르첸, 투르게네프,

바쿠닌 등은 그들 자신의 표현대로 '불필요한 사람들'(잉여인간)이 되었다"고 설명한다. 그 뒤에도 말리아는 바쿠닌의 세대가 심리적인 의미에서 '소외'되었다고 단언한다.* 벌린과 말리아에 이어 에일린 켈리도 소외된 사회 심리학의 개념을 바쿠닌에게 적용한다.**

그러나 우리가 앞에서 보았듯이 바쿠닌에게 가해진 가십들이 사실이라거나 그의 동료들을 심리적인 의미에서 소외되었다고 판단할 근거는 어디에도 없다. 바쿠닌과 게르첸이 러시아에서 자리잡을 수 있는 기회를 얻지 못했고, 따라서 합리적인 경력을 쌓을 수 없었다는 주장에는 어느 정도 일리가 있다. 그러나 이 때문에 '소외'를 운운할 수는 없다. 그 밖에도 정권이 두 사람을 거부하기 전에 이미 두 사람 모두 정권을 거부했다는 사실을 기억해야 한다. 그들은 일자리가 부족한 현실을 비판한 게 아니라 러시아라는 국가를 비판했다. 두 사람은 무엇보다 '지식인으로서의 사회적 역할'에 환멸을 느꼈다. 정권은 근대화와 갱신을 시도하면서 청년 교육에 상당한 자원을 투입했다. 그러나 곧 근대 교육의 문제점이 전면에 드러났다. 사람들에게 '생각하기'를 장려한 결과 더는 자유로운 사고를 제한하기 어려워졌음을 알게 된 것이다. 예를 들어보자. 비판적인 사고능력을 함양하는

---

* Martin Malia, Alexander Herzen and the Birth of Russian Socialism, Harvard University Press, 1961
** Aileen Kelly, Michail Bakunin: A Study in the Psychology and Politics of Utopianism, Oxford University, 1982

교육은 기계를 다루는 엔지니어들이 구조와 재료 같은 표면적인 조건이나 문제를 인지하는 데서 한발 더 나아가 그것의 쓰임이라든지 사회경제적인 역할은 물론 노동의 문제에 이르기까지 비판적으로 생각하고 아이디어를 창출하게 해준다. 그저 단순히 기관이 이끄는 대로 따르거나 권위에 굴복하여 수동적으로 배우는 것이 아니라 '진리'를 좇는 방향으로 개인을 인도한다.

실제로 지식인의 첫 번째 의무는 비판하는 데 있다. 잘못된 생각을 제거해야만 진실을 발견할 수 있기 때문이다. 그러니 탐색의 영역을 줄여나가면 지식인—정신이 제대로 박힌 지식인이라면—들은 그 비판과 분석의 세계에 무단침입이라도 강행하려 들 것이다. 흔히 "보수적인 지식인은 없다"고 주장하는 것도 이 같은 배경 때문이다. 보수적인 저널리스트, 작가, 학자, 전문가들은 충분히 있을 수 있다. 그러나 이들을 지식인이라고 볼 수는 없다. 현상 유지를 수용하고 지지하는 이상 유의미한 비판은 불가능하기 때문이다. 따라서 한 세대의 유럽인, 주로 특정 계급과 남성들에게 주어진 첫 번째 의무는 마르크스가 말했듯이 "모든 것을 무자비하게 비판하는 것"이었다.

그들이 정통과 권위에 맞닥뜨렸을 때, 그들은 정권 자체를 비판하고 스스로 정치에 뛰어들었다. 바쿠닌과 그의 세대는 환상의 세계로 후퇴하거나 맹목적으로 실패하지 않았다. 낭만주의는 피난처가 아니었다. 그것은 체제의 엄격함에 대한 비판적이고 적극적인 대응의 첫 번째 단계였다. 그다음 단계는 변화를 위한 초석을 다지는 데 있었다. 따라서 그들은 현실을 찬양하기 위해서가 아니라 '바꾸기' 위해 독일의 관념론, 특히 피히테와 헤겔의 작업에 열성적으로 눈을 돌렸다. 바쿠닌은 이런 의도로 독일에 간 것이다. "프랑스 문물이나 독일 문물을 좋아하는 귀족에게 러시아는 유럽의 끝자락에 있는 광활한 지방으로 보였다"(빌링턴432)고 말하는 사람도 있지만, 바쿠닌의 경우엔 반드시 그렇다고 볼 수가 없다.

3장 베를린과 스위스

이반 투르게네프와 친구가 되다

바다를 처음으로 보고, 뼈가 부러지는 듯한 며칠간의 마차 여행을 거친 후 바쿠닌은 1840년 7월 25일 프로이센 왕국의 수도 베를린에 도착했다. 독일에 대한 그의 첫인상은 썩 괜찮은 편이었다. 그는 독일에 온 목적을 무난히 이룰 수 있을 것 같다고 하면서 독일인들은 "매력적"이지만 언제나 "그렇고말고요. 야볼!(Jawohl!)"을 외치는 둔감한 버릇이 있다고 비판했다.

그러나 베를린에 도착하면서 느꼈던 흥분과 목적의식은 스탄케비치의 사망 소식을 접한 즉시 사라지고 말았다. 스탄케비치의 사망은 바쿠닌뿐만 아니라 그 세대의 학자, 반역자, 친구들에게도 치명적이었다. 하지만 누이동생 바르바라와 재회하면서 두 사람은 서로에게 작게나마 위안을 줄 수 있었다. 어린 아들과 함께 베를린에 머문 바르바라의 도움으로 바쿠닌은 새로운 도시에 그나마 쉽게 적응하게 된다.

바쿠닌은 곧 다른 동료들을 수소문했다. 베를린에는 러시아 학생과 이민자들로 이루어진 동네가 있었다. 그들은 종종 브란덴부르크 문에서 동쪽으로 나 있는 가로수길 운터 덴 린덴(Unter den Linden)에 있는 카페 '스파르그니아파니(Spargniapani)'에 모여 문학, 역사, 정치를 토론하고, 전 세계의 신문과 저널을 읽으며 논쟁을 벌였다. 바쿠닌은 여기서 덩치가 크고 위풍당당한 러시아인 소설가 투르게네프를 만나 친구가 된다.

바쿠닌보다 네 살 어리고 상트페테르부르크에서 대학 교육을 받은 투르게네프는 이 만남에서 깊은 영향을 받는다. 그는 당시 헤겔 전문가로 알려진 바쿠닌에게서 헤겔을 제대로 배울 수 있기를 학수고대했다. 두 사람의 우정에 대한 투르게네프의 진정성은 그가 소유하고 있던 헤겔의 책 《철학강요 *Enzyklopädie der philosophischen Wissenschaften im Grundrisse*》(1830) 속표지에 쓴 메모에도 드러난다. 그는 "스탄케비치 죽다. 1840년 6월 24일." "바쿠닌을 만나다. 1840년 7월 20일. 지나온 내 평생에서 다른 기억은 전혀 간직하고 싶지 않다"(카145)라고 썼다. 바쿠닌도 투르게네프를 좋아했으나 그 정도는 아니었다.

도스토옙스키, 톨스토이와 함께 러시아 사실주의 문학의 3대 거장으로 손꼽히는 투르게네프는 아버지를 일찍 여의고, 대지주였던 어머니 밑에서 자랐다. 농장을 관리하면서 사소한 잘못에도 체벌을 가하고 시베리아로 보내버릴 정도로 농노들을 무자비하게 다룬 어머니는 농노들을 마구 후려쳤던 채찍으로 아들도 때렸을 만큼 차갑고 냉정한 사람이었다. 투르게네프는 어릴 적부터 어머니에게 반발했고, 스무 살이 되자 어머니로부터 도망쳤다. 1838년, 그는 베를린 대학에서 스탄케비치를 비롯한 진보적인 러시아 지식인들과 사귀면서 헤겔 철학과 역사학 및 고전어를 공부했다. 투르게네프는 바쿠닌보다 2년 먼저 베를린에 도착한 터라 그곳 사정을 웬만큼 알고 있었다. 바쿠닌은 그때 누이와 헤어져 투르게네프의 이웃집으로 이사한 참이었다.

1840년, 바쿠닌과 투르게네프는 대학에서 함께 강의를 듣고, 함께 공부하고, 함께 식사하고, 함께 콘서트에 참석하고, 함께 살롱 세계에 들어서면서 떼려야 뗄 수 없는 사이가 되었다. 헤겔주의자이자 스탄케비치의 동료인 카를 베르더(Karl Werder)의

이반 투르게네프(1818-1883)

강의도 함께 들었는데, 바쿠닌은 곧 그의 강의가 천박하고 거추장스럽다는 것을 알게 되었다. 과거에 '위대한 철학자'라는 명성을 얻었던 셸링은 이제 둔감한 보수주의자가 되어 헤겔이 개척한 급진적인 길을 막기 위해 베를린으로 와 있었기에 역시 바쿠닌에게는 관심 밖이었다. 한편 2년 뒤에 본격적으로 해체되는 헤겔 학파는 위기에 놓여 있었다. 바쿠닌도 따라서 위기에 처할 수밖에 없었다.

당시 바쿠닌이 베를린에서 만난 사람은 대개 학생, 보헤미안, 예술가들이었다. 하지만 점차 정치사상가와 활동가들로 범위가 넓혀졌다. "주체성이 곧 진리"라고 주장한 덴마크의 실존주의 철학자 쇠렌 키르케고르(Søren Kierkegaard, 1813-1855)와 엥겔스도 베르더의 일부 강의에 참석하곤 했다. 1813년, 덴마크에서 부유한 상인의 아들로 태어난 키르케고르는 1841년에 코펜하겐 대학교에서 철학박사 학위를 받은 후 베를린에 유학했다. 1820년, 독일에서 부유한 방직 공장주의 아들로 태어난 엥겔스는 김나지움을 다니다가 자퇴한 뒤 1841년부터 베를린 대학에서 철학 강의를 청강하면서 마르크스와 친구가 되었다. 몇 년 뒤 엥겔스는 자기가 바쿠닌과 그의 동료 러시아인들 몇몇이 있는 자리 뒤에 앉았다고 회상했다.

역사학 공부

역사학 강의 역시 실망스럽기는 마찬가지였다. 바쿠닌은 저명한 역사가 레오폴드 폰 랑케(Leopold von Ranke, 1795-1886)의 강의를 내심 고대하고 있었다. 그러나 오늘날에도 여전히 역사학 강의의 기본으로 평가되는 랑케는 역사가란 엄밀한 사료 비판에 기초하여 '실제로 일어난 일'만을 역사로 기록해야 한다고 주장했다. 그의 좌우명은 간단하고 합리적으로 보이지만 실로 엄청난 오해를 불러일으킬 소지가 있었다. 어떤 역사가도 실재가 아닌 그 무엇을 도구로 과거를 제시하는 것을 옹호한 적이 없기 때문이다. 역사가가 과거를 자의적으로 판단하거나 현재를 주관적으로 해석하면 안 된다는 폰 랑케의 믿음은 역사를 이데올로기적으로 사용하기 위한 위장에 불과했다. 스스로 객관성과 역사적 중립성을 역설했지만, 랑케는 극도로 보수적인 사람이었다.

보수주의자였던 랑케는 프러시아 정부의 명령에 따라 1832년부터 1836년까지 《역사적-정치적 연감 *Historische-Politische Zeitschrift*》을 창간하고 편집하면서 자유주의 사상을 공격했다. 그는 모든 국가에는 신으로부터 특별한 도덕적 특성이 부여되며 개인은 국가의 '이념'을 가장 잘 성취하기 위해 노력해야 한다고 주장했다. 그리고 독자들에게 프로이센에 대한 충성을 유지하고 프랑스 혁명의 사상을 거부할 것을 촉구했다. "모든 시대는 신 옆에 있다"고 주장한 그는 하느님은 역사 전체를 바라보시며 모든 시기가 평등하다고 생각한다고 주장하면서 기독교는 도덕적으로 가장 우월하고 달리 개선할 필요가 없는 절대적인 종교라고 강조했다.

훗날 랑케는 비스마르크를 열렬하게 지지했다. "역사에는 궁극적인 목적이 없다"는 그의 강력한 주장에도 불구하고 랑케가 쓴 글은 군주제를 지지했으며, 기존의 제도가 본질적으로 하느님의 신성한 계획을 따른다는 것을 강력하게 암시했다. 그래서 폰 랑케는 셸링과 마찬가지로 객관적 사실을 추구하는 사람으로서가 아니라 헤겔의 진보적 사상에 대한 반격을 펼치기 위해 베를린에 파견되었다. 특히 헤겔의 역사철학에 반대하면서 헤겔이 "단 하나의 아이디어나 한 단어로 특징지어지거나" "개념에 의해 한정되기에는 너무 본질적인" 인간 행위자의 역할을 무시했다고 비판했다.

20세기에 와서 발터 벤야민(Walter Benjamin)은 랑케의 역사학이 "19세기의 가장 강력한 마약"을 대표한다고 비난했는데, 그 한 세기 전에 바쿠닌은 랑케의 역사학을 반동을 일으키기 위해 수집한 무수한 사실들의 집합에 불과한 역사라고 비판하면서 이를 철저히 무시했다.

한편으로 바쿠닌은 프랑스의 가톨릭 사제로 휴머니스트인 펠리시테 드 라므네(Félicité de La Mennais)와 독일 경제학자 로렌츠 폰 슈타인(Lorenz von Stein)의 급진적인 저술을 열심히 읽었다. 라므네는 혁명으로 촉발된 무정부 상태와 폭정에 대한 해독제가 종교라 간주하고 참정권의 확대, 교회와 국가의 분리, 양심의 보편적 자유, 교육, 집회 및 언론의 자유를 주장했다. 이는 뒤에 바쿠닌이 종교를 부정하는 출발점이 된다. 또한 슈타인의 《현대 프랑스의 사회주의 및 공산주의 운동 Die sozialistischen und kommunistischen Bewegungen seit der dritten französischen Revolution》(1848)은 역사와 정치에 대한 급진적인 재해석을 제시하면서 푸리에, 생시몽, 프루동의 사상을 소개하여 바쿠닌에게는 좋은 교과서가 되어주었다. 그 책에서 슈타인은 '사회 운동'이라는 용어를 학문적 토론에 처음으로 도입했다. 이 주제는 1850년에 슈타인이 《프랑스 사회 운동의 역사: 1789년부터 현재까지의 프랑스 Geschichte der sozialen Bewegung: Frankreich von 1789 bis auf unsere Tage》라는 책에서 반복적으로 다루어진다. 슈타인은 사회 운동을 기본적으로 '(어떤) 조직이 국가 차원으로 이동하는 것'이라고 이해했다. 그리고 이러한 사회 운동은 대의제를 통해 프롤레타리아를 정치의 일부로 끌어들였지만 여전히 경제적 불평등을 해결하지 못하는 데서 촉발된다고 보았다. 슈타인은 역사적 측면을 무시하지는 않았지만, 행정과 국민경제의 영역에 헤겔의 변증법을 적용한 것으로 유명하다.

그는 또한 국가가 사회(조직) 위에 있으며 국가의 목적은 군주제에서 일반 인민에게로 이행되는 사회 개혁을 가져오는 것이라고 주장했다. 또한 프롤레타리아와 계급투쟁의 개념을 포함하는 역사에 대한 경제적 해석을 개괄하는 한편 중산계급 자유주의자들 사이에서 흔히 볼 수 있는 폭력적인 혁명에 대한 두려움을 공유하면서 개량주의적 해결책을 옹호했다. 그는 자본주의 국가의 산업 노동자에겐 노동을 통해 재산과 자본을 얻을 기회가 없다고 하면서 이야말로 진정한 '사회문제'라고 강조했다. 그러면서 이 문제는 자유주의 안에서 자유롭고 평등한 개인 기회의 원칙에 따라 정비된 행정 프로그램으로 다루어야 한다고 주장했다.

이러한 저술가들의 사상은 바쿠닌이 뒤에 아나키스트 혁명가로서 갖게 되는 사상과 구별된다. 슈타인은 당시 마르크스에 의해서도 검토되곤 했다. 1840년대의 바쿠닌이 보여준 사회주의 사상에 대한 인식은 이런 수준이었다.

여러 문학인과 교류하다

바쿠닌의 지인 중에는 베토벤과 괴테의 친구인 베티나 폰 아르님(Bettina von Arnim, 1785-1859)이 있었다. 바쿠닌은 러시아에서 그녀의 낭만주의 작품들을 읽었다. 1785년에 태어난 그녀는 베토벤과 괴테 외에도 슈만, 리스트, 브람스 등 시대를 이끌어가는 음악가들과 친했고 독창적인 작곡과 조각 작품 등을 창작했을 뿐만 아니라 많은 문학 작품을 남겼다. 우리말로도 번역된 《괴테가 한 아이와 주고받은 편지*Goethes Briefwechsel mit einem Kind*》(1835)는 청년 문학가들 사이에서 격렬한 논쟁을 야기했다.

아르님은 정치적인 문제에도 깊이 관여했다. 그림 형제가 괴팅겐 7교수 사건으로 괴팅겐대학교에서 해고되자 그들을 베를린대학교로 초빙하기 위해 노력했다. 1843년, 익명으로 베를린 교외의 빈민가 조사를 첨부한 《이 책은 국왕의 것*Dies Buch gehört dem König*》을 출판하고, 프로이센 국왕 프리드리히 빌헬름 4세에게 사회 개혁을 시행하도록 진언했다. 그리고 1844년에는 수공업 산업이 기계화로 파괴되자 폭동을 일으킨 프로이센 북동부의 실레지아 아마포 직공을 방어하기 위해 《빈민의 책 *Armenbuch*》을 썼으나, 베를린 당국에 의해 국가모독죄로 기소되었기 때문에 출판하지는 못했다. 아르님은 이에 굴하지 않고 1846년부터 폴란드의 혁명가들을 위해 국왕에 맞서서 변호하는 등 정치적으로 박해를 받은 사람들을 위해 노력했다. 마르크스가 1842년 베를린 시절 이래 아르님과 친밀한 관계를 맺은 것 이상으로 바쿠닌도 아르님과 친숙한 관계였다.

당시 바쿠닌이 만난 다양한 인사 중에는 시인 게오르크 헤르베그(Georg Herwegh)도 있었다. 1817년, 여관 주인의 아들로 태어난 그는 신학교에 다녔으나 규칙을 어긴 탓에 쫓겨났고 그 뒤 군대에서도 불복종 행위로 추방되었다. 1841년에 출간한 《살아있는 시*Gedichte eines Lebendigen*》를 비롯한 시작품도 판매 금지를 당하고 여러 혁명에 관여했다가 도피하기도 했다. 그는 바쿠닌만이 아니라 하이네, 위고, 포이어바흐, 마르크스 등과도 친했다. 그가 1840년에 쓴 〈독일 시인들에게〉를 읽어보자.

> 당당하라! 세상의 어떤 보배도
> 그대들의 황금 현악기만큼 울리지 않는다.
> 그대들이 섬겨야 할 만큼
> 어떤 제후도 그토록 고귀하지 않다!
> 그대들이 그를 죽게 한다면
> 청동과 대리석일지라도 그는 죽을 것이다.
> 가장 아름다운 자색은 아직도
> 그대들이 노래로서 흘리는 피다!
> (…)
> 오로지 인민에게 사랑을 느끼고
> 그들 앞에서 환호하며 전장에 나가라,
> 그들이 몸을 다쳐 평야에 누우면
> 간호하면서 깨어있으라!
> 그리고 그들의 마지막 남은 자유를
> 침해하려는 자가 있거든
> 오로지 칼을 꽉 쥐어라,
> 그리고 우리의 하프를 부수어버리자.

그는 시인들에게 "인간이 되어라. 예스냐 노냐? 당신의 슬로 건은 노예인가 자유인가?"라고 물으며 결단을 요구했다. 급진적인 그의 시는 프로이센을 야만적인 국가로 몰아세웠다. 이 때문에 결국 추방되지만 헤르베그는 독일의 많은 사람을 사로잡는다. 특히 "땅에서 십자가를 찢어라! / 모두 검으로 바꿔라!"라는 노래는 헤겔 좌파와 바쿠닌 자신의 진화를 반영하는 것이나 다름없었다. 헤르베그의 가장 유명한 시는 1862년 '전 독일노동자동맹'(독일 사회민주당의 전신)을 위해 쓴 〈동맹가Bundeslied〉다. 전체 12연 중 마지막 3연은 다음과 같다.

노동의 전사여, 깨어 일어나라!
그리고 그대의 힘을 깨달아라!
그대의 강한 팔뚝이 원한다면
모든 수레바퀴는 정지한다.

무거운 짐에 지친 그대가
쟁기를 구석에다 세워놓고서
이젠 이걸로 그만이다! 라고 외치기만 하면
그대의 압제자들 무리는 하얗게 질리고 말리라.

이중의 굴레를 돌로 쪼개버려라!
노예질의 고난을 부수어버려라!

고난의 노예질을 부수어버려라!
빵은 곧 자유이고 자유는 곧 빵이다!

종교와 정치

헤겔 자신이 기독교인으로 남아있는 동안, 헤겔 좌파들은 그의 방법론을 종교 자체에 무자비하게 적용했다. 그러고는 신의 본성에 대한 유일한 합리적 입장은 확고한 무신론뿐이라고 결론지었다. 그 계기는 바쿠닌이 러시아에서 읽은 슈트라우스의 《예수의 생애》였다. 책에서 슈트라우스는 "예수는 인간이며 종교는 민담"이라고 주장했다. 당시 독일 사회에 엄청난 충격을 던진 그 책의 내용은 21세기 한국에서도 여전히 충격적이다(그런 탓인지 그 책은 나온 지 이백 년이 다 되어가는 2023년까지도 번역되지 않았다). 오늘날 한국과 같이 당시 러시아나 독일의 종교는 독재 정치의 기둥 중 하나로 기능했다. 인민의 위임은 전혀 인정되지 않았기에 왕의 통치가 정당화될 수 있는 유일한 근거는 신권이었다. 그러나 더는 신의 이름으로 독재정권을 옹호할 수 없게 되었다.

바쿠닌은 1838년 헤겔에 대해 쓴 글의 서문에서 "종교가 없는 곳에는 국가도 있을 수 없다. (…) 종교는 모든 국가의 삶의 본질이자 실질이다"라고 주장했다. "종교는 사람들을 하나로 묶는다. 그것이 세상의 본래 의미다." 종교가 없어진다면 무엇이 그 자리를 차지할까? 무엇이 인류를 결속시키고 공통의 대의를 제공할까? 헤겔 좌파들의 대답은 명백했다. 바로 정치였다. 바쿠닌은 그의 동생들에게 보내는 편지에서 그것을 간략하게 표현했다. "정치는 종교이고 종교는 정치이다."

정치는 사상가들을 신비주의와 이론의 영역에서 현실 세계로 데려갔다. 철학에만 만족하지 않은 헤겔 좌파의 의도였다. 오토 바우어(Otto Bauer)는 "현실적인 것은 이성적이고 이성적인 것은 현실적"이라는 헤겔의 주장이야말로 곧 "혁명 그 자체"라고 강조했다. 그러면서 "철학은 정치에서 적극적이어야 한다" "자유로운 영혼은 예속이나 후견을 참을 수 없다"고 주장했다.

또 다른 헤겔 좌파인 아르놀트 루게(Arnold Ruge)는 1842년 자신의 저널인 〈독일연감 *Deutsche Jahrbücher*〉에서 다음과 같이 말했다.

> 우리 시대는 정치적이고 우리의 정치는 이 세상의 자유를 지향한다. 우리는 더는 교회 국가가 아니라 세속 국가를 위한 토대를 마련하고 있으며, 인간이 숨을 쉴 때마다 국가의 자유에 대한 공적 문제에 관심이 커진다.(Leier109)

사회는 정치개혁을 요구한다

헤겔 좌파들의 사상이 널리 퍼지면서 자유와 정의, 변화에 대한 요구가 독일 내의 여러 군소국가에 울려 퍼졌다. 군주제를 폐지하거나 제한하는 헌법부터 대의제, 독일 통일에 이르기까지 다양한 정치개혁이 요구되었다. 여러 집단이 각각 다른 이유로 정치, 즉 국가로 눈을 돌렸다. 산업가들은 재산권을 보호하고 다른 나라의 경쟁 제품으로부터 자신의 신생 산업을 보호하고, 현대 기반 시설을 구축하고, 시장을 확장할 수 있는 더 강력하고 통일된 국가를 원했다. 노동자들은 고용주의 약탈로부터 자신을 보호하고, 고용 및 노동조건을 규제할 개입주의 국가를 원했다. 과학자에서 의사, 변호사, 언론인, 그리고 학생에 이르기까지 교육받은 전문가 계층은 물리적 세계와 지적 세계의 본질을 탐구할 자유를 원했으며, 그들은 자신이 가진 전문 지식이 더 완전하게 국가건설에 참여할 자격을 보장해준다고 믿었다.

효율적인 체제를 운영하는 데 필요한 확대된 관료제는 군주의 변덕보다 의회법의 지배와 실정법을 선호했고, 위로부터의 지시라든지 평등한 대우에서 면제되었다고 믿는 엘리트들을 이용하려고 했다. 자영업자들은 물건의 수준을 떨어뜨리는 값싼 경쟁으로부터 보호와 보상이 필요했다. 농노에서 농업 노동자로 하룻밤 사이에 변모한 농민들은 지주에게 돈이나 재산으로 보상해야 했는데, 종종 그 두 가지 모두를 잃곤 했다. 따라서 그들은 보호, 보상, 토지를 원했다. 그리고 거의 모든 사람이 법적으로 구성된 언론의 자유와 배심원 재판의 혜택을 요구했다.

청원이나 항의를 비롯한 다양한 방법이 이러한 요구를 관철하기 위해 동원되었다. 일례로 프리드리히 빌헬름 4세가 1840년에 왕위에 오르자 많은 사람이 자유주의적 개혁을 기대했으나 그가 보인 반응은 인민의 변화 욕구를 잠재우지 못했다. 그러나 프로이센 전역에 반향을 일으켰다.

바쿠닌의 사상은 이러한 철학, 정치, 저항의 소용돌이 속에서 점차 발전해나갔다. 그 사이 독일에서는 여러 사건이 일어났다. 국가 또는 부모가 추종하는 이데올로기 거부, 개인적 불만이라는 낭만주의적 주제에서 사회적 분석으로의 전환, 이론만으로는 충분하지 않다는 인식, 그리고 마침내 비판의식(이론)의 연결 행동으로서 실천, 그리고 단순히 이해하는 것을 넘어 세상을 '변화'시키는 힘을 요구하게 된 것이다.

"파괴에 대한 열정은 동시에 창조적인 열정이다."

1842년, 프로이센의 억압적인 분위기에서 벗어나 드레스덴에 살게 된 바쿠닌은 루게의 〈독일 연감〉 10월호에 발표한 〈독일에서의 반동: 한 프랑스인의 노트 *Die Reaktion in Deutschland: Ein Fragment von einem Franzosen*〉라는 제목의 에세이에서 개인적이고 정치적인 주제를 하나로 모았다. 줄 엘리사르(Jules Elysard)라는 가명으로 발표한 그 에세이는 1840년대의 혼란에 맞서는 아이디어를 제시했고, 나아가 그가 평생토록 발전시킬 정치적 신념을 최초로 설명했다는 점에서 매우 중요한 글이다. 바쿠닌의 말 중 가장 유명한 "파괴에 대한 열정은 동시에 창조적인 열정이다"란 문장이 바로 여기에 나온다. 바쿠닌이 말한 것은 단순한 파괴욕이 아니다. 그것은 혁명적 변화를 일으키는 힘, 그리고 그 힘이 필요하다는 것을 일깨워주는 창조적 파괴를 말한다.

프랑스식의 필명을 채택하면서 바쿠닌은 행동해야 한다는 자신의 신념을 보여주었다. 독일이나 러시아의 사상과 달리 프랑스의 이론은 사변적 철학보다 실천적 정치와 경제학에 더 관심을 두었다. 생시몽, 푸리에, 프루동과 같은 프랑스 유토피아주의자들도 정신이나 존재나 시대정신 등에 대한 독일류의 형이상학적 논의보다는 구체적인 현실 문제로 씨름했다. 바쿠닌은 글쓰기 스타일에서도 이 점을 분명히 보여준다. 비로소 바쿠닌은 러시아에서 연마한 바로크적이고 추상적인 언어보다 더 단단하고 구체적이며, 더 실용적이고 강력한 언어로 글을 쓰게 되었다.

에세이의 첫 문장에서 바쿠닌은 단호하게 자유를 선언한다. "자유, 자유의 실현. 오늘날 이것이 역사 의제의 선두에 서 있다는 것을 누가 부정할 수 있겠는가?"(Bakunin56; 이디415) 바쿠닌은 많은 통치자가 여전히 민주주의와 자유를 위한 인민 운동을 분쇄하기 위해 모든 수단을 이용할 것이라고 하면서, 민주주의자의 첫 번째 임무는 언어의 모호한 속성을 걷어내고 인류의 발전을 방해하려는 여러 집단의 정체를 정확하게 인지하는 것이라고 주장한다. 즉 민주주의를 외치는 대다수가 소위 '자유와 평등'이란 단어를 입에 달고 살지만, 그 진짜 이유는 그것들이 자신의 사업을 더욱 확장하는 데 필요하기 때문이라는 것이다. 하지만 나이가 들어가면서는 자신들의 보수적인 신념을 정당화하기 위해 그 말을 왜곡한다. 이 현상은 마치 "서른이 되기 전에 사회주의자가 아닌 사람은 가슴이 없고, 서른 이후에 사회주의자가 된 사람은 머리가 없다"는 말과 유사하다고 그는 주장한다.

그러나 "생각해보라"라고 바쿠닌은 외친다. 늙은 꼴통 보수보다 더 나쁜 것은 상인, 귀족, 군대의 수많은 젊은이가 "하찮고, 헛되고, 금전적인 이익에만 몰두하고, 그저 그런 평범한 관심사에 완전히 사로잡혀" 더 넓은 세상과 그들을 둘러싼 중대한 투쟁을 잊어버리고 "무색의 유령 같은 존재"가 되는 것이라고. 바쿠닌의 지적은 오늘 우리가 처한 상황과 너무나 흡사하여 소름이 돋을 지경이다.

바쿠닌에 의하면 자유와 민주주의에 대한 진정한 위협은 적극적인 '반동'이다. 그들은 '집권당 곳곳'에 있고, 미디어, 교육 시스템, 교회 등을 통해 오늘날의 '패권'이라 불리는 보다 미묘한 힘을 발휘한다. 정치적으로는 '보수주의', 법학에서는 '역사

학파', 철학에서는 셸링의 '실증철학'이 바로 그것이다. 바쿠닌은 그들의 성공이 우연에 의한 것이 아니라고 경고한다. 혁명가의 편에 역사가 있다면 반동도 역사적 필연의 결과이므로 혁명가의 강점과 약점을 정확히 파악하는 것이 중요하다고도 주장한다. 특히 "인간 본성의 충만함과 전체성"은 "추상적이며 이론적인 명제"를 통해서만 이해할 수 있는 성질의 것이 아니기에 "불확실한 환상에서 현실로" 나아가야 하는데, 이 원칙은 '생각과 추론에서'뿐만 아니라 '실생활에서 삶의 가장 작은 징후까지 구현'되어야 한다는 것이다. 다시 말해, 운동은 이론을 넘어 행동으로 옮겨가야 한다.

바쿠닌의 주장은 거의 100년 후에 짧은 인생의 약 1/4을 감옥에서 보낸 20세기 이탈리아의 코뮤니스트 안토니오 그람시(Antonio Gramsci)가 자신을 위해 구명운동을 펼쳐준 로맹 롤랑(Romain Rolland)의 '지성의 비관주의, 의지의 낙관주의'를 경구로 더 나은 사회를 향한 이론적 자세이자 실천적 자원으로 삼게 된다.

혁명의 요구

바쿠닌은 민주주의 운동의 본질이 개량주의가 아니라 혁명이라는 점을 이해하는 것이 가장 중요하다고 역설한다. 그것은

"정부에 반대할 뿐만 아니라 특정한 헌법적 또는 정치적·경제적 변화, 나아가 그 세계 상황의 전면적 변화이자 아직 역사에 존재하지 않은 독창적인 새 삶의 예고"이다. 진정한 민주주의는 정권 교체나 새로운 선거, 군주의 권력을 제한하는 법적인 틀을 새로 제정하거나 바꾸는 것, 그 이상을 의미한다고 바쿠닌은 강조한다.

그가 요구한 혁명은 옛것과 새것의 '통합'이 아니었다. "전반적으로 부정적이며 억제할 수 없는 힘은 긍정적인 것이 소멸될 때" 나온다고 하면서 민주주의는 아직 독립적으로 존재하는 것이 아니라 "긍정적인 것의 부정으로서만 존재하기 때문에 역시 긍정적인 것과 함께 파괴되어야 하고, 이렇게 되었을 때 자유를 기반으로 하여 새로운 상태에서 충만한 삶으로 다시 태어날 수 있다"고 말한다.

여기서 바쿠닌은 헤겔 사상이 진보적인 역사의 변화뿐만 아니라 혁명적 변화를 지지하는 것으로도 해석될 수 있음을 보여준다. 역사적 변화는 갑자기, 급진적으로 일어날 수 있다. 바쿠닌의 주장은 헤겔이 말한 권력과 권위를 급진적이고 혁명적인 정치로 바꾼 것이다. 나아가 바쿠닌은 역사적 변화에 대한 헤겔의 변증법적 모델에 새로운 아이디어를 도입한다. 즉 헤겔이 '정-반-합'이라는 변증법을 주장했다면, 바쿠닌은 '파괴-창조'라는 변증법을 주장한다.

바쿠닌은 〈독일에서의 반동〉에서 혁명이 목적을 달성하기 위해 수단과 방법을 가리지 않고 정당화된다는 주장을 단호히 거부한다. 반동들은 그들의 통치를 유지하기 위해 "모든 수단이 허용된다"고 믿지만, 혁명가들은 "같은 동전으로 값을 치를 수 없다"고 생각한다. 실제로 혁명가들이 소유한 가장 큰 이점은 그들의 원칙이 "우리의 대의에 해를 끼치지 않고 공정하고 공평하게" 혁명을 달성할 수 있게 해준다는 점이다. 확실히 반동과 벌이는 싸움에서 "모든 악한 정욕이 우리 안에서도 일깨워진다. (…) 우리는 또한 매우 자주 편협하고 부당"하다. 그러나 반동들과 달리 혁명가들은 "우리의 자기 보존과 반대되는 경우라도 우리의 권력과 생명의 유일한 근거인 우리의 원칙에 충실해야"만 한다. 혁명가들은 "우리의 원칙을 통해서만 정당화"되고, "자유의 진정한 표현은 정의와 사랑"이라는 원칙을 통해서만 정당화되는 탓이다.

바쿠닌은 우리가 앞에서 본 1838년에 쓴 글에서 국가와 종교 사이의 연결에 대한 관찰을 보다 급진적으로 변형하여 "국가는 현재 가장 깊은 내부 갈등의 고통에 빠져있다. 종교 없이, 강력한 보편적 신념 없이는 국가가 불가능하기 때문"이라고 한다. 그리고 이제 반란은 지식인이나 귀족이나 산업가가 아니라 "의심할 여지 없이 인류의 가장 큰 부분을 구성하는 인민, 가난한 계급"에 의해 주도된다고 주장한다. 독일과 프랑스는 프롤레타리아 반란이 무엇인지 보여주는 명백한 사례다. 노동자들이 차티스트 운동의 급진적 기치 아래 정치적, 경제적 자유를 위해 조직하고 투쟁하던 영국도 마찬가지다. 바쿠닌은 "러시아에서도 먹구름이 몰려와 폭풍을 예고한다"고 하면서 러시아 혁명을 예언했다.(Bakunin57: 이디437)

바쿠닌은 이때부터 자기 입장을 분명히 밝힌다. "그러므로 우리는 영원한 정신이 모든 생명의 근원으로서 그 끝을 측량할 수 없으며, 또한 모든 창조의 근원이라는 것을 알아야 한다. 그리고 이러한 이유만으로 (긍정적인 모든 것을) 파괴하고 소멸시키는 정신을 신뢰하자"라고 외치면서 다시 말한다. "파괴에 대한 열정은 창조적인 열정이다."(Bakunin57: 이디438)

바쿠닌의 스위스 시절

〈독일에서의 반동〉에서 바쿠닌은 타협과 개혁이 없는 정치 강령을 촉구했다. 헤겔 사상은 혁명의 발판으로 인정받아 역동적으로 해석되었다. 이제 인민은 더는 광범위하고 막연한 신화적 세력이 아니었다. 그들은 빈민, 노동계급, 속박당한 존재들로서 구체적인 모습을 띠고 혁명 세력으로 나타났다. 바쿠닌은 이렇듯 인민을 혁명 주체로 재평가하는 새로운 아이디어를 정치적 영역으로 가져왔고, 시대의 주요 과제를 요약하면서 앞으로 나아갈 방향을 제시했다. 그 결과 〈독일에서의 반동〉은 유럽 전역의 혁명가와 전위 세력에 회람되었다. 러시아에서는 게르첸, 벨린스키 및 보트킨이 바쿠닌의 지적 부채와 금전적 부채를 용서했다.

당국에서는 열렬하지만 '당연히' 다른 관심을 표명했다. 독일 전역의 분위기는 점차 혁명 세력에 비호의적으로 변해갔다. 〈독일 연감〉은 정부에 의해 폐쇄되었고, 루게는 파리로 가서 또 다른 신문인 〈독불 연감 *Deutsche-Französische Jahrbücher*〉을 망명한 독일 편집자 마르크스와 함께 발간했다.

헤르베그가 베를린에서 추방되었을 때 바쿠닌은 자신이 바로 다음 추방 대상이 될지도 모른다고 생각하여 취리히에서 시인과 합류하기로 한다. 그는 스위스의 급진적인 문학 서클에 빠르게 적응했다. 그곳에는 1848년 프랑크푸르트 혁명에서 활동가로 부상할 동물학자이자 지질학자인 카를 포크트(Karl Vogt)와 그의 두 아들 카를 주니어, 죽을 때까지 바쿠닌과 가깝게 지낸 아돌프(Adolf)가 회원으로 있었다. 포크트는 과학적 유물론과 무신론의 지지자로서 대다수 다원주의자가 신봉하는 단일론적 신념을 거부하고, 각 인종이 다른 유형의 유인원에서 진화했다고 주장하는 다형성 진화론을 옹호했다. 다형성 진화론에 의하면 백인 인종은 흑인 인종과 별개의 종이고, 그들 사이의 차이가 인간종과 유인원 사이의 차이보다 훨씬 컸다. 2022년 9월, 제네바대학 이사회는 포크트가 주창한 이론이 인종차별적, 성차별적 이론이라는 것을 이유로 포크트의 이름을 딴 대학 건물의 이름을 변경했다.

또 나중에 하버드대학에서 동물학 및 지질학 교수로 재직한 루이 아가시(Louis Agassiz)도 서클에 참여했다. 아가시도 포크트와 마찬가지로 다형성 진화론자로 과학적 인종차별을 암묵적으로 지지했다. 바쿠닌이 스위스에서 이러한 다형성 진화론자들과 어울린 것은 사실이지만 그렇다고 하여 바쿠닌이 차별을 정당화하는 이론을 받아들였다고 할 수 있는지는 의문이다.

빌헬름 바이틀링

바쿠닌은 스위스에서 지적이고 사교적인 생활을 즐겼다. 그러나 이 생활은 정치사상을 발전시키는 데 거의 도움이 되지 않았다. 〈독일에서의 반동〉에서 그는 반란의 중요성을 설파하고 프롤레타리아가 혁명에서 주도적인 역할을 맡아야 한다고 주장했지만, 실용적인 근거가 부족했다. 그는 노동계급과 멀리 떨어져 있었다. 취리히로 떠나면서 바쿠닌은 빌헬름 바이틀링(Wilhelm Weitling)의 《조화와 자유의 보증*Garantien der Harmonie und Freiheit*》(1842)을 읽었다.

바쿠닌, 마르크스, 그리고 당시의 다른 많은 좌파 작가들과 달리 바이틀링은 하층계급 출신이었다. 그의 아버지는 독일의 마그데부르크에 주둔한 프랑스군 장교였고, 그의 어머니는 하녀였다. 두 사람은 성직자의 주례 없이 결혼하고 1808년에 바이틀링을 낳았다. 그러나 4년 후 아버지는 나폴레옹과 함께 러시아로 진군하라는 명령에 따랐다가 희생되었다. 어머니와 아들은 프랑스, 프로이센, 러시아 군대가 교대로 도시를 포위하고 점령하면서 전쟁의 참화로 인해 더욱 악화된 극도의 빈곤 속에서 살았다. 그런 가운데 바이틀링은 초등학교 교육만 받았지만, 독서에 열정을 기울였고 여러 언어를 독학으로 깨쳤다. 그리고 1822년 재단사의 견습생으로 들어가 열여덟 살에 편력 직인이 되어 유럽을 방랑했다.

당시 재봉은 숙련된 기술직이었지만 1820년대 후반부터 더는 수익성이 좋은 사업이 아니었다. 산업 혁명이 추구한 명백한 목표는 노동자에게 지불하는 임금을 줄여서 이에 따른 상품 생산 비용을 줄이는 것이었다. 산업 혁명은 이러한 목표를 기반으로 섬유 산업에서 시작되었다. 곧 기계가 인간을 대체하면서 대량으로 생산한 의류가 수제 의류와 맞춤 양복을 대체했다. 바이틀링은 숙련된 노동자로서 공장에서 생산되는 의류보다 훨씬 더 높은 가격을 받을 수 있는 고급 의상을 만들었다. 그러나 더는 그런 기술을 찾지 않았다. 결국 그는 정규직을 찾아 유럽의 많은 지역을 유랑하며 절망적인 삶을 살았다.

장인(匠人)으로서 바이틀링의 이점(利點)은 공장 작업과 달리 재봉질을 조용히 할 수 있었다는 것이다. 당시 양복점이나 구두 가게에서 일하는 노동자들은 일하는 동안 다른 사람에게 신문, 책, 잡지 등을 큰 소리로 읽게 했는데 그 덕분에 대개 정치와 뉴스에 정통할 수 있었다. 바이틀링도 마찬가지였다. 그는 특히 경제와 정치에 관심이 많았다. 하루 12시간 노동에도 불구하고 바이틀링은 슈트라우스의 《예수의 생애》와 라므네의 책, 그리고 푸리에, 오언, 카베의 저술을 읽었다.

젊은 헤겔주의자들과 달리 바이틀링은 이론과 행동을 결합하는 데 어려움이 없었다. 숙련된 노동자들은 전통과 공예에 대한 그들의 공통 경험을 활용하여 교육, 레크리에이션, 자조(自助)단체, 협동조합 및 상호 보호를 위한 비밀 단체를 조직했다. 바이틀링도 대륙 전역을 전전하는 동안 이러한 활동에 참여했다. 파리에서 그는 독일 이민 노동자들의 지하 조직인 망명자 협회에 가입했고, 1837년에는 보다 급진적인 분파인 정의 동맹에 가입했다. 서로 다른 조직에 속한 파리 노동자들과 합류하

빌헬름 바이틀링(1808-1871)

여 1839년 투쟁에 나섰을 때 그는 이미 노동계급이 인정한 활동가이자 연설가, 작가로서 이름을 날리고 있었다. 그의 팸플릿과 책은 동료 노동자들의 재정지원을 받아 인쇄되었고, 자원봉사 활동을 하며 떠돌아다니는 직인들에 의해 배포되었다.

바이틀링의 첫 번째 책인 《인류는 있는 그대로, 그리고 그래야 하는 대로 Die Menschheit, wie sie ist und wie sein sollte》는 그의 경험과 기독교의 공산주의적 가치에 대한 해석에서 나온 자본주의 비판서였다. 그의 그리스도는 다른 쪽 뺨을 내미는 예수가 아니라 성전에서 돈 바꾸는 사람들을 채찍질하는 사람이었다. 새로운 환전상인 자본가와 산업가는 바이틀링이 성경 신화를 재구성한 혁명으로 인해 쫓겨났다. 그에게 혁명은 변증법적 구성이나 수사적 장치가 아니었다. 그는 억압받는 사람들이 봉기하여 사유재산과 특권을 무너뜨려야 한다고 주장했다. 그러면서 노동자들이 창조할 새로운 세계에서는 모두가 동등하게 교육을 받고 보상을 받을 것이고, 신체의 형태를 변형시키고 지성을 굶주리게 만드는 엄격한 분업 없이도 작업을 공유할 수 있을 것이라고 여겼다.

바이틀링은 그가 《조화와 자유의 보증》에서 공산주의라고 부른 것의 패턴을 이를테면 건물의 모양, 의복 스타일, 만국 공통어에 이르기까지 상징적으로, 그러나 구체적으로 제시했다. 이는 가난하게 태어나 기회를 거부당하고, 자신의 직업이 평가절하되고 착취당하는 것을 보고 자라난 사람들의 깊은 열망을 대변해주는 작업이었다. 다양한 직업과 기술을 훈련받은 젊은이들은 기반 시설을 구축하거나 다른 나라 땅을 식민지화하는 일을 하게 될 것이고, 재화와 서비스는 그것을 만드는 데 걸린 노동 시간에 따라 가치가 평가되고 교환될 것이며, 필요와 수요에 따라 자원이 이동하면서 생산과 소비를 관리하게 될 터였다. 이런 시스템이 제대로 돌아가려면 유능한 관리자와 감독자가 필요하지만, 이들을 선거로 뽑을 수는 없다고 그는 믿었다.

바이틀링의 제안은 민주주의 체제와는 다소 거리가 멀었지만, 빈곤보다는 평등과 정의, 착취보다는 자유와 조화를 주장하는 것으로 소위 '자본주의에 대한 대안'을 제시하려는 진지한 시도였다. 그 책은 노동자와 급진파, 철학자 모두에게 깊은 인상을 남겼다. 권위 있는 〈런던 타임스〉를 포함하여 유럽 전역의 저널과 신문에서 널리 검토되었다. 포이어바흐는 그 책으로 인해 바이틀링이 "그 계급의 예언자"가 되었다고 찬양했고 심지어 마르크스도 "독일 노동자의 문학적 데뷔의 무한한 탁월함"이라고 칭찬했다.

바이틀링 비판

바이틀링의 구체적이고 견고한 주장은 헤겔이 쳐놓은 추상적인 거미줄을 치우는 일종의 '빗자루'였다. 바쿠닌은 《조화와 자유의 보증》이 "정의롭고 심오한 현시대에 대한 구체적인 의식"으로 "진정으로 주목할 만"한 것이라고 호평했다. 그는 특히 프롤레타리아의 삶에서 샘솟는 "새로운 실천적 표현"으로서 혁명사상을 발전시킨 바이틀링의 능력에 깊은 감명을 받았다.

그렇다면 혁명의 필요성에 대한 바쿠닌의 생각은 어떠했을까? 그는 진정한 혁명 경험이 있는 노동자인 바이틀링에게 감화되었다. 그들의 공통 목표가 "인민, 즉 가난한 사람들과 억압받는 인민이 부자와 권력자로부터 벗어나는 것"이라는 데 깊이 공감했다. 바쿠닌은 노동자들이 각성하는 과정에서 지식인이 중요한 역할을 해야 한다고 생각했다. 그러려면 우선 노동자들이 직면한 가장 큰 장애물이 무엇인지 이해해야 했다. 바쿠닌에 의하면 노동자들은 사회에서 절대다수를 구성하고 있는데, 그 점은 결코 '약점'이 될 수 없다. 그런데도 국가와 교회는 다수의 인민을 '지적으로 노예화하기' 위해 머리를 굴리고 있다.

바쿠닌이 보기에 철학자들은 종교와 신과 왕에 대한 그릇된 믿음을 무너뜨리고 사람들에게 "자신의 가치에 대한 인식, 존엄성에 대한 자각, 양도할 수 없는 신성한 권리에 대한 의식"을 회복해주었다. 그렇지만 "역사의 모든 위대한 행위, 모든 해방 혁명"을 낳은 것은 역시 이론이 아니라 인민 그 자신들이라고 바쿠닌은 생각했다. 이 사실은 실천적 프롤레타리아와 선견지명이 있는 철학자들이 힘을 합쳐야 할 필요성을 증명한 것이나 다름없었다. 각자는 자유 사회라는 같은 목표를 향해 가고 있었고 서로에게서 배울 필요가 있었다. 인류의 진보를 전진시키기 위해 "생각과 행동, 진실과 도덕, 이론과 실천"은 통합되어야 했다. 그리고 그들은 그 진전이 무엇인지에 대해 동의했다. 바이틀링은 신세계가 기반이 될 광범위한 원칙을 시적으로 요약했다. 바쿠닌이 열렬히 인용했듯이 "완벽한 사회에는 정부가 없고 행정만이 있을 뿐이고, 법은 없고 의무만 있을 뿐이고, 처벌은 없고 갱생만 있을 뿐이다."(Leier120)

그러나 미래 사회에 대한 바이틀링의 복잡한 청사진엔 우려의 소지가 있었다. 바쿠닌도 마르크스에 대한 자신의 비판을 예고하는 언어로 바이틀링의 공산주의가 "매우 중요하면서도 극도로 위험한 발상"이라고 경고했다. 바이틀링의 주장은 노동자들의 곤경에 대해 생생하게 증언하고 그들의 절박함에서 나온 게 틀림없지만, 바쿠닌은 그럼에도 "우리는 코뮤니스트가 아니다. 우리는 바이틀링의 생각처럼 조직된 사회에서는 살 수 없다"라고 선언했다. 그러한 사회는 "진정으로 살아있는 자유인의 공동체"가 아니라 "물리적 만족"에만 관심이 있고 인류의 더 깊은 필요를 깨닫지 못하는 "강압적으로 모인 무리"에 필적하는 "압제적인 체제"일 뿐이라고 보았기 때문이다.

서로 의견 차이가 분명함에도 바쿠닌과 바이틀링 두 사람은 1843년 5월 취리히에서 만났을 때 매우 기뻐하며 존경의 마음을 함께 나누었다. 바쿠닌은 후에 바이틀링이 "천성의 예리한 통찰력, 빠른 두뇌, 넘치는 에너지, 광신, 고귀한 자부심, 믿음을 소유하고 있었다"고 회상했다. 계급, 교육 및 경험의 엄청난 차이에도 불구하고 노예가 된 대다수의 해방과 미래에 대한 청사진이 자신과 매우 흡사한 사람이라고 결론을 내린 것이다.

바이틀링을 통해 바쿠닌은 예상치 못한 방식으로 실제 정치에 입문한다. 《가난한 죄인의 복음*Das Evangelium eines armen Sünders*》(1845)에서 바이틀링은 너무도 인간적인 그리스도에 대한 슈트라우스의 주제를 기반으로 예수가 사생아로 가난하게 태어났다는 사실을 강조하면서 예수를 최초의 반군 코뮤니스트라고 주장했다. 스위스 당국은 바이틀링을 선동과 이단의 죄목 아래 기소했다. 바이틀링은 체포되어 교도소에 갇혔고, 6개월 형을 복역한 뒤 프로이센으로 추방되었다. 그러고 나서 뉴욕으로 갔다. 스위스 경찰은 바이클링의 문서와 서신을 조사하던 중 바쿠닌의 연관성을 의심하게 된다. 이에 바쿠닌이 스위스에 도착하자마자 곧장 조사에 돌입했다. 러시아 정보부는 스위스 당국의 요청에 따라 바쿠닌 가족을 조사하기 위해 요원을 파견했다. 스위스 측에서 바쿠닌과 바이틀링 사이의 관계를 공개하자 러시아도 가만히 있을 수 없게 되었다. 1844년 2월, 그들은 바쿠닌에게 베른에 있는 러시아 공사관에 나오도록 요구했고, 그곳에서 바쿠닌은 러시아로 돌아가라는 명령을 받는다. 그 후 바쿠닌은 브뤼셀과 파리로 떠나지만, 러시아 귀환 명령을 거부한 죄로 귀족 지위를 박탈당한다. 심지어 재산을 몰수당하고, 시베리아에서 무기한 중노동형을 선고받는다.

바쿠닌과 막스 슈티르너

엥겔스와 당대의 다른 작가들, 그리고 20세기의 E. H. 카 등은 바쿠닌이 또 다른 헤겔주의자인 맹렬한 개인주의자 막스 슈티르너(Max Stirner, 1806-1856)의 영향을 받았다고 하지만(카 601), 이에 대한 구체적인 증거는 없다. 카는 바쿠닌이나 슈티르너의 자유는 절대적 자유라는 점에서 같고, 따라서 두 사람 다 극단적 개인주의자라고 칭한다. 그러나 이 주장에 대해서는 신중하게 검토해야 한다.

슈티르너는 1807년에 독일에서 태어나 베를린대학교에서 헤겔 철학을 공부하고 1841년 마르크스와 엥겔스를 비롯하여 헤겔 좌파가 주로 참석한 자유인(Freien) 모임에 참여했다. 바쿠닌은 1840년 베를린대학교에 유학 중 마르크스와 엥겔스 등을 만났다. 그러나 헤겔 좌파와 깊은 유대를 나누지는 못했다. 그러다가 1841년 드레스덴에서 〈독일 연감〉을 출판한 아르놀트 루게와 만나서 〈독일에서의 반동〉을 발표한다.

슈티르너는 아나키즘을 예고하는 듯한 언어로 국가를 비난했고, 인간이 공동체 안에서만 발전할 수 있는 사회적 존재라는 주장을 배척했다. 슈티르너는 자유가 타인에 대한 책임이 없는 상태라고 주장했다. 반면 바쿠닌은 인류가 사회에서만 자유로울 수 있다고 주장했다. 이 점에서 두 사람은 서로 달랐다. 슈티르너는 선과 악이 없고 에고만 있을 뿐이라고 과감하게 선언했으며 인간 행동에 대한 어떠한 제약도 거부했다. 따라서 그는 정치적 행동을 거부했다. 그것은 개인이 아닌 사회와 관련된 집단행동이기 때문이었다.

바쿠닌은 그의 저술에서 슈티르너를 단 한 번 언급했을 뿐이다. 《유일자와 그의 소유 *Der Einzige und sein Eigentum*》(1844)에서 가장 열정적으로 표현된 슈티르너의 에고이스트 아나키즘은 바쿠닌이나 그의 동료인 헤겔주의자보다 도리어 마르크스와 엥겔스에게 큰 반향을 일으켰다. 마르크스와 엥겔스는 《독일 이데올로기 *Die Deutsche Ideologie*》(1846)에서 절반 이상의 페이지를 할애하면서까지 슈티르너를 비판했다. 그러나 본래 엥겔스는 슈티르너의 책을 찬양한 반면 바쿠닌은 슈티르너의 생각에 일말의 관심도 없었다. 부정적인 관심조차 없었다. 개인주의자는 자신은 물론 동료 헤겔주의자들과 어울리지 않는다고 생각했기 때문이다.

바쿠닌의 이해와 달리 슈티르너에게는 바쿠닌과 공통된 측면이 있었다. 이는 엥겔스 등이 바쿠닌을 개인주의자로 비난하기 위해 슈티르너의 영향을 주장하는 것과는 다른 차원의 이야기다. 슈티르너가 말한 자발적 에고이스트는 자기 사상의 소유자이고, 반면 비자발적 에고이스트는 소유당하는 자로서 대조된다. 슈티르너는 인간이 법, 권리, 도덕, 종교 등의 '신성한' 진리라는 것들이 단지 인위적으로 만들어진 가상의 개념임을 인식하고, 이에 복종하길 거부할 때 자유로울 수 있다고 주장했다. 슈티르너에게 자유의 추구란 창조자로서 기성 질서를 거부하고, 그로부터 기존 질서에서 거부되었던 것이 창조된다는 것인데, 이는 바쿠닌이 말한 파괴적 창조와 유사한 개념이다. 슈티르너가 말하는 파괴가 보편적으로 받아들여지는 사회제도—국가, 자본주의적 사적 소유권, 자연권 그리고 사회 그 자체—마저도 단지 환상에 불과하다고 본 점, 이것들을 인간의 마음을 돌아다니는 유령으로 간주하여 그 권위를 부정한 점도 실은 바쿠닌의 사상과 통하는 측면이 있었다.

또한 바쿠닌이 슈티르너 사상을 반사회적이라고 본 것과 달리, 슈티르너는 각 개인은 오직 그의 순수한 욕구에 따라 '에고

프리드리히 엥겔스가 그린 '프라이엔'에 참석한 슈티르너의 모습.
'프라이엔'은 베를린에 있는 청년헤겔학자들의 학술모임이었다.

이스트 연합'으로서 단결할 수 있어야 한다고 주장했다. 그 연합은 비체계적인 협회로 간주되며, 국가에 반하여 주장되었다는 점에서 바쿠닌의 아나키즘 사회론과 통하는 점이 있다. 슈티르너는 사회주의를 반대하는 것이 아니라 '신성화된' 사회주의에 저항한 것이었다.

슈티르너는 전통적인 형태의 혁명모델을 비판했다. 그러한 운동은 암묵적으로 국가주의적인 성격을 띤다고 주장했다. 이는 고전적인 혁명이 결국에는 체제를 전복하더라도 새로운 국가의 질서를 부여하는 것을 목표로 삼았기 때문이다. 따라서 슈티르너는 전위대가 주도하는 위에서 아래로 향하는 변화인 정치혁명을 비판하고, 사회 곳곳에 존재하는 개인들이 주도하는 아래서 위로 향하는 혁명, 즉 개인이 모인 사회혁명을 주장했다. 그런 점에서도 슈티르너와 바쿠닌은 완전히 상반되지 않고 서로 통하는 면이 있었다.

그래서 나는 바쿠닌과 슈티르너의 사상이 크게 다르지 않다고 본다. 흔히 두 사람을 집단주의적 아나키즘과 개인주의적 아나키즘의 대표자로 보고 대립시키는 종래의 아나키즘 이해방식은 수정되어야 한다. 두 사람은 만난 적도 없고 서로의 사상을 진지하게 이해할 기회도 없었지만 서로 통하는 아나키즘 사상을 발전시켰다.

4장 브뤼셀과 파리

프루동을 만나다

1840년대에는 유럽 전역의 노동자와 지식인이 작업장, 공장, 카페, 대학에서 쏟아져 나와 인류가 당면한 정치적, 사회적 문제를 두고 열띤 토론을 벌였다. 그들은 토론에 만족하지 않고 인종, 지위, 계급을 초월하여 만나 항의, 파업, 혁명을 계획했다. 자원봉사자들이 인쇄한 포스터에는 정교하게 구성된 세미나 일정과 노동 현장의 열정이 고스란히 새겨졌다. 폭군들은 이 모든 광경을 불안에 떨며 바라보아야 했다.

1844년에 바쿠닌이 찾은 파리는 당시 유럽의 중심지였다. 그는 옷 한 켤레, 야전 침대, 세면도구, 그리고 혁명 운동에 대한 강력한 열망만 가지고 파리에 와서 거의 4년을 살았다. 당시의 파리는 명실공히 변화를 향한 열정의 각축장이었다. 각국에서 이주해온 사상가들과 정치적 망명자들이 모여 '스스로를 노동계급으로 이해하기 시작한' 이주 장인, 농민, 하녀, 공장 노동자들과 치열한 만남을 이어갔다. 당시의 지적인 분위기는 20세기 후반 시몬 드 보부아르와 장 폴 사르트르가 만든 파리보다 훨씬 더 자극적이었다. 바쿠닌은 조르주 상드와 라므네를 포함하여 수년 동안 읽었던 작가와 활동가들을 직접 만났다. 루게, 게르첸, 벨린스키, 투르게네프, 헤르베그와 같은 오랜 친구와 적들도 다시 만났다. 또한 좌익 사상의 대표자들도 만났다. 그중에는 마르크스, 그리고 1839년에 사회주의를 "능력에 따라, 필요에 따라"라고 정의한 루이 블랑이 있었다.*

　루이 블랑(Louis Blanc)은 1811년생으로 바쿠닌과 같은 또래의 사회주의자였다. 블랑은 1848년 혁명 때 도시 빈민의 고용을 보장하기 위한 조직인 노동자 협동조합 창설을 요구했다. 그러나 블랑의 요구는 끝내 실현되지 않았다. 결국 그는 망명했다가 1870년 프랑스로 돌아와 국회의원을 한다. 그 뒤 그는 파리 코뮌을 지지하지는 않았지만, 코뮌 참가자인 코뮈나르에 대한 사면을 요구했다.

　그러나 이 시기에 바쿠닌의 정치적 사상에 가장 중대한 영향을 미친 사람은 피에르 조제프 프루동(Pierre-Joseph Proudhon)이었다.** 바쿠닌은 1844년 9월 프루동을 파리에서 만나 친하게

---

* 원은 급진적인 신문 〈포어베르츠〉의 사무실에서 바쿠닌이 하이네, 헤르베그, 루게 등과 함께 만났다고 한다.(원99)
** 그러나 카는 바쿠닌에 대한 프루동의 영향에 대해 거의 언급하지 않는다.

루이 블랑(1811-1882)

조제프 프루동(1809-1865)

지냈다. 그때 바쿠닌은 프루동에게 헤겔을 전수했고 뒤에 바쿠닌이 러시아 감옥에 갇히자 프루동은 그의 건강을 걱정하는 편지를 게르첸에게 보내기도 했다.(우드코크111)*

  프루동은 모순으로 가득 찬 아나키스트였다. '아나키'와 '아나키스트'라는 단어를 각각 '혼돈'과 '귀신'과 같은 부정적인 것이 아니라 긍정적인 뜻으로 처음 사용한 그는 선거를 거부할 것 같았지만 선거에 출마하여 국회의원에 당선되었다. 그곳에서 프루동은 자신의 아나키즘 원칙으로 돌아가 새 헌법을 채택하는 데 반대표를 던졌다. "내가 인정하거나 인정하지 않는 것을 포함했다는 이유가 아니라, 헌법이 헌법이기 때문에 반대표를

---

* 우드코크는 이를 부정하기도 한다.(우드코크127)

던진다"라고 하면서 말이다.

프루동이 보인 모순은 그것으로 끝이 아니었다. 그는 노동계급을 옹호하면서도 노동자들의 파업을 개탄했다. 자유를 옹호하면서도 사형이나 고문을 옹호했다. 혁명가를 자처하면서도 그는 당대의 많은 정치 투쟁에서 멀리 떨어져 있었고 1848년의 반란에 마지못해 참여했다. 맹렬한 무신론자이면서도 성경을 인용하여 자신의 글과 연설에서 종교적 주제와 윤리를 끌어내기를 즐겼다. 그리고 인간에 대한 그의 정의에는 항상 여성이 제외되었다. 그를 '모순의 인간'이라고 부르는 이유 중 하나다.

이러한 모순은 그의 계급적 위치의 특성에서 비롯되었다. 프루동의 가족은 가난하여 학교에 다닐 때 가죽 신발이 아니라 농민의 나막신, '사보타주'라는 단어를 파생시킨 사보트(sabots)를 신고 자랐다. 그러나 그의 가족은 임금노동자가 아닌 독립 농민과 자영업 장인이었다. 프루동의 아버지는 소규모로 여러 사업을 벌였다. 특히 양조장 일에 열심이었지만 성공을 거두지는 못했다. 프루동 자신은 인쇄업자이자 저널리스트로서 대개 자영업을 하는 사람이나 다른 사업체와 파트너십을 맺곤 했다.

프루동의 정치는 자본과 노동 사이 그 어딘가에 있었다. 국가를 적대시하고 대자본을 멸시하며 노동자들에게는 동정적이었지만, 자신과 같은 소규모 고용주가 작업장을 관리하기 어렵게 만드는 노동조합 또한 경계했다. 그의 견해는 진보적인 동시에 반동적이었다. 그는 세계가 소규모 독립 생산자의 경제와 일하는 모든 사람이 평균적인 평등을 이루어낸 미래로 나아갈 수 있기를 바랐다. 새로운 사회에 대한 그의 비전은 산업 자본주의가 파괴하고 있는 시대의 도덕적 가치와 정치를 유지하고, 국가가 세금을 부과하고 규제하고 간섭하는 장치를 없애는 것이었다. 이는 곧 자본가 계급과 노동자 계급 사이에 끼인 독립 상품 생산자가 사라져가는 세계를 반영하는 이데올로기였다. 프루동의 주장을 그가 처한 모호한 계급적 입장에서 비롯한 편협한 견해로만 치부할 수는 없으나, 그는 독학으로 세상사를 깨우쳤기 때문에 엄격하게 분석하는 능력이 부족했다. 또한 철학과 정치경제학에 정통한 사람들이 쉽게 발견하는 허점과 불일치를 너무나 쉽게 간과했다.

《재산이란 무엇인가》

프루동은 산업 노동계급의 일원이 아니었지만, 정의와 평등에 대한 그의 이상은 장인과 노동자 모두에게 강력하게 어필했다. 그는 청중이 즉각적이고 직관적으로 이해할 수 있는 언어로 이야기했다. 자유, 도덕, 경제, 정당한 가격, 권리에 대해 말할 때도 체계적으로 분석하기보다 오래되고 뿌리 깊은 전통적인 언어에 의존하는 쪽을 택했다. 그가 주장하는 바들이 예술이라기보다는 과학에 가까웠고, 감정적 반응을 불러일으키는 것이었으며, 노동자의 열망과 희망을 좀 더 명확한 형태로 반영하는 것들이었기 때문이다. 따라서 그는 고정 자본이니 변동 자본이니 하는 어렵고 복잡한 언어가 아니라 누구나 아는 정의(正義)에 대해 말했다. 자본주의가 인민의 토지와 노동, 그리고 존엄성을 강탈했다는 것을 이해하는 데 굳이 복잡한 수학 공식이나 생경한 말들, 즉 노동력이니 생산성이니 하는 말들이 필요하다고 여기지 않은 탓이었다. 그런 점에서 프루동은 마르크스와 달랐다. 그의 가장 중요한 책인 《재산이란 무엇인가》의 다음 첫 문장은 아이디어와 열정의 힘을 보여준다.

> 만일 내가 "노예제란 무엇인가?"라는 물음에 답해야만 한다면, 그래서 내가 한마디로 "그것은 살인이다"라고 답한다면, 내 생각을 당장에 이해할 수 있을 것이다. 인간에게서 사상, 의지 그리고 인성을 빼앗을 수 있는 권력은 곧 생사여탈의 권력이며, 한 인간을 노예로 만드는 것은 그를 살해하는 것과 다름이 없다는 사실을 보여주기 위해서 굳이 군말이 필요 없을 것이다. 그런데 나는 왜 "소유란 무엇인가?"라는 또 하나의 질문에 대해 "그것은 도둑질이다"라고 답할 때마다 내 답변이 잘 전달되지 못했다는 노파심에 시달려야만 하는 것일까? 두 번째 명제는 사실상 첫 번째 명제가 모양을 바꾼 것에 불과한데도 말이다.(프루동31)

사유재산을 폐지하라는 프루동의 요구는 극단적으로 속옷까지 공유하자는 뜻이 아니었다. 그를 포함한 사회주의자들은 모두 단순한 소유물이 아니라 타인을 착취하는 데 사용되는 재산을 문제로 삼았다. 즉 토지와 기계를 포함하여 자신의 노동력만으로 사용할 수 있는 재산에 대해서는 누구나 권리가 있다고 믿었다. 반면 지주와 자본가는 자신의 노동이 아닌 타인의 노동으로 이익을 얻기 위해 재산을 사용하는 기생충이라고 보았다. 프루동이 보기에 토지를 생산적으로 만드는 것은 지주가 아니라 농장 노동자고, 상품을 생산한 것은 고용주가 아니라 공장 노동자이며, 지주가 아니라 농민이 땅을 경작하고 자본가는 공장이나 기계를 건설하지 않았다. 자본가들은 토지와 기계를 구입할 수 있으나 그들의 돈은 다른 사람들의 노동을 착취한 것에 불과하다. 그러므로 자본가와 지주에게는 재산에 대해 요구할 권리가 없다고 프루동은 주장했다.

프루동이 국회에서 한 정치적 경험은 자신의 아나키즘적 신념을 재확인하는 기회였으나 뒤에 회고하듯이 "입법 업무에 몰두하다 보니 인민의 흐름을 완전히 놓쳤다. 왜냐하면 입법 작업에 몰두하고 사건의 흐름을 보지 못하게 되었기 때문이다. (…) 국가를 전혀 모르는 사람은 거의 항상 국가를 대표하는 사람들이다. (…) 국민에 대한 두려움은 권위에 속한 모든 사람의 질병이다. 즉 권력자들에게 국민은 적이다." 프루동이 보기에 스스로 자유를 사랑하는 민주주의 국가라고 선언하는 국가들이 정기적으로 공공 거리에 감시 카메라를 설치하고, 자유의 이름으로 시민들을 향해 가면을 쓰고 무장한 군대를 보낸다. 자유라는 이름을 내걸었을 뿐, 사실상 국민을 억압한다. 프루동은 《19세기 혁명의 일반개념 *Idée générale de la révolution au XIXe siècle*》(1851)에서 다음과 같이 말한다.

> 지배받는 것은 옳고 그름도 지혜도 덕도 없는 피조물에 의해 감시되고, 조사되고, 지시되고, 법에 따르게 되고, 번호가 매겨지고, 등록되고, 세뇌되고, 설교되고, 통제되고, 평가되고, 가치가 정해지고, 비난되고, 명령되는 것이다. 그렇게 하기 위해 (…) 관리되는 것은 모든 작업에서, 모든 거래에서, 언급된, 기록된, 등록된, 세금이 부과된, 스탬프가 찍힌, 측정된, 번호가 매겨진, 평가된, 허가된, 승인된, 훈계된, 금지된, 개혁된, 수정된, 처벌되는 것이다. 공익을 구실로 일반 이익의 이름으로 기부, 훈련, 몸값, 착취, 독점, 강탈, 압박, 신비화, 강탈 등의 행위를 하는 것이다. 그런 다음 약간의 저항에도 불만의 첫 번째 단어는 억압, 벌금, 경멸, 희롱, 추적, 학대, 곤봉, 무장 해제, 질식, 투옥, 심판, 정죄, 총살, 추방, 희생, 판매, 배신; 그리고 모든 사람에게 왕관을 씌우기 위해 조롱, 분노, 불명예를 안았다. 그것이 정부이다. 그것이 정의이다. 그것이 도덕이다.(Leier126)

바쿠닌은 프루동을 어떻게 수용했나

바쿠닌은 프루동 사상의 장단점을 정확하게 간파했다. 그는 유물론자도 현실주의자도 아니었다. 그 대신에 바쿠닌이 관찰한 것처럼 프루동은 "일생을 견고한 관념론자로 남아 때로는 성경에서, 때로는 로마법에서, 그리고 항상 형이상학에서 영감을 얻었다. 그의 가장 큰 불행은 그가 자연과학을 공부한 적도, 자연과학의 방법을 배운 적도 없었다는 점이다."(우드코크454) 프루동은 "영원한 모순, 관념론의 유령과 맞서 싸웠지만 결코 극복할 수 없었던 활기찬 천재이자 혁명적 사상가"였다. 그를 구한 것은 "바른길을 엿볼 수 있게 하는 천재의 본능"이었다. 그는 "자유를 이해하고 느꼈"고 "형이상학적 교리를 창조하지 않았을 때, 이러한 반란 본능은 프루동을 동료 사회주의자들과 구별해주었다."(Leier126)

블랑이나 바이틀링은 푸리에주의자나 생시몽주의자처럼 '규제에 대한 열정'을 공유했다. 자기 생각에 따라 미래를 세뇌하고 조직한 점에서 그들은 다소간 권위주의자였다. 그러나 '농민의 아들' 프루동은 권위주의적이고 독단적인 사회주의자들보다 100배나 더 혁명적이었다. 그는 권위에 반대하는 자유를 주장하면서 자신을 아나키스트라고 과감하게 선언했다. 프루동과 (훗날의) 바쿠닌에게 사회주의는 국가의 규제나 간섭 없이 '집단적 자유뿐 아니라 개인의 자유'와 '자유로운 결사의 자발적 행동을 보장'하고 '정치를 사회의 경제적, 지적, 도덕적 이익에 종속'시키려고 하는 것이었다.

프루동은 바쿠닌이 혁명에 대해 발전시킨 아이디어에 힌트를 주었다. 그들에 의하면 사회주의, 민주주의, 공산주의는 개인의 권리를 희생하지 않으면서 공동체의 권리를 보장해야 하는데, 사유재산과 착취에 기반한 자본주의는 평등을 조롱하는 반면 국가는 자유를 조롱한다. 따라서 혁명이 두 가지 모두를 끝내야 하지만, 그것들을 대체할 미래를 세부적으로 설계하는 것은 어리석은 일이다. 많은 초기 사회주의자들은 사람들이 입을 옷 하나에 이르기까지 복잡한 계획을 세워 적용하려 들었지만, 그러한 계획은 프루동과 바쿠닌에게는 역겨운 것이었다. 중요한 것은 사람들이 자신의 미래를 자유롭게 설계할 수 있어야 하고, 국가의 강제로부터 자유로워야 하고, 자본의 요구로부터 자유로워야 하고, 종교의 조작으로부터 자유로워야 하고, 의도적인 사회주의자들의 계획으로부터도 자유로워지는 것이라고 그들은 보았다.

동시에, 1844년 가을까지 바쿠닌은 프루동과 달리, 그리고 전년도의 바이틀링에 대한 비판과 달리, 이제 자신이 '진심으로 코뮤니스트'라고 확신하게 되었다. 몇몇 사상적 차이에도 불구하고 바쿠닌은 프루동을 진심으로 좋아했다. 1865년 프루동이 사망하기 1년 전에는 병상에 누운 프루동을 방문하기도 했다.(우드코크494)

폴란드의 바쿠닌

1844년 바쿠닌은 러시아로부터 독립하기 위한 슬라브 민족의 투쟁에 참여하기 시작했다. 니콜라이 1세를 공격하는 것은 반동 보수 세력의 핵심을 공격하는 것이었다. 차르는 제국의 멍에 아래 있는 국가들뿐만 아니라 자신의 백성을 억압하고 조약과 동맹을 통해 유럽 전역의 독재자들을 지원했다. 그러나 정권은 스스로 삐걱거리고 있었다. 한 국가가 해방될 수 있다면 다른 국가, 아마도 러시아 역시 그 길을 따라가지 않겠는가, 라고 바쿠닌은 생각했다.

이때 폴란드가 추진력을 제공했다. 그곳은 토착 주민들이 러시아, 오스트리아, 프로이센의 경쟁 제국들로부터 독립적인 존재를 개척하면서 리투아니아, 우크라이나, 스웨덴에 걸쳐 자신의 패권을 확장하기 위해 수 세기 동안 치열하게 경쟁을 벌이는 곳이었다. 지속적인 침략에 시달렸고, 1772년과 1795년 사이에 세 번이나 강력한 주변국에 의해 분할되는 아픔을 겪었다. 결국 마지막 분할에 따라 독립 폴란드는 지도에서 사라지고 대다수 국가는 차르의 명목상 보호 아래 놓이게 되었다.

그래도 폴란드인들은 계속 싸웠다. 유럽의 다른 지역 못지않게 폴란드는 민족주의와 낭만주의의 물결에 휩싸였다. 1830년 11월에는 러시아로부터 해방을 쟁취하려고 봉기를 일으켰다. 처음에는 1825년 데카브리스트의 반란과 유사하게 바르샤바 장교 생도들이 계획하지 않은 쿠데타를 시도했다. 하지만 농민 출신의 노동자와 사병들이 무기고에 침입하여 인민들에게 무기를 나눠주면서 본격적인 반란이 되었다. 소수의 공모자가 어느새 3만 명으로 늘어난 자발적 민병대의 선두에 서게 되었고, 얼마 지나지 않아 폴란드는 독립을 선언했다.

차르의 반응은 격렬하고 단호했다. 니콜라이 1세는 반란을 과감히 진압하라는 명령을 내리고 러시아군을 보냈다. 그러나 러시아 장교들은 무능했고 군대는 전의를 상실한 터였다. 따라서 이들이 영리한 폴란드 저항군의 반란을 진압하는 데엔 자그마치 9개월이나 소요되었다. 여파는 심각했다. 유럽의 많은 지역이 충격에 빠졌다. 1840년대 폴란드는 1930년대에 스페인이 그랬고 1939년과 1980년에 다시 폴란드가 그랬던 것처럼 민주주의자, 공화주의자, 민족주의자, 혁명가에게 상징적인 곳이었다. 바쿠닌은 군인 시절 이미 폴란드에 대한 러시아의 탄압을 직접 경험한 사람이었지만, 그 당시엔 폴란드 이슈에 무관심했다. 그가 폴란드에 깊은 관심을 기울이게 된 것은 그로부터 10년이 흐른 뒤다.

바쿠닌의 첫 연대 행동은 블랑의 급진적 신문인 〈라 레폼 *La Reforme*〉에 차르를 공격하는 짧은 편지를 보내면서 시작된다. 기고 글에서 그는 차르 정권의 억압적인 성격을 설명했다. 러시아의 귀족들조차 차르 앞에서는 너무나 무력하다고 지적하면서 이국에서 경미한 범죄 때문에 재판도 없는 선고를 받았던 자신이 그 증거라고 털어놓았다. 귀족 원로원은 있었지만 무슨 일에나 항상 개입하고 결정을 번복하는 차르에게 대항할 힘은 없다고도 했다. 러시아에서 법은 "차르의 변덕"에 불과했다. 그 결과 귀족들의 사기는 저하되었고, 태도는 냉담해졌으며, 원로원은 곧 무의미한 음모와 험담의 장으로 전락했다. 그래서 "상트페테르부르크에는 귀족이 없고, 신하뿐이다"라는 말이 나온 것이다.

그러나 바쿠닌은 러시아에 희망이 있다고 믿었다. 민주주의도 가능하다고 믿었다. 실제로 민주주의는 러시아와 폴란드 모두를 위한 유일한 해결책이었다. 바쿠닌 역시 귀족의 일부, 특히 젊은 세대가 정치를 제대로 이해하게 되면 억압적인 정권을 종식하기 위해 서로를 의지하게 될 것으로 보았다. 중요한 것은, 끔찍한 노예 제도와 경찰의 억압에도 불구하고 러시아 '인민'이 '본능과 행동 방식에서 완전히 민주적'이었다는 점이었다. 지주에 대한 농노의 반란은 불완전했으나 그들은 이를 통해 성장했다. 반란이 점점 더 조직화하고 조정될 수 있다면 러시아는 근본적으로 개혁될 것이라는 희망을 품는 것도 무리가 아니었다.

바쿠닌의 주장은 정확했다. 러시아에서도 새로운 지식인 서클이 생겨났다. 상트페테르부르크의 페트라솁스키(Petrashevsky) 서클이 좋은 예다. 페트라솁스키는 푸리에와 프루동에게 관심이 있었다. 그곳에 드나들면서 정치를 배운 도스토옙스키는 1849년에 다른 회원들과 함께 체포되어 사형을 선고받지만, 마지막 순간에 사면된다. 또 다른 작가인 니콜라이 체르니솁스키(Nikolai Chernyshevsky, 1828-1889)는 도스토옙스키와 달리 혁명적 이상에 더욱 전념하게 되어 《무엇을 할 것인가》(1863)를 차르의 감옥에서 집필했다. 이 책은 러시아 혁명의 발발을 재촉했다는 점에서 그 어떤 러시아 문학작품보다 중요하게 평가된다.

농민이 변화할 거라는 바쿠닌의 예감도 적중했다. 농민들의 불복종 행위가 증가했기 때문이다. 이 모든 일이 "가혹한 대우나 학대가 아니라 순전히 자유에 대한 권리를 얻으려는 생각"에서 비롯되었다는 점이 중요했다. 하지만 농민들은 점점 더 폭력적으로 변했고 수많은 사람이 시베리아로 추방되었다.

폴란드에서도 반란은 이어졌으나 실패했다. 파리 신문 〈르 컨스티튜셔넬*Le Constitutionnel*〉에 실은 편지에서 바쿠닌은 폴란드의 압제를 '치욕'이라고 부르고 봉기가 폴란드를 해방하고 러시아가 나아갈 길을 제시하기를 희망했다. 그가 베르사유에서 망명한 폴란드 공동체에 봉사하고 지역 선동을 지원하는 동안 패배의 상흔은 깊어졌다. 혼란과 비난도 가중되었다. 그러나 망명한 폴란드 귀족들은 바쿠닌의 혁명적 민주주의에 관심이 없었다. 그들 중 다수는 혁명으로 러시아 귀족을 대체할 기회만을 엿보고 있었다. 더욱이 바쿠닌의 민족해방은 민족주의가 아니라 인민 해방에 대한 것이었으나 안타까움이 담긴 그의 표현대로 "폴란드인들은 시각이 좁고 제한적이며 배타적이었다. 그들

은 폴란드 외에는 아무것도 보지 못"했다.(Leier130)

바쿠닌은 진정한 혁명을 이룩하지 못하리라는 불안에도 불구하고 1831년 봉기를 기념하기 위한 집회에서 열정적으로 발언했다. 10쪽에 이른 연설문에서 바쿠닌은 확신에 찬 언어로 자신은 정부가 저지른 범죄에 대해 회개한 러시아인이지만, 폴란드에 대한 사랑과 존경을 감히 선언한다면서 폴란드인들에게 그들과 러시아 국민을 억압하는 정부에 맞서 러시아 국민과 동맹을 맺자고 촉구했다. 폴란드인이 러시아인의 친구인 이유는 폴란드인이 바로 차르의 적이기 때문이라고 했다. 그러고는 인민은 억압을 받을지언정 부패하지는 않았다고 하면서 러시아와 폴란드가 "같은 사상으로 연합하여 공동의 적에 맞서 같은 대의를 위해 싸우는" 연합을 이룰 수 있다면 그것은 "6천만 명의 해방, 외국의 멍에, 마지막으로 유럽 전제정치의 몰락"(Leier132)을 가져올 수 있다고 자신했다.

1,500명의 반란군, 망명자, 급진파가 일어서서 환호하고 손뼉치며 열광했다. 이 같은 뜨거운 반응은 바쿠닌에게 슬라브 해방이 곧 기회의 창임을 보여주었다. 그러나 이 사건은 곧 러시아 당국의 귀에 들어갔고 러시아 대사는 프랑스 정부에 바쿠닌을 추방하라고 압력을 가했다. 결국 프랑스 내무장관은 바쿠닌에게 2주 안에 출국하라는 명령을 내린다.

바쿠닌과 마르크스는 왜 '좌파 드림팀'을 만들지 못했을까

바쿠닌은 파리를 떠나 브뤼셀로 간다. 그곳은 프랑스에 비하면 혁명적으로 뒤처진 나라의 수도였다. 게다가 벨기에 거주하는 폴란드인들은 서로 화를 내고 말다툼을 벌이는 등 유대감이 부족했기에 바쿠닌은 다른 정치 단체를 찾게 되었다. 이렇게 해서 발견한 것이 국적이나 기술이 아니라 좌익 사상으로 결속한 노동자와 지식인의 느슨한 조직인 '민주연맹'이었다. 연맹의 주요 인물은 바쿠닌과 마찬가지로 최근에 프랑스에서 쫓겨난 마르크스였다. 바쿠닌과 마르크스에게는 '좌파 드림팀'을 만들 만한 역량과 가능성이 충분했다. 바쿠닌은 복잡한 주장을 종합하여 노동자와 농민에게 강렬한 언어로 전달했고, 마르크스는 방대한 연구를 통해 무미건조한 논쟁과 사실을 혁명적 아이디어로 바꾸었다.

두 사람에게는 공통점이 많았다. 둘 다 특권층 출신이었다. 마르크스의 아버지는 아들을 독일 최고의 학교와 대학에 보낸 부유한 트리어 변호사였다. 마르크스는 독일 귀족과 결혼하고, 그의 처남은 경찰을 담당하는 내무부 장관이 되었다. 바쿠닌과 마찬가지로 마르크스도 실용적인 것보다 철학 공부를 고집했으며, 무분별한 지출과 대출로 이름이 자자했고, 정통파로서 경력을 쌓는 데 반감을 표해 아버지를 곤란하게 했다. 바쿠닌처럼 베를린대학교에서 수학했지만 박사 학위는 예나대학교에서 취득했다(그곳은 당시 학위 공장으로 유명했다). 두 사람 다 독일의 관념론을 배웠고, 헤겔 사상의 세례를 받았으며, 유럽 여러 곳을 거치는 등 비슷한 길을 걸었다. 경찰의 위협 때문에 대륙을 가로질러 도망친 점도 같았다.

바쿠닌과 마르크스는 같은 저널에 기고했으며, 같은 친구와 지인, 적을 두었다. 지적인 이해관계도 비슷했고, 심지어 글을 쓸 때 비슷한 은유와 비유를 사용하기도 했다. 1848년까지 둘 다 노동자와 중산층이 참정권과 헌법과 같은 정치적 이익을 확보하고 경제적 불만을 시정하기 위해 혁명을 주도해야 한다고 주장하는 급진적인 민주주의자였다. 두 사람 다 발전하는 노동 계급의 중요성을 설파했지만 정작 자신들이 프롤레타리아보다는 장인, 지식인, 이주자들에 속했기에 프롤레타리아에 대해서는 속속들이 알지 못했다. 시간이 지나면서 둘 사이에 몇 가지 중요한 차이점이 생겨났지만, 평생 헌신적인 혁명가로 산 점도 같았다.

그러나 두 사람 다 서로를 별로 좋아하지 않았다. 성격 차이 때문이기도 했다. 바쿠닌은 1840년대 파리에 있는 동안 "우리는 꽤 자주 만났다. (…) 우리 사이에는 진정한 친밀감이 없었다. 우리의 기질이 그것을 용납하지 않았다. 마르크스는 나를 감상적인 관념주의자라고 불렀는데 그것은 옳은 말이었다. 나는 마르크스를 침울하고 허영심에 가득 차 있으며 의지할 수 없다고 했는데 내 말도 맞는 말이다"(카192)라고 썼다.

바쿠닌이 사람들과 폭넓은 관계를 맺고 사교적이었던 반면, 마르크스는 사람들과 자주 대립했고 호전적이었다. 바쿠닌은 바이틀링이나 프루동 같은 주요 활동가와 좋은 관계를 유지했지만 마르크스는 그렇지 않았다. 바쿠닌은 마르크스가 만들어낸 정확하고 부지런한 다층적 주장보다 조금 과장된 감이 있더라도 대담하고 통찰력 있는 표현을 선호했다. 아이디어의 본질을 재빨리 파악하고 스케치하는 데 능했던 바쿠닌은 마르크스의 생애 대부분을 차지했던 외연이 넓은 연구와 세심한 정교화 작업 같은 데엔 소질이 없었다.

두 사람 모두 논쟁하는 것을 좋아하고, 옳고 그름을 따지기 좋아하며, 서로 다른 분야에서 경쟁했다. 마르크스의 작업은 약간의 관심을 불러일으켰을 뿐 바쿠닌의 〈독일에서의 반동〉과 같은 영향력을 행사하지는 못했다. 1848년에 처음 출판된 마르크스의 가장 유명한 저작인 《공산당 선언》조차도 1870년대까지 독일 지식인의 소규모 집단 밖에서는 무시되었을 정도였다. 인민을 일으켜 세운 것은 마르크스가 아니라 바쿠닌이었다. 콧대 높은 학문적 표현력을 가진 마르크스는 논리적인 언사로 깊은 인상을 남겼지만 정작 대중적인 존재감은 미미했다. 바쿠닌은 세심한 설명보다는 자기 생각을 힘차게 표현하여 사람들을 설득하는 효과적인 연설 스타일을 굳혀갔다.

하지만 이 모든 차이에도 불구하고 바쿠닌은 마르크스의 재능과 능력을 깨닫고 진심으로 높이 평가했다. 마르크스의 지적 능력을 존중했고 상당 부분 그에게 동의했다. 특히 그는 역사와 혁명적 변화를 이해하는 방식으로서 마르크스의 역사적 유물론의 전개가 본질적으로 옳다는 것을 누구보다도 빨리 이해했다. 그로부터 거의 30년 후, 마르크스와 한창 불편한 대결을 벌일 때, 바쿠닌은 그들이 1844년에 처음 만났을 때 마르크스만큼 "폭넓게, 그리고 지적으로" 독서한 사람을 보지 못했고 "그때 나는 정치경제학에 대해 아무것도 알지 못했으며, 내 사회주의라는 것도 직관에 지나지 않았다"고 고백했다. 그러면서 "나와 대조적으로 네 살 연하의 마르크스는 이미 무신론자요, 해박한 유물론자이자 의식 있는 사회주의자였다"(카191)고 털어놓았다.

바쿠닌은 마르크스의 장점과 함께 단점을 파악했다. 그는 이미 1840년대에 민주연맹과 함께한 마르크스의 작업을 특징짓는 "허영심, 악의, 험담"을 잘 알고 있었다. 실제로 마르크스의 사상은 슈티르너에서 프루동, 바쿠닌에 이르기까지 아나키스트들에게 상당 부분 빚을 졌지만, 그가 지적인 부채를 인정하는 경우는 거의 없었다.

물론 아나키스트들이 가진 편견도 그들의 싸움에 한몫했다. 마르크스는 이를 재빨리 간파하여 슬라브인들이 후진적이고 반동적인 사람들이라고 비난했다. "문명화된 독일'과 달리 러시아에는 '무의미한 예언자와 무의미한 추종자"만 있었다고 하면서 그 속에 바쿠닌을 집어넣었다. 그들은 또한 계급적 편견에 빠져들기도 했다. 마르크스는 바쿠닌의 귀족적 뿌리를 무시했고 바쿠닌은 마르크스의 부르주아적 행동과 위선에 대해 냉소적인 태도를 보였다.

노동자와 지식인

1840년대에 지식인과 노동자는 불안한 동맹을 맺었다. 하지만 그들 사이엔 크나큰 차이점이 있었고, 이것은 급기야 좌파와 노동 운동을 갈라놓았다. 바쿠닌, 마르크스, 엥겔스를 포함한 지식인들은 노동계급 출신이 아니었지만, 그 자신 노동계급에 봉사하고자 했다. 노동자들이 처한 곤경에 공감했고, 유의미한

청년 마르크스와 엥겔스. 두 사람은 1844년에 처음 만난다.

분석을 제공함으로써 노동계급 조직에 서비스를 제공할 수 있었다. 그러나 일, 문화, 계급에 대해 본질적으로 동일한 경험을 공유할 수는 없었다. 노동자들은 정치 및 경제문제의 본질을 이해할 수 없으므로 그들에게 부과된 해결책을 대신 마련해야 한다고 믿었던 로버트 오언이나 생시몽과 같은 초기 사회주의 이론가들에게는 이런 점이 전혀 문제가 되지 않았다. 그러나 바쿠닌과 마르크스 같은 사상가들은 "아이디어는 진공 상태에서 만들어지는 것이 아니며 단순히 추측과 숙고의 산물이 아니"라고 믿었다.

마르크스와 엥겔스는 《독일 이데올로기》에서 인류의 사상은 물질적 및 경제적 현실 세계에서 나오는 것이라고 주장했다. 1846년에 집필했지만 1932년까지 출판되지 않았던 그 책은 관념론에 대한 강력한 비판을 요약한 책이었다. "인생은 의식에 의해 결정되는 것이 아니라 인생에 의해 의식이 결정된다"(독일이데올로기100)라는 말은 곧 마르크스와 엥겔스가 발전시킨 결정적인 통찰이었고 바쿠닌이 열렬히 공유한 요점이었다. 수 세기에 걸쳐 신비화된 이데올로기를 제거하는 데 필요한 지렛대였다.

마르크스와 엥겔스는 아이디어가 독립적으로 존재하거나 독립적인 사고의 결과라고 믿는 사람들을 격렬하게 비난했다. 또한 의식, 즉 관념이 삶에 의해 결정된다면 지식인은 결코 노동자를 대변할 수 없다고 생각했다. 지식인의 사상은 노동자의 사상과는 다른 실존으로 형성되었기 때문이었다. 그래서 마르크스는 포이어바흐의 사상을 '부르주아', 프루동의 사상을 '쁘띠부르주아 감상'이라고 비난했다. 이에 대해 프루동은 "마르크스는 사회주의의 촌충이다"라고 응수했다. 그런데 문제가 생겼다. 마르크스의 정치 강령이 어떻게 프루동 자신의 계급 이익을 초월할 수 있을지에 대한 문제에 봉착했기 때문이었다. 왕과 자본가, 정치인 모두가 자신들이 진정으로 인민의 이익을 위해 행동하고 있다고 주장했지만, 실제로 그렇지 않다는 것이 너무나 분명했다. 왜 노동자들은 마르크스를 다르게 여겨야 할까, 무엇이 그를 유물론적 설명에서 벗어날 수 있게 만들어줄 것인가?

마르크스의 대답엔 설득력이 없었다. 노동자들은 자신의 경험을 통해서 배웠지만, 마르크스가 "노동계급의 공산주의 의식은 다른 계급들 사이에서도 얼마든지 생겨날 수 있다. 상황에 대한 숙고를 통해 일어날 수 있다"고 주장했기 때문이다. 즉, 지식인은 계급적 경험이 없어도 이론적으로 역사의 움직임을 관조하고 이해함으로써 올바른 의식을 형성할 수 있다고 답한 것이다. 이는 장인과 노동자를 만족시킬 수 있는 대답이 아니었다. 많은 사람에게 그 대답은 마르크스와 엥겔스 같은 지식인들이 유물론적 역사 이론에서 자신들, 즉 노동하는 당사자들을 제외하는 방법으로밖에 보이지 않았다. 바이틀링이나 프루동 같은 노동자 출신 사상가들은 마르크스의 한계를 확고하게 지적하면서 노동자 스스로가 자신들을 해방해야 하고 사회정치이론의 발전도 노동자들의 과업에 포함되어야 한다고 주장했다. 마르크스가 노동자 해방의 여정에서 이론과 지식이 핵심이라고 주장했다면, 바이틀링과 프루동은 지식인이 아니라 억압을 경험한 노동자 자신이 정치적 의지를 가질 때 비로소 해방할 수 있다고 주장했다.

그러나 당사자성을 넘어선 '다른 집단'이 역사의 움직임을 이해할 수 있다는 마르크스의 주장은 매우 중요한 통찰이었다. 이데올로기가 단순히 계급 경험으로 환원될 수 없다는 것을 시사했기 때문이다. 즉 계급만으로는 그 사람의 사상을 알 수 없고, 사상은 단순히 계급으로 축소될 수 없다. 노동계급이라고 해서 모두 다 진보적인 사고를 하는 것도 아니고, 부르주아 계급이라고 해서 모두 보수적인 사고에 젖어 있지도 않다. 하지만 마르크스의 주장은 양쪽을 갈라놓았다. 마르크스나 엥겔스 같은 부르주아 사상가들이 다른 이데올로기를 가진 계급이 필요로 하는 사상을 전파하는 데 도움을 줄 수 있었다면 왜 바이틀링이나 프루동과 같은 장인은 그렇게 하지 못했을까? 실제로 그들은 마르크스나 엥겔스보다 노동자의 경험에 훨씬 더 가까웠는데 말이다. 또 바쿠닌과 같은 전직 귀족들이 역사의 길을 제대로 이해하지 못하게 만든 이유는 무엇일까? 그런 점에서 농민들은 왜 자유와 평등에 대한 논쟁에 기여할 수 있는 자신의 경험과 고유한 생각을 이론으로 정립하지 못했을까?

지식인이 노동계급의 대변인 역할을 해야 하는 이유는 무엇일까? 그들이 정치적으로나 이론적으로 노동자를 이끌고 있다고 주장할 수 있는 근거는 무엇일까? 양측은 이처럼 자신의 주장을 뒷받침하기 위해 최선의 주장을 펼쳤다. 마르크스는 이론적 엄격함과 정확성을 주장했다. 프루동과 바이틀링은 학문적 지식인이 특권을 받아야 한다는 것을 명시적으로 부인했다. 대신 그들은 경험과 직접적인 지식을 갖춘 사람들이 노동계급 운동의 지도자이자 이론가로서의 위치를 점해야 한다고 주장했다. 이런 논쟁은 오늘날까지 계속되고 있다.

프루동, 마르크스, 바쿠닌

프루동은 마르크스와의 직접적인 대결을 피했다. '공산주의 동맹'에서 함께하자는 마르크스의 주장을 계속 거절해온 터였기 때문이다. 마르크스의 초대에 대한 답으로 프루동은 1846년 5월 17일에 보낸 편지에서 "경제학에서 거의 완전한 반독단주의 (…) 맙소사 (…) 우리 차례에 사람들을 세뇌시킬 생각을 하지 맙시다"라고 썼다. 그는 사회주의 사상가들이 "당신의 동포인 마르틴 루터의 모순", 즉 개신교라는 '엉터리'를 만들기 위해 가톨릭을 분쇄하는 것을 피해야 한다고 주장했다.

현명하고 선견지명이 있는 관용의 모범을 세상에 보이도록 합시다. 그러나 단순히 우리가 운동의 지도자라는 이유로 새로운 편협을 조장해서는 안 됩니다. 새 종교의 사도로 세우지 맙시다. 그것이 논리의 종교나 이성의 종교일지라도. 모든 시위를 환영하고 격려하며 모든 배타성과 모든 신비주의를 없앱시다. (…) 이 조건에서 나는 기꺼이 동맹에 가입할 것이며 그렇지 않으면 가입하지 않을 것입니다.(Leier139)

편지에는 답장이 없었다. 그 대신 마르크스는 프루동의 새 책인 《경제 모순의 체계 또는 빈곤의 철학 *Système des contradictions économiques ou Philosophie de la misère*》에 대한 비판에 몰두했다. 그는 프루동 책의 제목을 거꾸로 해서 이름 붙인 《철학의 빈곤 *Misère de la philosophie*》을 썼는데, 이것은 역사적 유물론에 대한 자신의 사상을 더욱 발전시킨 훌륭한 논쟁이었다. 동시에 좌익 운동과 마르크스 자신의 사상 정립에 공헌한 사상가에 대한 은밀한 공격이기도 했다.

바쿠닌은 노동자와 지식인의 관계 문제를 다르게 해석했다. 그는 경험만으로 모든 답을 얻을 수 있다고 믿지 않았기에 프루동과 바이틀링을 비판했다. 물론 사상가이자 이론가로서 그들의 실제 한계를 알고 있었지만, 바쿠닌은 여전히 그들의 경험이 그들의 통찰력을 제한하기도 하고 향상하기도 함을 이해했다. 그래서 무조건 야만적이라고 평가하기보다 그들의 장점을 우선시하고자 했다. 답은 경험과 이론, 행동과 아이디어의 융합에 있었다. 피히테의 통찰력에 따라 바쿠닌은 아카데미 안에서 인생의 교훈을 배운 지식인을 포함한 모든 사람이 다른 모든 사람에게서 배울 수 있다는 믿음을 견지했다. 또한 바쿠닌은 형이상학을 하나로 모으는 것보다 직접 행동하는 것이 더 중요하다고 주장했다.

그는 또 마르크스와 달리 수년간의 연구 결과를 내세워 인정을 받는 것보다 메시지는 약간 덜 명확할지라도 직접적으로 수천 명에게 다가가는 쪽이 훨씬 가치 있다고 믿었다. 더욱이 1845년에서 1848년에 이르는 혁명적 유럽에서는 말보다 행동이 더 중요하다고 생각했다. 마르크스가 '노동자를 이론가로 만들기' 위해 분주했을 때 바쿠닌은 1848년의 소란에 직접 몸을 던졌다. 그에게 이론 못지않게 중요한 것은 해방운동을 적극적으로 지지하는 것이었다.

마르크스 역시 이론과 행동을 통합할 필요성을 이해했다. 1845년에 그는 《포이어바흐에 관한 테제》에서 "철학자들은 세상을 다양한 방식으로 해석했을 뿐이다. 그러나 요점은 그것을 바꾸는 것이다"라고 썼다. 하지만 두 사람은 1848년까지 이론의 수준에서도 차이점을 보였다. 바쿠닌은 〈독일에서의 반동〉에서 혁명이 기존의 사회적 관계를 분쇄하고 새로운 정치 및 경제구조로 대체한다고 보았다. 이러한 주장은 정치개혁은 고사하고 진보적인 토론만 시도해도 갑작스럽고 가혹한 탄압을 받아야 했던 러시아에서의 경험을 반영한 것이었다. 점진적인 변화와 진보의 희망은 더는 있을 수 없었다. 차르의 제국에서는 혁명 아니면 실패였다. 만일 중도가 있다면 그 길은 자살뿐이었다.

반면 1840년대에 마르크스는 서구의 개혁 가능성이 더 크다는 점을 반영하여, 사회 변화가 기존 구조를 기반으로 구축되고 변증법을 통해 단계적으로 이동할 것이라는 헤겔적 방식으로 주장했다. 특히 사회의 '생산력' 확대, 즉 식료품에서 사치품에 이르기까지 더 많은 상품을 생산할 수 있는 인류의 능력이 발달하면서 진화할 것이라고 보았다. 그러니 적절한 생산 수준에 도달할 때까지는 혁명을 성취할 수 없다고 했다. 그래서 나중에 최고 혁명가로 존경받은 마르크스도 1840년대에는 충분히 혁명적이지 않았다는 이유로 비난을 받았다. 마르크스의 글은 특정한 경제적, 정치적 조건이 충분히 발전할 때까지 프롤레타리아 혁명을 거부하는 것으로 널리 해석되었다.

반면 바쿠닌에 의하면 혁명의 성공은 사회가 적절한 발전단계에 도달했다고 해서 성패를 가를 수 있는 성질의 것이 아니었다. 어떤 사회든 언제나 독재에 반대하고 혁명을 지지해야 한다. 그저 책상머리에 앉아서 사회주의는 "자본주의가 생산 수단을 충분한 수준으로 발전시켜야만 도달할 수 있다"고 설교하는 일은 쉽지만, 언제 그 수준에 도달했는지 어떻게 알 수 있겠는가? 노동자들은 경제 이론의 복잡성을 이해하지 못할 수도 있지만 신발이 어느 부분에서 끼고 배기는지 그 이유는 알고 있었다.

물론 마르크스 역시 노동자들이 생산적 관계가 발전하기를 수동적으로 기다려야 한다고 주장하지는 않았다. 그는 혁명의 본질에 대해 시대에 따라 다양한 주장을 펼쳤다. 역사가들은 여전히 어느 것이 '진정한' 마르크스인지 논쟁하고 있으며, 그의 저작에서 거의 모든 정치적 입장을 지지하는 증거를 찾을 수 있다. 예를 들어, 1850년에 그는 바쿠닌이 나중에 독자적으로 개발한 아이디어인 '영구 혁명'의 가능성을 이론화했다. 마르크스는 노동자들이 자본주의를 확립하기 위해 귀족에 대항하여 중산계급과 함께 싸울 수 있으며, 일단 그 전투에서 승리하면 이전 동맹국에 대항하여 즉시 사회주의를 위한 투쟁을 시작할 수 있다고 주장했다. 그러나 그는 독일처럼 생산력이 잘 발달한 국가에서만 적용 가능한 전략이라고 조심스럽게 주장했고 독일에 대한 영구 혁명론을 신속하게 거부했다.[*]

마르크스는 보다 일관되게 혁명은 불가피하지만 생산력의 발전과 근대적 모형의 생산방식에서 자본주의로의 전환, 그리고 부르주아와 프롤레타리아가 평등해지는 지점까지는 어느 정도 자본주의가 발전할 필요가 있다고 주장했다. 마르크스의 논리는 분명했다. 사회주의가 성공하려면 자본주의도 계급도 완전히 발전해야 한다는 것이었다. 이는 그가 평생토록 계속 발전시켜나간 주장이었다.

---

[*] https://theanarchistlibrary.org/library/mark-leier-bakunin

1849년의 드레스덴 봉기

 반면 바쿠닌은 농민과 노동자가 지식인에게 가르칠 것이 많다고 주장했다. 그는 러시아 농민들이 마르크스보다 훨씬 더 진보했다고 믿었다. 그들은 서구의 부르주아 혁명으로 대표되는 형식적, 정치적 자유도 경제적 자유 없이는 별로 의미가 없다는 것을 몸으로 이해하고 있었기 때문이다. 농민에게 그것은 사유재산이 아니라 농민 공동체에 기초한 토지의 소유와 소유권을 의미했다. 그들은 러시아에 자본주의가 정착할 때까지 기다리지 않았다. 1848년, 바쿠닌은 이제야말로 노동자와 농민이 스스로 혁명적 행동을 취해야 할 때라고 생각했다.

 마르크스의 주된 관심은 혁명과 역사적 변화의 구조적 원인을 분석하는 것이었다. 《공산당 선언》은 1848년과 마찬가지로 오늘날에도 이와 관련된 훌륭한 책이다. 반면에 바쿠닌은 주로 혁명적 방법과 전술에 관심을 가졌다. 그는 반란의 모범이 다른 사람들에게 영감을 줄 것이라고, 그리고 노동자와 농민은 자유가 곧 투쟁을 의미하며, 저항은 파멸의 길이기도 하지만 절대 헛되지 않다는 점을 이해할 거라고 믿었다. 그래서 반란이 발발하는 곳이면 어디든 달려갔다. 1848년은 또 한편으로 바쿠닌과 마르크스의 이론, 성격, 철학의 차이 때문에 두 사람이 서로 다른 방향으로 걷게 된 시점이기도 하다. 유럽이 혼란에 빠지자 바쿠닌은 파리와 드레스덴의 바리케이드에 몸을 던졌고, 마르크스는 영국 박물관(British Museum)의 독서실 안에서 긴 여정을 시작했다.

5장   1848년 2월혁명

1848년 2월혁명

　바쿠닌과 마르크스는 곧 이론과 성격을 초월하여 정치적 행동에서도 차이점을 드러냈다. 수년 동안 유럽이 겪을 정치적 긴장은 명백해졌다. 다른 사람들과 달리 바쿠닌은 일찌감치 앞으로 벌어질 상황을 예견하고 1842년부터 이를 지적해왔다. 아일랜드, 네덜란드, 독일에서는 감자 농사가 실패했고, 그 외 다른 지역에서는 밀 농사의 작황이 좋지 않았다. 그 결과 농민들은 식량 부족으로 고통을 겪어야 했고, 이러한 상황이 지속된 끝에 마침내 폭동이 일어났다. 지주들은 더 높은 이윤을 보장하는 제조업에 매료되어 자본을 농업에서 산업으로 옮겼다. 이로써 잔인한 현실도 은폐되었다. 농민과 소작농은 땅에서 쫓겨나 도시로 이주해야 했다. 그곳은 저임금과 기아에 허덕이는 사람들로 들끓었다. 또한 도시에서 사람들은 언제든지 실업으로 생계를 잃을 위기에 처하거나 살인적인 생산량을 맞추기 위해 과로하다 사망할 수 있었다. 새롭게 등장한 산업과 공장은 가내수공업과 소규모 생산자를 내몰았고, 인플레이션과 금융위기는 부유층마저 무너뜨렸다. 사람들 모두가—부르주아든 프롤레타리아든— 왕이나 차르, 또는 제국의 형태가 지속되는 한 인민에게 꼭 필요한 변화가 일어날 수 없다는 것을 알고 있었다.

혁명의 첫 번째 단계인 자본주의로의 이행은 농업에서 공장제 산업으로 넘어가면서 자연스럽게 사회에 스며들었다. 두 번째 혁명인 의회 민주주의를 달성하려면 사람들의 적극적인 의지와 행동이 필요했다. 하지만 노동자와 농민도 대다수 정치 개혁가와 고용주들처럼 혁명의 본질을 제대로 이해하지 못했다. 일부는 혁명으로 왕과 황제를 폐위하고 국민이 직접 선출한 의회로 대체하기를 희망했다. 다른 일부는 경제적으로나 정치적으로 사람들에게 힘을 실어주기 위해 똑같이 열정적으로 임했지만 그들의 희망은 불명확했다. 또 다른 사람들은 단순히 빵과 일자리를 원했다. 당시로서는 이 역시 급진적인 요구였다.

1848년 혁명은 매우 다른 사회적 조건과 매우 다른 정치적 성향에도 불구하고 대륙 전역에서 수많은 사회 집단이 혁명을 일으켰다는 점 때문에 '특이하다'고 평가된다. 그러나 진정한 혁명이 처음 일어난 곳은 프랑스였다. 알렉시스 드 토크빌(Alexis de Tocqueville)은 2월혁명 발발 직전 프랑스 하원에서 "노동계급은 (…) 이런저런 법, 정부, 심지어 정부 형태뿐만 아니라 사

1848년 2월 25일 파리 시청 앞 시위대

회 자체를 뒤엎을 예정인 의견과 생각을 형성하고 있다. 우리는 지금 화산에서 잠을 자고 있다. (…) 대지가 다시 흔들리고 있는 것이 보이지 않는가? 혁명의 바람이 불고 있으며, 폭풍우는 지금 지평선 저 위까지 다가왔다"고 경고했다. 드 토크빌이 말한 화산은 프랑스 노동자와 지식인이 캠페인을 벌이고 점차 혁명적 집회를 강화하면서 곧 폭발했다.

1848년 2월 22일 파리 집회와 행진을 발표했을 때 당시 수상이었던 기조(François Guizot)와 왕은 정부의 힘을 과시해야 한다고 결정하고 공개 모임을 금지했다. 주최측이 정부의 명령에 반해 집회를 개최하겠다고 선언하자 사람들은 거리로 모여들었다. 경찰이 시위대와 충돌하면 소극적으로 의지를 표명하는 데 그쳤던 지지는 적극적인 시위로 바뀌었다. 그들은 이전에는 사람들을 비슷한 무리로 나누어 시위를 전개했지만, 이번에는 달랐다. 파리 전역의 노동자들이 거리로 돌진하여 수레와 포장마차를 뒤집고 임시 바리케이드를 만들고 포석을 들어 올려 발사체로 사용했다. 경찰과 시위대는 이틀 동안 거리에서 싸웠다. 이 과정에서 발포가 이루어져 결국 52명의 시민이 사망하는 참사가 일어났다. 그러자 파리 전역이 1,500개의 바리케이드로 뒤덮였다. 정권은 마지막 희망인 방위군에게 기대했으나 방위군은 주로 중산층의 '존경받는' 시민들로 구성되어 있었기에 시위대에 발포하기를 거부했다. 심지어 퍼레이드에 불려가도 왕을 응원하는 것조차 거부했다. 왕의 것이었던 파리는 마침내 인민이 차지하게 되었다. 루이 필립은 시위대의 성난 민심을 가라앉히기를 희망하면서 기조를 해임했으나 바람대로 이루어지지 않았다.

왕은 자신의 통제권을 회복할 가망이 없자 왕위를 손자에게 넘기고, 결국 스스로 퇴위하여 영국으로 망명했다. 그날 2월 24일 노동자, 장인, 중산층 공화주의자, 민주주의자, 급진주의자들은 군주제의 종말을 선언하고 제2공화국을 선포했다. 그들은 뒤에 혁명 정부의 경찰청장이 된 마크 코시디에르(Marc Caussidière)가 이끄는 인민 민병대를 조직하여 경찰을 교체하고 혁명을 수호했으며 사형제를 폐지했다. 최초로 보통선거를 시행했다는 것도 눈에 띄었는데, 남성에게만 참정권을 주었다는 한계점을 고려할 필요가 있다.

유럽 혁명

시민들이 2월혁명에서 성공을 거두었다는 소식이 유럽 전역에 퍼졌다. 곧 독일 전역에서도 인민 봉기가 일어났고, 3월 중순이 되자 혁명의 불은 빈으로 옮겨붙었다. 45년간 음모와 반동을 주도했던 오스트리아의 메테르니히는 추방당하여 영국으로 망명했다. 3월 말에 빈과 베를린에서는 제헌의회가, 프랑크푸르트에서는 제헌 국민의회 구성을 준비하기 위한 예비 의회가 소집되었다. 이탈리아의 밀라노와 베네치아에서도 시위가 벌어졌다. 그리고 이 모든 소식은 단 일주일 만에 파리에서 베를린으로 퍼졌다. 그만큼 이 시기 유럽 대륙 전역에는 인민의 불안과 분노가 팽배해 있었다.

바쿠닌에게 이 시기는 혁명에 관한 자신의 견해를 직접 확인할 수 있었던 값진 시간이었다. 혁명은 더는 관념론적이거나 형이상학적인 개념이 아니었다. 혁명은 그가 주장한 대로 살아 있고 숨 쉬는 현실이었다. 바쿠닌은 2월 26일 파리에 도착한 뒤 며칠 동안 코시디에르의 민병대에서 일하면서 미래에 그의 아나키즘 이론의 근거를 제공할 모티브들을 발견했다. 바쿠닌은 "이 단순하고 교육받지 못한 사람들이 지도자들보다 항상 천 배는 나을 것이다!"라고 외쳤다. 세상이 거꾸로 뒤집혔는데도 인민은 법이나 강권에 의하지 않은 채 스스로 세운 규율에 따라 사심 없이 혁명을 수호하고 새로운 사회를 건설하는 데 몰두했다. 거리는 인민이 주도하는 "모임, 집회, 클럽, 행렬, 나들이, 시위"로 가득했다. 바쿠닌도 이 모든 활동에 적극적으로 참여했다. 그러나 혁명이 성공하려면 이 기운을 조금 더 확산해야 했다.

바쿠닌은 "왕족이 유럽에서 완전히 사라지지 않는 한 혁명은 사라지지 않을 것"이라고 경고했다. 이제 긴급한 과제는 제국의 인민들이 프로이센, 오스트리아, 러시아의 주인을 타도하는 것이었다. 그중 러시아가 가장 강력한 반동 보수 세력의 보루로 지목되었다. 러시아가 통치하는 지역 중 정부의 입김에서 상대적으로 자유로운 곳은 폴란드였다. 바쿠닌은 프로이센의 지배 아래 있는 폴란드 도시 포즈난으로 가기로 마음먹고, 옛 동지인 루이 블랑과 임시정부로부터 2천 프랑 정도를 확보하여 그곳으로 떠났다.

바쿠닌은 민주주의자들과 반군들이 독일 국회를 소집하기 위해 준비한 모임 '예비 의회'에 참관하기 위해 4월 초 프랑크푸르트에 도착했다. 예비 의회는 정치를 근본적으로 변혁하려는 숭고한 목적에서 벗어나 온건 자유주의자들의 모임으로 변하는 중이었다. 바쿠닌은 이에 실망하여 프랑크푸르트를 떠나 쾰른과 베를린을 거쳐 포즈난에 가려고 했으나 베를린에서 헤르베그로 오인되어 체포되었다. 감옥에서 하루를 보낸 그는 포즈난을 벗어나지 않겠다고 약속한 후 풀려나 5월에 폴란드의 브레슬라우에 도착했다.

바쿠닌은 기대를 품고 브레슬라우에 당도했으나 환멸만 느꼈다. 유럽의 다른 지역에서 건너온 소식도 실망스럽긴 마찬가지였다. 파리에서도 혁명은 겨우 생명줄만 유지하는 것 같았다. 브레슬라우에서는 혁명 세력이 아예 무력해졌다. 정부군에 맞서기엔 무기가 부족했고 반군들 간의 유대감도 너무나 느슨했다. 바쿠닌은 회의감에 휩싸여 좌절했다. 그때 브레슬라우 대학의 체코인 교수가 그에게 프라하에서 열리는 범 슬라브 회의에 참석할 것을 권했다. 바쿠닌은 '행동을 위한 아르키메데스의 지렛대'를 찾고자 회의에 참석한다.

회의에서 노동자와 학생들은 서로 토론하고 논쟁하면서 문제를 해결했다. 파리나 베를린이 보여준 선례를 따라 광장을 가득 메우고서 목소리를 높였다. 바리케이드를 설치하고 임시정부 수립을 요구했다. 그러자 의회에서는 퇴위와 헌법이 아니라 대포와 포도로 응답했다. 대다수 의회 대표단은 오스트리아 군대가 도시에 총탄을 쏟아붓자 이를 엄폐하려고 서둘렀다. 그동안 바쿠닌은 급조된 요새에서 싸우면서 반란자들에게 정치인들이 오스트리아군을 폭력적으로 진압하는 것을 막으려면 시청을 점거해야 한다고 주장했다. 그러나 이들의 봉기는 치밀하게 계획되지 않았기에 결국 실패로 끝난다. 항복의 깃발이 올라가고 바쿠닌은 체포되기 직전에 도시를 겨우 빠져나갔다.

 1848년의 혁명은 '혁명이 생각과 같은 본능'이며, 지적이고 숙고하는 것만큼이나 감정적이고 즉각적인 반응이라는 바쿠닌의 믿음을 강화해주었다. 물론 혁명은 철저히 계산된 이성적인 운동이 아니라 분노와 절망, 희망의 표현으로 터져 나온 것이 분명했다. 그해 바쿠닌은 직접 경험한 일련의 사건을 통해 정치인과 자유주의자들과 기업가들은 결코 문제 해결책이 될 수 없다는 것을, 도리어 그들 자체가 문제의 일부라는 것을 깨닫는다. 당시 헤르베그에게 보낸 편지에서 바쿠닌은 의회제도, 헌법, 국민의회, 국회 등의 시대는 끝났다고 하면서 다음과 같이 썼다.

 나는 헌법과 법률을 믿지 않습니다. 아무리 좋은 헌법도 나를 만족시키지 못할 것입니다. 우리에게는 그것과 다른 뭔가가 필요합니다. 우리에게는 영감과 생명이 절실하며, 법 없이도 정말 자유로울 수 있는 새로운 세계가 필요합니다.(카249)

〈슬라브인에 대한 호소〉

 바쿠닌은 폴란드 당국에 의해 도시에서 도시로 쫓겨났고, 러시아인들은 그들에게 바쿠닌을 넘겨달라고 요구했다. 이 와중에 그는 어렵사리 독일의 쾨텐(Koethen)에서 임시 피난처를 찾았다. 바쿠닌은 은신처에서 〈슬라브인에 대한 호소Appeal to the Slavs〉(1848)라는 제목의 글을 쓴다. 이 글에서 그는 자신의 아이디어를 더욱 신중하게 발전시켰다. 바쿠닌이 프랑스어로 작성한 원본은 독일로 전송되었는데 안타깝게도 번역 과정에서 원본이 극심하게 훼손되었다. 특히 사회문제를 언급한 부분은 모두 삭제되었다.

당시의 역사가들은 실패한 1848년 혁명이 계급에 대한 애국심의 승리였다고 주장했지만, 바쿠닌은 민족주의와 사회주의가 투쟁에서 서로 연결되어야 한다고 생각했다. 〈슬라브인에 대한 호소〉는 민족주의가 광의의 사회혁명 안에 포함되어야 한다는 그 같은 인식을 잘 반영해주었다. 나아가 바쿠닌은 민족주의가 민족의 독립과 통일을 중시하는 목표에서 벗어나지 못하는 이상 보수 반동에 그칠 것이라고 예견했다.

바쿠닌은 또한 〈독일에서의 반동〉의 주제 중 하나로 돌아가 "혁명에서는 중도, 즉 협상이나 타협이 불가능하다"고 주장했다. 그러면서 혁명을 통해 인민은 기존의 통치자를 다른 통치자로 바꾸고, 새로움의 가면을 쓴 채 노동자와 농민에 대한 착취를 계속하는 정치혁명을 넘어서야 하며, 국가와 제국뿐만 아니라 사유재산을 파괴하는 사회혁명으로 나아가야 한다고 역설했다. 또한 "인민의 사회적 해방과 피억압 민족의 해방이라는 두 가지 큰 문제"를 즉시 해결해야 한다고 주장하면서 "사회혁명은 정치혁명의 자연스럽고 불가피한 결과로 나타난다" "인구의 절대다수가 교육도, 여가도, 빵도 빼앗긴 비참한 존재로 전락하고 권세가와 부자들을 위한 발판으로 이용되는 상황에서 자유란 거짓말일 뿐이라는 점을 온 세계가 알고 있다"고 분명히 밝히면서 어떤 교과서적인 해결책도, 어떤 격리된 시스템도 이 문제를 해결할 수 없다고 주장했다.(Bakunin63)

우리는 자신이 서 있는 현재 삶의 물질적, 정신적 조건을 전복해야 한다. 우리는 무기력한 데다 쓸모없기만 한 이 약해빠진 사회를 머리끝에서 발끝까지 뒤엎지 않으면 안 된다. 우리는 수많은 자유를 제지할 수도 그렇다고 해서 지탱할 수도 없다. 우리는 먼저 우리가 숨 쉬는 공기를 깨끗이 정화해야 하며, 우리가 살아가는 환경을 철저히 바꾸어야 한다. 왜냐하면 이 환경은 우리의 본능과 의지를 오염시키고, 우리의 마음과 지성을 병들게 하기 때문이다. 사회문제는 대개 사회의 전복이라는 모습으로 나타난다.(Bakunin68)

이어 바쿠닌은 슬라브 민족의 해방을 주장했다. 바쿠닌은 옳았다. 1848년, 혁명을 이룩하기 위해 유럽의 바리케이드에서 죽어간 시위대 중에서 중산층을 대표하는 사람은 거의 없었다. 대부분의 전쟁과 마찬가지로, 존경받고 교육받은 특권층의 대의를 위해 싸우다가 죽은 자들은 대개 농민과 노동계급이었다. 바리케이드가 세워지자 중산층은 자신들의 특권을 보호하기 위해 재빨리 구질서와 타협하고 동맹을 맺을 방법을 모색했다. 귀족계급은 부르주아가 추구하는 의회 민주주의가 보기보다 덜 위협적이며 농민과 프롤레타리아에 대항할 정치체제라는 사실을 알고 기뻐했다.

바쿠닌은 옳았다. 당시 합스부르크제국을 해체하고 슬라브 민족이 압제에서 해방되어야 한다고 주장한 사람은 바쿠닌뿐이었다. 그런 점에서 그 글은 "유럽 역사에서 한 획을 긋는 기념비적인 저술"(카253)이었다. 그리고 바쿠닌이 말한 역사적 당위는 70년 뒤에야 겨우 이루어진다. 바쿠닌이 〈슬라브인에 대한 호소〉에서 주장한 내용 중 가장 중요한 것은 혁명 세력으로서의 농민에 대한 신념이었다. 농민을 '천부적인 야만인'이나 '동굴 속에 사는 인간'이라고 한 마르크스와 달리 바쿠닌은 러시아 농민이 "과거 공산주의 황금기의 상속인이자 미래 공산주의 황금기의 선구자"라고 보았다.(카257)

마르크스, 바쿠닌을 중상모략하다

행진하는 소리와 돌격하는 발소리가 바쿠닌을 거리의 투사로 변모시키는 사이, 마르크스와 엥겔스는 또 다른 신문인 〈신라인신문 Neue Rheinische Zeitung〉을 편집하기 위해 쾰른으로 향했다.

7월에 그들은 파리 특파원이자 '공산주의 동맹' 회원으로부터 전해 들은 소문을 퍼뜨렸다. 조르주 상드가 바쿠닌이 러시아 스파이고, 몇몇 폴란드 급진파를 체포한 책임이 있다는 사실을 증명하는 문서를 가지고 있다는 터무니없는 이야기였다. 예나 지금이나 활동가에게 가해진 비난 중 이보다 더 심각한 것은 찾아볼 수 없다.

이러한 중상모략은 바쿠닌이 경찰을 피해 도주하는 중에, 망명과 고된 노동형 중에 일어난 일이기에 처음에 그는 다만 어리둥절할 뿐이었다. 하지만 활동가들을 비난하고 모함하는 이런 일이 처음은 아니었다. 실제 경찰 요원들은 종종 그러한 비난으로 운동권 내에 불화를 일으키곤 했다. 혁명가들은 또 그들 나름으로 경쟁자를 제거하고 반대의 목소리를 차단하기 위해 거짓을 전파했다. 그러나 어떤 증거도 없이 소문을 사실로 위장하여 발표하는 것은 너무나도 무책임한 짓이었고, 자칫 혁명가의 생명까지 위협하는 치명적인 결과를 초래할 수도 있었다.

바쿠닌은 신문사와 상드에게 편지를 보내 소문이 거짓임을 밝히라고 요구했다. 상드는 마르크스에게 그 이야기가 '완전히 거짓'이며 바쿠닌의 충성심과 신념의 진실함에 대해 조금도 의심하지 않는다고 답했다. 그러고는 마르크스에게 본인의 '명예와 양심'에 근거하여 자기 편지를 즉각 출판하도록 요구했다. 마르크스는 그 요구를 따랐다. 카는 "마르크스가 '무죄'이고 '할 일을 다 했다"라고 말했지만(카237-238), 이와는 별개로 마르크스가 바쿠닌과 독자들에게 진지하게 사과해야 마땅한 일이 아니었을까? 아무런 증거도 없이 소문에만 의지하여 무책임하게 기사를 내는 바람에 바쿠닌의 명예는 이미 땅에 곤두박질한 터였으니 말이다. 무고한 시민을 간첩으로 모는 악질적 소문을 신문에 내보낸 뒤, 다시 그것을 부인하는 기사를 쓴다고 해서 신문사의 책임이 과연 면제되는가? 얼토당토않은 이야기다.

엥겔스의 제국주의 옹호

〈슬라브인에 대한 호소〉가 발표되고 6주 뒤 엥겔스는 바쿠닌의 글을 비판하면서 다시 바쿠닌을 공격하기 시작했다. 엥겔스의 글은 〈민주주의적인 범슬라브주의〉라는 제목으로 〈신 라인 신문〉에 실렸다. 바쿠닌이 주장한 슬라브인의 독립은 불가능할 뿐더러 무의미하다는 주장이었다. 엥겔스는 마르크스가 아무런 증거도 없이 바쿠닌을 스파이로 몰았다는 사실을 전혀 알지 못한다는 듯 "바쿠닌은 우리의 친구다"라는 문장으로 글을 시작하여 바쿠닌이 글을 쓸 때 주로 '자유' '정의' '평등' '해방'과 같은 추상적인 단어를 사용한다는 점을 공격했다. 그런 추상적인 개념들은 "역사적이고 정치적인 문맥에서 전혀 증명되지 않는 것들"이라고 하면서 말이다. 그러고 나서 그는 미국이 멕시코를 침공한 것을 '정복 전쟁'으로 비난해서는 안 되는 것처럼 슬라브인을 지배하는 헝가리 제국을 비난해서도 안 된다고 주장했다. 그것은 "전적으로 그리고 오직 문명의 이익을 위해 수행"되었기 때문이라는 것이다.

엥겔스는 "아무것도 할 수 없는 게으른 멕시코인들이 찬란한 캘리포니아를 빼앗긴 것은 불행하다"고 불평하는 것은 낭만적 감상주의에 불과하다고 일축하면서 도리어 진정한 혁명가라면 미국을 지원해야 마땅하다고 주장했다. 엥겔스의 말에 따르면 폴란드인을 제외한 슬라브인은 모두 "필연적으로 역사적 지위 전체에 대해 반혁명적이거나, 러시아인처럼 혁명에서 아직 멀리 떨어져 있고, 따라서 적어도 당분간은 여전히 반혁명적일 것"이므로 그들에게는 '미래'가 없다. 즉 "자립과 생존을 위해 주요한 역사적, 지리적, 정치적, 산업적 조건"이 없다는 것이다. 그러고는 더 나아가 슬라브인에게는 역사가 없고 제국이야말로 그들에게 최고의 조건이라고 했다. 그들이 "문명의 가장 기초적인 첫 단계"를 달성한 후에 "외세의 지배 아래" 들어오거나, 아니면 오로지 외국의 멍에를 통해서만 '강제적으로' 문명의 첫 단계에 도달할 수 있기에 슬라브인에게는 "어떤 종류의 독립도 가능하지 않"다는 것이다.

엥겔스의 이 같은 추악한 장광설은 모든 정복과 정복자를 정당화하는 논리로 사용되었다. 엥겔스와 마르크스가 역사의 본질에 관해 발전시킨 것은 바로 약육강식을 문명화로 포장하는 사상이었다. 반면 엥겔스와 달리 바쿠닌은 사람과 정부를 주의

깊게 구별했고 어떤 민족 집단도 본질상 반동적인 것으로 낙인찍지 않았다. 엥겔스가 바쿠닌을 공격한 논리는 악의적인 학문적 오만함과 저속하고 절대적인 최악의 역사적 유물론의 한 예이다.

엥겔스와 바쿠닌 사이의 의견 불일치는 슬라브 사회의 본질을 말하는 편협한 논쟁 이상이었다. 철학, 역사의 본질, 정치 전략, 개인적인 경험 등의 문제에서 비롯한 차이점을 그대로 반영한 논의인 탓이다. 바쿠닌은 역사는 단계별로 점진적인 발전을 이루어나간다는 유물론에 반대했다. 그는 역사가 혁명의 시기엔 빠르게 움직인다고 보았다. 그리고 인류가 특정한 경제적 단계를 적절한 순서로 통과할 필요도 없다고 주장했다. 경제적 발전은 자유와 연결되지만, 완벽한 동의어는 아니라고 했다. 마르크스와 엥겔스가 경제 생산의 확장을 인간 자유의 필수 요소로 보고 멕시코보다 미국을, 슬라브보다 독일을 지지했다면, 바쿠닌은 경제 수준에 상관없이 더 자유로운 사회를 만드는 것이 가능하다고 역설했다. 저개발 사회가 사회혁명을 수행하고 그 장애물을 제거하는 것이 가능하다는 것이다.

제국을 비롯하여 국가, 교회, 영주, 자본가가 구축한 시스템과 사회구조는 사람들이 자신의 삶을 자의적으로 통제하지 못하게 막는 주된 요인이었다. 그런 마당에 농민들이 영주를 자본가로 교체하고 농노를 임금노동자로 바꿀 필요가 과연 있는가, 하고 바쿠닌은 묻는다. 노동자들은 생산 능력이 일정 수준에 도달할 때까지 착취당하는 상태로 남아있을 필요도 없고, "완전한 경제적 사회적 평등에 기초하여 아래에서 위로" 사회를 재조직할 수 있다고 보았다. 만일 이에 반대한다면 그것은 인류를 멍에에 메고 인민 자신이 아니라 지식인이 혁명의 주체라고 말하는 것과 같다는 것이다.

앞서 살펴본 주장은 양측이 그 뒤로 30년에 걸쳐 추구하고, 그들의 추종자들까지 대를 이어 계속해온 논쟁이다. 1876년 바쿠닌이 사망한 다음 해에 마르크스는 자신의 견해를 "운명이 모든 국가에 규정한 일반적인 발전 경로에 대한 역사 철학적 이론"으로 해석하는 것에 대해 명시적으로 경고했다. 물론 그는 바쿠닌의 입장으로 돌아와서 러시아가 자본주의 발전을 우회할 기회가 있었고 따라서 "자본주의 체제의 모든 치명적인 우여곡절"을 피할 수 있었다고 주장했다. 1881년 러시아 혁명가들이 마르크스에게 위와 같은 진술을 널리 확대해달라고 요청했을 때, 특히 자본주의적 소유가 아닌 농민 코뮌이 사회주의로 이어질 수 있는지에 대해 질문을 던졌을 때 그는 코뮌이 "러시아 사회 재생의 원동력"이 될 수 있다고 결론지었다.

엥겔스는 40년 후 〈신라인 신문〉에서 자신의 조잡한 평결을 재고하면서 "역사에 대한 유물론적 개념에 따르면 궁극적으로 역사를 결정짓는 요소는 실생활의 생산과 재생산이다. 마르크스와 나 모두 그 이상을 주장한 적이 없다"고 일축했다. 바쿠닌과 벌인 논쟁에서 알 수 있듯이 이것은 엄밀히 말하면 사실이 아니지만, 엥겔스는 "젊은 사람들이 때때로 경제적인 측면에서 그로 인한 것보다 더 많은 스트레스를 받는다는 사실에 대해 마르크스와 나 자신에게 부분적으로 책임이 있다"라고 고백했다.

드레스덴에서 혁명을 지휘하다

바쿠닌은 여러 신문에 글을 기고했다. 우선 러시아와 오스트리아의 반동에 맞서 혁명을 조직할 필요성을 설파했고, 자신이 스파이라는 터무니없는 비난에 대해서도 답변했다. 그다음 러시아가 처한 상황을 알리고, 두 나라 사이에 전쟁이 일어나는 것을 막아야 한다고 주장하면서 여론을 형성하고자 애썼다. 와중에 바쿠닌은 여전히 독일과 러시아 당국을 피해 중부 유럽 전역을 떠돌아야 했다. 지독한 가난에 시달리면서 항상 불안에 떨어야 했다.

1849년 5월까지 바쿠닌은 독일 작센 왕국의 수도인 드레스덴에 있었다. 당시 작센 의회는 프랑크푸르트 국민의회가 만든 헌법을 수용하기로 결정을 내렸지만, 왕은 의회를 해산하고 개혁과 변화에 대한 모든 논의를 끝내기 위해 프로이센 측에 군대 파견을 요청했다. 그러자 드레스덴 시민들은 바리케이드를 던지고 무기고를 습격하고 철도를 파괴한다. 하지만 제대로 준비를 마치지 못한 상태로 반란을 일으켰기에 임시정부 역시 언제라도 프롤레타리아를 배신할 수 있는 자유주의자들로 구성되었다.

드레스덴에서 만난 작곡가 리하르트 바그너(Richard Wagner)는 바쿠닌이 "태곳적의 풍부함과 힘으로 충만"(카269)했다고 썼다. 뒤에 바그너는 바쿠닌을 모델로 삼아 〈니벨룽의 반지〉의 주인공인 지크프리트를 형상화한다.

엥겔스도 뒤에 바쿠닌을 "드레스덴의 유능하고 냉철한 지휘관"이라고 칭했을 정도로 바쿠닌은 도시 전역에 나타나 혁명을 지휘했다. 혁명 세력에게 아낌없이 조언을 건네고 명령을 내렸으며 포기하지 않도록 격려했다. 군대를 조직하고 반대 세력에 반격할 준비를 하는 등 노력을 아끼지 않았다. "나는 망하고 분명히 죽어가는 혁명을 구하기 위해 내가 할 수 있는 모든 일을 했다"라고 그는 뒤에 회상했다. "잠도 못 자고, 먹지도, 마시지도 못했으며 심지어는 담배조차 피우지 못했다."(카277) 그러나 프로이센 군대가 도착하자 상황은 절망적으로 치달았다. 바쿠닌은 패전으로 더 많은 사람이 죽어갈 가능성을 염려하여 신중하게 후퇴하는 작전을 세웠고, 전투의 마지막 날이 저물어갈 무렵에 도시를 탈출했다.

바쿠닌은 작센의 산업도시 켐니츠(Chemnitz)로 향했는데, 도중에 바그너와 다시 합류했다. 켐니츠에서 반란이 일어날 것이라는 소문을 듣고 달려온 터였다. 이는 거짓이었다. 바쿠닌은 곧바로 체포되어 군대에 넘겨졌고 드레스덴으로 끌려갔다. 족쇄가 채워진 바쿠닌은 재판을 기다리며 9개월 동안 쾨니히슈타인 성의 독방에 감금되었다. 그 기간은 바쿠닌에게 독서의 시간을 보장해주었다. 《로미오와 줄리엣》을 비롯한 셰익스피어 작품과 《돈키호테》와 같은 문학작품, 역사, 회고록, 기행기 등을 읽었다. 바쿠닌은 사형을 선고받고 항소했으나 기각되었고, 몇 달 뒤 종신형으로 감형되었다.

이어 1850년 6월 오스트리아 당국의 요구로 바쿠닌은 프라하로 이송되었고, 1851년 3월에 올로모우츠(Olomouc)에 있는 또 다른 감옥으로 끌려간다. 체포된 지 거의 2년이 지난 후, 반역죄로 유죄가 선고되어 다시 사형을 선고받지만, 같은 날 종신형으로 감형되었다.

감옥 생활

오스트리아 당국은 러시아 당국의 요구를 받고 바쿠닌을 넘겨주었다. 갈리시아 국경 초소에서 오스트리아 족쇄보다 훨씬 무거운 러시아 족쇄가 채워지자 바쿠닌은 호송 장교에게 "조국에 돌아온다는 건 좋은 일이군, 비록 죽으러 왔지만 말이야"라고 말을 건넸다고 한다.(카298) 바쿠닌은 이미 몇 년 전 시베리아에서 재판도 없이 고된 노동형을 선고받은 적이 있었다. 습하고 추악한 감옥인 상트페테르부르크의 '페트로파블롭스크 요새'에서는 무기한 투옥을 선고하는 데 펜 놀림 한 번이면 충분했다. 결국 11년 만에 조국에 돌아온 바쿠닌은 3년을 그 감옥에서 보내야 했다.

요새에 억류된 지 두 달 후, 정보부장이 그를 방문했다. 고문이나 그 이상의 위협으로 이루어진 이전의 심문과 달리, 그는 바쿠닌에게 "당신의 영적 아버지와 이야기하는 것처럼 군주에게 편지를 쓰도록" 요구했다. 다음 달 바쿠닌은 1840년 독일에 도착한 후부터 드레스덴에서 체포될 때까지 자신의 삶과 활동에 대해 자세히 기록한 96쪽의 문건을 만들었다.

페트로파블롭스크 요새의 바쿠닌 방

바쿠닌은 왜 그런 기록을 남겼을까? 지지자들은 그가 감옥의 공포 때문에 글을 썼을 거라고 하고, 비방자들은 그가 비겁한 위선자이기 때문이라고 했다. 카는 "황제 같은 존귀한 존재가 온화한 말투로 거의 경의를 섞어서 자신에게 뭔가를 권유하고 있다는 사실이 바쿠닌을 우쭐하게 만들었다" "작가로서 제대로 대접받고 있다는 기분이 들었을 것이다"라고 그 이유를 설명한다.(카301)

그러나 바쿠닌은 귀족 직위를 박탈당했지만, 여전히 자신을 차르에게 호소할 권리를 가진 전통적인 귀족으로 여겼다. 그런 권리를 이용하는 것을 모순이나 위선으로 생각하지 않았다. 데카브리스트도 비슷했다. 그들 역시 체포된 뒤, 차르가 러시아를 개혁할 필요성을 느낄지도 모른다는 희망을 품고 귀족의 입장을 고려한 글을 썼고, 어느 정도 효과를 발휘하기도 했다. 데카브리스트들의 '고백'은 요약본으로 편집되어 니콜라스 1세에게 보내졌다. 바쿠닌은 이들의 선례를 따라 공모자를 밝히기는커녕 그 누구도 비난하지도 않고 오직 자신의 이야기만을 썼다.

《고백》

"표현의 명료함과 힘이 넘치는 필체로 보면 바쿠닌의 저작 중에서"(카302) 최고라고 《고백Confession》(1851)을 찬양한 카는 그 내용을 "독일인 혐오와 슬라브인을 향한 강한 애착"(카303)이라고 요약한다. 그러나 바쿠닌은 자신의 정치적 사상을 명확히 정리하고 정권을 비판하기 위해 《고백》을 썼다. 그는 차르와 러시아를 비판하면서도 자신이 혁명을 원하는 이유를 정확하고 강력하게 설명한다.(Bakunin69)

세계 곳곳을 여행하다 보면 러시아에서 다른 나라보다 더 많은 악과 억압과 불공정을 발견하게 된다. 러시아 사람들이 서유럽 사람들보다 더 나쁘다는 것은 아니다. 반대로 나는 러시아인이 서양인보다 더 낫고 친절하며 영혼의 폭이 더 넓다고 생각한다. 그러나 서구에는 모든 사람을 고상하게 하는 선전, 여론, 그리고 마침내 자유와 같은 악에 대항하는 특정한 것이 있다. 이 치료법은 러시아에 존재하지 않는다.

바쿠닌은 이러한 자유가 서구를 더 나쁜 세계로 보이게 만들었다고 쓴다. 모든 악과 불의, 불만이 드러나기 때문이다. 그러나 그는 실제로 서구의 개방성은 정치체제에 더 건강한 것이라고 주장한다.

러시아에서는 모든 질병이 안쪽으로 향하고 사회 유기체의 가장 안쪽 구조를 먹어 치운다. (…) 러시아 사회생활은 상호 억압의 사슬이다. 상위는 하위를 억압하고 후자는 고통을 겪고 감히 불평하지 않지만, 그는 자기보다 낮은 자를 억압한다. 그리고 그 낮은 자는 다시 자기에게 복종하는 자를 억압하고 원수를 갚는다. 무엇보다 최악의 상황은 사회적 사다리의 맨 아래에 있는 가난한 서민인 러시아 농민은 억압할 사람이 없고 모든 사람으로부터 억압을 받을 수밖에 없다는 점이다.

바쿠닌에 따르면 억압적인 사회에서 "가장 큰 요인은 두려움이다. 두려움은 모든 생명, 모든 지성, 영혼의 모든 고상한 움직임을 죽인다." 그러나 사회를 안정적으로 유지하려면 두려움만으로 충분하지 않다. 두려움은 침묵을 낳고 침묵은 만연한 부패에 가담하게 된다. 위에서 아래까지 "도둑과 불의와 억압이 천 개의 팔을 가진 용종처럼 러시아에 살고 있다. 그것은 원하는 대로 베고 잘라도 절대 죽지 않는다." 대신 문제는 근본적인 원인부터 밝혀야 한다. 따라서 바쿠닌은 러시아에는 다음과 같은 것이 필요하다고 주장한다.

감정의 고귀함, 사상의 독립성, 깨끗한 양심의 자랑스러운 두려움 없음, 자신과 타인을 포함한 인간이 지닌 가치에 대한 존중, 마지막으로 모든 불명예스럽고 비인간적인 사람들에 대한 인민의 경멸, 사회적 수치심, 사회적 양심! 그러나 이러한 자질, 이러한 힘은 노예와 두려움이 만연한 곳이 아니라 영혼이 자유롭게 움직일 수 있는 곳에서만 피어난다. 러시아에서 이러한 미덕을 두려워하는 이유는 사람들이 미덕을 존경하기 때문이 아니라 자유로운 생각이 따라오지 않을까 하는 두려움 때문이다.

그리고 바쿠닌은 러시아에서 가장 심오한 두 가지 사회악인 농노제와 제국을 언급한다. 그는 "만인에게 억압받는 착한 러시아 농민"에게 동정을 표하며 날카롭게 질문을 던진다.

이 사람들이 자유를 누리고 재산을 얻고 읽고 쓰는 법을 배운다면 어떻게 되겠는가! 그리고 나는 왜 현 정부는 독재적이고 무한한 권력으로 무장하며 법령이나 사실상 어떤 외부의 법이나 경쟁 세력의 제한도 받지 않고, 왜 전능함을 러시아인의 해방, 고양, 계몽을 위해 사용하지 않는지 묻는다.

그런 다음 바쿠닌은 공개적으로 추가 처벌을 구하지 않고 자신의 요점을 강조하기 위해 수사학적 장치를 사용하여 자신의 질문에 영리하게 답한다. 먼저 그는 국정은 자신의 소관이 아니며 정치가 어려운 기술이고, 질문에 담긴 모든 면을 고려할 수 없어서 정답을 결정할 수 없다고 한다. 그런 다음 바쿠닌은 차르에게 자신이 실제로 한 말을 상기시킨다.

정부가 러시아 인민을 압제에서 해방하지 못하는 이유는 첫째, 법으로 제한되지 않는 전능한 권력을 갖고 있어 실제로 많은 상황에 의해 제한되고, 보이지 않는 방식으로 묶여 있으며, 부패한 행정부에 묶여 있고, 결국 그것은 귀족의 이기주의에 묶여 있기 때문이다. 더욱이 정부는 러시아 국민을 위한 자유나 계몽이나 고양을 원하지 않으므로 그들을 단지 유럽을 정복하기 위한 영혼 없는 기계일 뿐이라고 간주한다!

바쿠닌은 바로 그 점이 자신을 제국에 대한 비판으로 이끌었다고 하면서 다시 묻고 대답한다.

유럽 정복이 러시아에 어떤 이점을 줄까? (…) 확장의 최종 목표는 무엇인가? 러시아 차르가 지배하는 나라는 노예가 된 민족에게 그들이 빼앗긴 독립 대신에 무엇을 줄 것인가? 자유, 계몽, 민족번영은 말할 것도 없고 아마도 그것은 그들에게 노예 제도에 의해 억압받는 국가의 전체 성격을 부여할 것이다!

바쿠닌에 의하면 그 결과 러시아는 "현재 폴란드인을 혐오하는 것처럼 다른 모든 슬라브인을 혐오하게 될 것이다. 러시아는 해방자가 아니라 자신의 슬라브 가족을 억압하는 자가 될 것이다." 그리고 "러시아는 자신의 명예와 미래를 지키기 위해 혁명을 수행하고, 차르의 권위를 타도하고, 군주제를 파괴하고, 내부 노예 상태에서 해방되어 슬라브 운동의 선두에 서야" 한다. 그때 비로소 러시아는 오스트리아, 프로이센, 터키 제국에 대한 반란을 주도하고 자유로운 슬라브 사회를 만들 수 있다는 것이다.

바쿠닌에게는 미래에 대한 계획이 없었다. 그에 의하면 러시아의 "혀와 모든 움직임이 제한되어 있기에 현재로서는 존재할 수 없다. 러시아가 일어나서 직접 말하게 하라. 그러면 우리는 러시아가 생각하는 것과 바라는 것을 모두 알게 될 것이다. 러시아 자신이 어떤 형태와 어떤 제도가 필요한지 우리에게 보여줄 것이다."

1850년대 초까지 바쿠닌은 사회주의자이지만 아직 아나키스트는 아니었기 때문에 군주제가 폐지되어도 국가는 여전히 필요하다고 믿었다. 그는 러시아가 한동안 '강력한 독재 정부'를 필요로 할 거라고 여겼다. 그 뒤 바쿠닌을 비방하는 사람들은 독재 정부의 필요성을 말했다는 이유로 그를 파시즘과 스탈린주의의 아버지라고 주장했다. 반대로 일부 볼셰비키는 그것을 이유로 바쿠닌이 전위당의 예언자였다고 주장했다. 그러나 이는 바쿠닌이 혁명적 전술, 전략 및 조직 문제를 해결하기 위한 최초의 발언에 불과했다. 그가 말한 '독재'의 의미 역시 파시즘이나 전체주의와는 조금도 비슷하지 않다. 여기서 '독재'는 고대 로마공화정에서 국가가 비상시에 처했을 때 특별한 권력을 발휘하는 집정관(Consul) 같은 것을 뜻했다. 집정관은 행정 및 군사의 대권을 장악하고 원로원과 합하여 민회를 소집하는 권한을 지녔다. 임기는 1년이며 한 달씩 교대로 집무하고, 상호 합의를 거쳐 업무를 보았다. 이로써 서로 견제하여 힘의 균형을 유지하고, 권력이 한곳으로 집중되는 것을 방지했다. 비상시 한 사람의 독재관(dictator)에게 전권을 위임해야 하는 경우도 6개월을 넘기지 못했다. 나아가 바쿠닌은 러시아에서 혁명이 일어나면 "고삐 풀린 폭도들의 술 취한 분노"를 불러일으킬 것을 우려하면서도 "때로는 끔찍한 악도 필요하다"는 이유로 폭력을 정당화했다.

《고백》은 1848년 한 시기를 살았던 모든 급진주의자와 혁명가와 마찬가지로 바쿠닌도 혁명을 위한 완벽한 계획을 갖추지 않았다는 것을 보여준다. 이는 곧 바쿠닌이 반혁명이나 쿠데타가 아니라 사회혁명을 일으키고자 했다는 것, 그리고 반혁명이나 과거의 동맹국들이 보여준 현실에 직면하여 인민의 이익을 대표하는 방법을 고민하면서 자신의 정치사상을 발전시켜나갔음을 보여준다.

감옥에서 병을 얻다

바쿠닌은 다른 수감자들과 격리된 채 감옥에서 근 3년을 보냈다. 그동안 단 세 번만 가족이 면회할 수 있다는 조건 때문에 절망감과 우울감에 시달렸다. 뿐만 아니었다. 죄수에게 유일한 위안이었던 담배와 차조차 얻기 어려웠다. 독일, 오스트리아, 러시아 교도소에서 5년을 보낸 후 1854년 슐리셀부르크

(Shlisselburg) 감옥으로 이송될 당시 그의 건강은 완전히 망가졌다. 바쿠닌은 마르크스처럼 치질을 앓았다. 언제나 뜨거운 물로 목욕하면서 치료에 임했던 마르크스와 달리 바쿠닌에겐 그 어떤 치유의 기회도 허락되지 않았다. 엎친 데 덮친 격으로 바쿠닌은 발열, 심한 두통, 이명에 시달렸고 귀에서는 끓는 물소리에 비유한 굉음이 끊임없이 울려댔으며, 호흡 곤란 증상까지 오곤 했다. 운동 부족과 영양가 없는 음식만 제공하는 식단으로 인한 심장병의 결과였다. 열량이 턱없이 부족한 식단은 괴혈병으로 이어졌고 관절, 근육 및 뼈 조직의 출혈로 인해 극심한 통증까지 겪어야 했다. 잇몸에서 피가 나고 치아의 상아질이 무너지면서 치아 자체가 느슨해져 이빨이 빠졌으며 과호흡과 설사, 빈혈로 고통받았다. 그래서 바쿠닌은 타티야나에게 보낸 편지에 다음과 같이 썼다.

> 너는 산 채로 생매장당하는 기분이 무엇을 의미하는지, 밤과 낮 모든 순간마다 자신에게 말을 걸어야 하는 게 어떤 것인지를 결코 이해할 수 없을 거다. 난 완전히 파괴당해 평생 무기력해진 노예가 됐다.(카314)

1854년에 그는 겨우 40세였지만 이빨이 다 빠졌다.[*] 그의 아

---

[*] https://theanarchistlibrary.org/library/mark-leier-bakunin

버지는 같은 해 거의 90세의 나이로 15년 동안 장남을 보지 못한 채 세상을 떠났다. 그리고 세상은 급변했다. 노동계급이 밀집해 있던 지역은 사라지고 '도시 재생'이 진행되면서 지형도 바뀌었다. 특히 바리케이드를 막고 군대가 시위대를 쉽게 공격할 수 있도록 거리가 넓어졌다. 농노제는 오스트리아 제국 전역에서 폐지되었다. 독일의 대부분 지역에서 바쿠닌이 비난했던 헌법을 완벽하게 갖춘 대의제 정부가 세워졌다. 그러나 바쿠닌이 주장한 사회혁명은 어디에서도 일어나지 않았다. 바쿠닌만이 아니라 마르크스, 게르첸, 프루동에 이르기까지 혁명가들의 생각과는 너무 다른 사회로 변했다.

그러나 이들은 정치와 저항의 본질적인 성격을 바꾸었다. 왕을 비롯한 그 누구도 더는 백성을 무시할 수 없었다. 정치인은 이제 자신의 존재 가치를 노동자와 농민에게 스스로 증명해 보여야 했다. 가령 프랑스에서 나폴레옹 보나파르트의 조카인 루이 나폴레옹은 농민과 노동자를 부자로부터 보호하겠다고 약속하고 급진주의로 선회할 것을 암시했다. 민족주의에 호소하는 캠페인으로 농민과 노동자의 표를 얻은 후 공화국의 대통령으로 선출되었다. 루이 나폴레옹은 1848년에 혁명을 일으킨 사람들이 이전에는 들어보지 못한 방식으로 선거를 치러야 한다는 것을 몸소 보여준 셈이다. 그러나 대통령이 된 후 자신을 황제로 선포한 것은 혁명이 어떻게 실패했는지, 그리고 헌법과 선거가 인민에게 힘을 실어주지 못한다고 주장한 바쿠닌의 견해

크림반도에 들어온 영국군

가 얼마나 탁월했는지를 보여주는 증거가 되었다.

1854년, 쇠퇴하는 오스만 제국이 방어할 수 없는 영토로 러시아가 이동하고 프랑스와 영국이 차르를 견제하기 시작하면서 크림전쟁(Crimean War)이 발발했다. 불충분한 무기에서 무능한 지휘관, 불충분한 보급품에 이르기까지 모든 오래된 문제는 러시아가 현장에서 수적으로 우세한데도 최악의 상황을 맞이하게 된 요인으로 작용했다. 그리고 니콜라스 1세는 1855년, 59세에 병으로 사망한다.

바쿠닌, 결혼하다

알렉산드르 2세가 새로운 차르가 되자 바쿠닌의 가족은 그에게 관용을 청했다. 1857년 초 차르는 바쿠닌을 시베리아 종신형으로 감형했다. 바쿠닌은 가족과 작별 인사를 하기 위해 프리아무키노를 잠시 방문했으나 바쿠닌 자신은 물론 가족 모두에게 고통을 주었을 뿐이었다. 집이라는 곳에서 잔 것도 17년 만이었고, 앞으로 죽을 때까지 19년 동안 다시는 보지 못할 고향이었다. 다음 날, 바쿠닌은 경비병들과 함께 떠나 3주 뒤에 시베리아 톰스크에 도착했다.

시베리아 중간지점에 있는 톰스크는 오늘날 약 50만 명이 사는 활기찬 도시다. 이 도시는 1604년 보리스 고두노프(Boris Godunov)의 명령으로 군사 전초 기지로 설립되었다. 톰스크는 시베리아에서 가장 오래된 도시로 대학과 기술학교, 의과대학 등 교육 기관이 많이 있어서 러시아의 어느 도시보다 1인당 학생 비율이 가장 높아 '시베리아의 아테네'를 자처한다.

바쿠닌이 1857년, 톰스크에 도착했을 때 주민들은 비포장도로를 따라 작은 목조 주택과 오두막을 조심스럽게 오가고 있었다. 아직 문명의 손길이 닿지 못한 곳이었다. 그래도 시베리아 상업의 중심지여서 소식을 듣고 물자를 얻으려는 방문자들의 발길이 꾸준히 이어졌다. 그들의 가족까지 포함하여 대략 비슷한 수로 약 2만 명에 달하는 인구는 주류층인 상인, 관료, 정치범들로 이루어져 있었다. 모스크바나 상트페테르부르크에서 몸에 익혔던 사회적인 지위나 계급 등 공적 정체성을 무시한 채 그들은 거친 연대 속에서 그나마 평화롭게 공존했다.

정치범들은 스스로 생계를 꾸릴 필요가 있었다. 바쿠닌의 경력(이전 직업: 혁명가, 취미: 이빨 뽑기, 이 죽이기, 미래 계획: 문명의 파괴)은 톰스크에서 무용지물이었다. 바쿠닌은 특별한 기술이 없고 돈을 관리하는 능력도 미숙했기에 고향에서 지원을 약간 받았지만 충분하지 않았다. 그래서 프랑스어 과외를 시작했다.

1858년 10월, 44세가 된 바쿠닌은 폴란드 사업가의 큰 딸인 17세의 안토니아 카와춉스키(Antonia Kwiatkowski)와 결혼했다. 누구도 그들의 결혼에 반대하지 않았으나 후대 역사가들은 그 결혼에 대해 말이 많다. 특히 그 결혼은 바쿠닌에게 성 기능 장애가 있다고 보는 자들을 혼란스럽게 했다. 그러나 바쿠닌은 일생토록 편지에서 안토니아를 향한 절절한 그의 사랑과 애정을 표현했고 그녀도 그를 깊이 사랑했다. 안토니아는 가족을 떠나 편안하거나 안락한 삶을 누릴 수 없는 아나키스트와 평생 함께 살았다.

이르쿠츠크의 무라비요프

신혼부부는 톰스크에서 서너 달을 보낸 뒤 1859년 봄에 바이칼호 기슭에서 약 40마일 떨어진 몽골 국경 근처의 이르쿠츠크(Irkutsk)로 이사했다. 톰스크 크기 정도인 이르쿠츠크는 동부 시베리아의 수도였으며 문화의 중심지로 '시베리아의 파리'라고 불렸다. 데카브리스트의 난으로 수많은 러시아의 지식인들이 이곳으로 유형을 와 문화와 예술을 꽃피운 덕분이다. 일제강점기 당시에는 한국인 공산주의 계열 독립운동 세력의 중요한 근거지이기도 해서 그 후예들이 지금도 살고 있다.

바쿠닌이 갔을 때도 거리가 포장되어 있었고 기후는 톰스크보다 더 좋았으며, 게르첸과 오가료프가 1857년부터 런던에서 발간한 급진적인 신문인 〈종Kolokol〉을 읽을 수도 있었다. 그곳에는 페트라셰프스키와 그의 동료들을 포함하여 다른 정치범들이 있었지만, 바쿠닌은 그들을 멀리했다. 대신 그는 어머니의 사촌이자 동부 시베리아의 총독인 니콜라이 무라비요프(Nicholai Muraviyov)*와 친하게 지냈다. 그는 아무르강 북쪽에 있는 중국의 많은 지역을 병합한 제국주의자이자 애국자였다. 뒤에 그는 바쿠닌 부부가 톰스크를 떠날 수 있도록 도왔다.

자유주의자를 자처한 무라비요프는 미국의 민주주의 제도를 높이 평가하고 농노제를 비판했다. 바쿠닌은 '위에서 아래로의 혁명' 또는 최소한 개혁의 가능성을 그에게서 보았다. 이는 스스로 행동할 수 없는 사람들을 위해 나설 수 있는 강력한 지도

---

* Muravyev라고도 표기한다.

자의 필요성을 절감한 바쿠닌의 당시 생각을 반영했다. 이론상으로는 이러한 지도자가 의회의 난장판과 타협을 뚫고 인민을 직접 대표할 수 있다고 보았다. 대의민주주의의 명백한 실패를 보여주었던 1920년대에 처음으로 일부 아나키스트를 포함한 좌파가 이탈리아 파시즘을 지지하게 만든 것은 바로 이러한 생각에서다. 1920년대와 1860년대에는 끔찍한 오류였지만, 두 경우 모두 전체주의 국가를 만드는 것이 아니라 인민을 직접 대표하여 중산층과 부르주아 계급의 권력에 맞서려는 아이디어였다. 정치권과 오랫동안 단절된 바쿠닌이 보기에 무라비요프는, 아무 희망이 없는 러시아를 급진적으로 바꿀 수 있는 사상과 권력을 갖춘 사람이었다.

따라서 게르첸의 신문이 무라비요프의 제국주의적 모험과 식민 계획을 이유로 그를 공격하자 바쿠닌은 도리어 그를 변호했다. 그는 무라비요프가 러시아가 제공하는 최악이 아니라 최고를 대표한다고 주장했다. 에너지, 헌신, 그리고 국가를 미래로 이끌고자 하는 열망을 가진 무라비요프는 농노의 해방과 토지 소유권 부여, 배심원 재판, 공교육, 언론의 자유, '국민 자신의 관리'를 옹호했으며, '관료제의 폐지와 궁극적인 정부의 분권화'를 주장했다.

다른 사람들도 바쿠닌의 견해를 공유했다. 몇 년 뒤 아나키스트 크로포트킨은 무라비요프의 노력으로 인해 동부 시베리아의 행정부는 "러시아 본국의 어떠한 지방보다도 진보적이었으며 모든 면에서 더 우수했다"라고 썼다. 크로포트킨은 무라비요프를 "진보적 사상"을 지녔으며 "매우 지적이고 활동적이며 사교적"이고 "조국을 위한 것이라면 무슨 일이든 몸을 던지는 사람이었다"(크로포트킨238)라고 설명했다.

그러나 무라비요프는 당시 정부 쪽의 모든 행동가와 마찬가지로 마음 한구석에 독재자의 기질을 품은 사람이기도 했다. 바쿠닌은 이때까지도 자신을 아나키스트로 명명하지 않았고, 머나먼 런던으로 망명한 사람들을 포함하여 '거창한 말과 아름다운 말'을 입에 담는 사람들과 비교하여 무라비요프를 호의적으로 보았다. 무라비요프는 '수다스러운 귀족 의회'와 달리 단호하게 행동했다. 그는 상트페테르부르크에서 헛된 정부를 폐지하고 사람들을 해방하기 위해 '철의 임시 독재'를 할 생각까지 품고 있었다.

바쿠닌은 무라비요프를 비참할 정도로 낙관적이고 절망적일 만큼 관념적으로 평가했다. 무라비요프는 자신을 자유주의자라고 여겼으나 현재 정서에 맞게 사람들을 위해 일할 의향은 갖고 있지 않았다. 따라서 바쿠닌이 무라비요프를 변호한 논리는 곧 러시아가 보여준 정치와 사상으로부터 자신이 얼마나 고립되었는지, 즉 자신이 얼마나 다른지를 보여주는 것과 같았다. 무라비요프는 체르니솁스키와 같은 새로운 세대의 사상가들이 벌인 투쟁에 대해 거의 알지 못했다. 급진적인 변화가 위에서부터 올 수도 있다는 바쿠닌의 믿음에 대해서도 아는 바가 없었다.

농노해방

바쿠닌이 위로부터 내려오는 개혁의 가능성을 본 것은 옳았다. 미국이 노예제를 금지하는 수정헌법 13조를 통과시키기 거의 4년 전, 차르 알렉산드르 2세는 러시아 농노의 해방을 발표했다. 1861년 3월에 나온 이 선언은 순수한 자선 행위가 아니라 필요에 따른 것이었다. 크림전쟁에서 발생한 엄청난 손실은 러시아가 유럽에 얼마나 뒤떨어져 있는지를 다시 한번 각인시켜주었다. 그리고 모두가 농민은 임금노동자와 경쟁할 수 없거나 급속한 발전을 위한 충분한 자본을 창출하고 유치할 수 없다는 것을 명확히 깨달았다. 귀족 중 많은 사람이 농노가 무익할 뿐만 아니라 부도덕하다고 결론을 내렸다. 그들의 각성은 농노들의 행동으로 촉발되었다. 차르는 농노들의 전투력이 증가하자 농노제를 폐지하려고 서둘렀다. 그렇지 않으면 아래에서부터 나라가 해체될 것이라고 확신한 탓이다. 그는 밀어내는 것보다 점프하는 것이 더 낫다고 생각했다.

정부는 목초지와 삼림, 전체 토지의 절반 이상을 지주에게 남겨주고 나머지를 농민들에게 분배했다. 농민들이 받은 토지는 전체 농민의 수에 비해 터무니없이 부족했다. 심지어 농민 개개인에게 분배하는 것이 아니라 미르 공동체를 통해 분배한 것이라서 농민들의 토지는 오히려 해방 이전보다 20퍼센트 이상 감소했고, 지역에 따라서는 최대 50퍼센트까지 줄어들었다. 토지 문제를 조정하는 조정관들은 주로 귀족 지주의 편을 들었으며 정부는 지주에게 매입한 토지의 가격보다 1.5배나 높은 가격을 기준으로 토지상환금을 부여했다. 지주에게 직접 지불하는 20퍼센트의 토지상환금도 농민에게는 부담스러운 가격이다. 따라서 그것을 갚는 데 20년이나 걸리기도 했다. 나머지 80퍼센트는 49년 만기에 연리 6퍼센트라는 높은 이자를 부담해야 했는데, 농민들은 이 과중한 토지상환금의 이자까지 다 갚아야 완전한 자영농이 될 수 있었다. 19세기 말까지 제국 정부가 토지상환금 명목으로 거두어들인 세금은 원가의 약 4배에 달했으니 결국 정부가 국민의 재산을 갈취한 것이나 마찬가지였다. 상환금 외에도 제국 정부가 농민들에게 각종 세금을 부과한 탓에 상환금과 각종 세금까지 다 합해서 농민들이 1년에 내야 할 세금도 농민들에게는 평생 짊어져야 할 고역스러운 짐이었다. 심지어 정부가 농민이 소유한 토지에 부과하는 세금은 귀족이 가진 토지에 부과하는 세금보다 10배 더 높았다. 농민들은 이제 신체적으로 예속당하는 것이 아니라 경제적으로 예속당했고, 예전보다 더 불리한 위치로 내몰렸다. 농민들은 상환금을 다 갚을 때까지 '임시 의무 농민'으로서 소작료를 내고 어느 정도의 부역도 해야 했다. 어떤 지역은 농노 해방령 이후 20년이 지난 1881년까지 농민들이 임시 의무 농민으로 남아있었다.

  이처럼 농노를 해방한다는 것은 실제로 농노를 토지에서 '해방'하는 것, 즉 농노로부터 생산 수단과 생계 수단을 빼앗는 것

농노해방 포고령을 듣는 사람들

을 의미했다. 농노는 해방을 이루어낸 덕분에 형식적인 자유를 얻었지만, 여전히 지역의 미르 공동체에 묶여 있었고 인두세를 내야 했다. 그들은 이제 그들이 경작한 땅의 약 절반, 대략 그들이 스스로 일한 부분에 대해 법적으로 권리를 요구할 수 있게 되었지만 실제로 지닌 자격보다 약 5분의 1을 적게 받았다. 또한 이전에 사용했던 땅도 주어지지 않았다. 그래서 지주에게서 다시 토지를 사들여야 했다. 토지를 구매할 현금이 있는 농민은 거의 없었기 때문에 정부로부터 대출을 받아야 했다. 대출에는 엄청난 이자가 붙었고, 해방된 농노는 다시 지주 밑에서 소작인이 되었다. 또, 원래 농사를 짓지 않았던 가내 농노들은 도시로 가서 공장 노동자가 되기도 했다. 그럼에도 농노 해방령은 러시아의 토지 소유 구조를 바꿨으며 전 국토에서 귀족 및 호족이 소유한 토지 비중은 80퍼센트에서 50퍼센트로 감소했다. 반면, 농부가 소유한 토지의 비중은 5퍼센트에서 20퍼센트로 증가했다.

2부

자유의 혁명가 아나키스트 바쿠닌

6장 시베리아 탈출과 이탈리아

세계를 돌아 탈출하다

무라비요프가 상트페테르부르크로 소환되었을 무렵, 1861년 1월에 바쿠닌은 드디어 탈출을 결심했다. 그러나 탈출 경로는 벽 아래로 터널을 뚫거나 울타리를 기어오르는 것보다 훨씬 복잡했다. 이르쿠츠크로 오게 되었던 길을 따라가는 것은 불가능했고, 바닷길을 이용할 수도 없었다. 바다는 자그마치 2,000마일이나 떨어져 있었기 때문이다. 아무리 대담하고 침착한 성격이라 해도 하늘이 허락하지 않는다면 탈출은 불가능할 터였다.

놀랍게도 행운이 찾아왔다. 첫 번째 행운은 무라비요프의 후임으로 미하일 코르사코프(Michael Korsakov)가 임명된 일이었다. 코르사코프는 무라비요프의 친척으로서 그의 밑에서 복무했다. 때마침 바쿠닌의 형 파베르가 코르사코프의 사촌 중 한 명과 막 결혼했다는 점이 큰 행운으로 작용했다. 이렇게 혼인이나 혈연관계로 맺어지는 네트워크는 1860년대 러시아를 살아가는 데 매우 중요한 요소였다. 이런 상황은 사실 어느 나라에서나 마찬가지다. 그렇지만 가장 중요한 것은 코르사코프가 무라비요프보다 진보적인 사람이었다는 점이다.

탈출의 첫 단계는 이르쿠츠크에서 니콜라예프스크까지 아무르강 아래쪽으로 2,000마일을 내려가 사할린(Sakhalin)섬에서 오호츠크해를 건너는 것이었다. 그런데 이런 경로로 가려면 반드시 정부의 허가가 있어야 했다. 코르사코프는 상인 역할을 하던 바쿠닌이 겨울이 오기 전에 돌아오겠다고 하면서 회사 업무 때문에 떠나는 여행이니 부디 허락해달라고 하자 이를 승낙했다. 덕분에 바쿠닌은 1861년 6월 5일에 출발하여 증기선을 타고 4주 만에 항구인 니콜라예프스크(Nikolaevsk)에 도착했다.

거기까지는 그런대로 일이 잘 풀렸다. 바쿠닌도 약속을 어기지 않았다. 그러나 항구를 벗어나는 게 어려웠다. 배에 발을 딛는 순간 바쿠닌은 여행 서류에 명시된 조건을 위반한 죄로 체포되었다. 게다가 니콜라예프스크는 작은 항구였기에 장거리를 운항할 만한 배도 마땅치 않았다. 남쪽으로 가는 배를 타려면 일주일을 더 기다려야 했다. 설상가상으로 바쿠닌이 눈치채지 못하는 사이, 그의 탈출 소식도 새어나갔다. 러시아 관리들은 이제 그를 잡으려고 광분했다. 항구가 봉쇄되기 몇 분 전, 바쿠닌은 막 출항하려던 스트레로크(Strelo)호에 간신히 올라탔다. 하필 그 배는 러시아 정부가 관리하는 배였지만, 이번에도 바쿠닌은 행운의 여신에게 도움을 받았다. 모스크바와 상트페테르부르크에서 참가한 게르첸 서클의 지인인 바실리 보디스코(Vasily Bodisco)의 도움을 받아 무사히 항구를 빠져나온 것이다.

증기선인 스트레로크호가 미국 범선을 예인했을 때 바쿠닌은 얼른 배를 옮겨 탔다. 그러고는 일본 항구인 하코다테를 거쳐 요코하마로 건너갔다. 9월 17일, 바쿠닌은 미국 선적의 기선 캐링턴호를 타고 샌프란시스코로 갔다. 당시 일본은 외국 선박이 자유롭게 드나들 수 있도록 요코하마 항구를 개방한 참이었다. 이는 1854년, 미국과 맺은 가나가와 조약 때문이었다. 매튜 C. 페리 제독이 미국 선박의 안전을 보장하라며 대포로 위협하자 일본은 결국 문을 열 수밖에 없었다. 일본을 떠나기 직전, 바쿠닌은 코르사코프에게 편지를 보냈다. 거기에 그는, 차르가 농노의 고삐를 풀어준 것은 기쁘지만, 자신이 농노의 삶을 개선하는 데 아무런 도움을 주지 못한 것 같다고, 끝까지 용기를 내지 못해 심히 유감스럽다고 썼다. 동시에 러시아를 후퇴와 나락으로 몰아넣은 차르의 "사악하고 어리석은 정부"를 경멸하고 증오한다고 썼다. 그러면서 마지막으로 차르를 향한 경멸과 증오가 "내가 말하고, 쓰고, 행한 모든 것"을 이끈 원동력이었다고 덧붙였다.

그 편지는 사실 바쿠닌이 혁명을 뒤로한 채 도망가는 것을 사과하려고 쓴 것이 아니었다. 그보다 코르사코프를 이해시키려는 목적이 더 컸다. 자신이 감옥에서 탈출하려는 이유가 일신의 안위 때문이 아니라 원대한 포부를 성취하려는 이상 때문이라는 것을 설명하려는 시도였다. 우리는 바쿠닌의 탈출 에피소드에서 그가 지닌 독특한 성향을 눈치챌 수 있다. 이 특성은 앞으로 몇 년 동안 마르크스와 벌이게 될 격렬한 사상의 투쟁에서도 드러난다. 제3의 관찰자에게는 뭔가 대담하게 보이지만 정작 바쿠닌 자신은 당연하게 여기는 그런 면모 말이다.

바쿠닌은 우여곡절 끝에 태평양을 건너 샌프란시스코에 도착했다. 그러고는 게르첸에게 자신이 시베리아를 탈출했다는 것, 앞으로 현역 혁명가로서 일선에 복귀하기를 간절히 고대한다는 내용을 담아 편지를 보냈다. 게르첸은 〈종〉의 첫 페이지에 "바쿠닌이 샌프란시스코에 있다. 그는 자유다!"라는 기사를 실었다. 바쿠닌은 파나마 해협을 통과해 11월 18일 뉴욕에 도착했다. 이어 보스턴에서 그는 스위스 시절부터 알고 지냈던 오랜 친구 아가시와 재회했다. 아가시는 1848년부터 하버드대학교 동물학박물관을 설립해 그곳의 관장으로 일하고 있었다. 바쿠닌은 아가시의 친구인 시인 롱펠로(Henry Wadsworth Longfellow, 1807-1882)도 만났다. 노예 폐지론자인 롱펠로는 〈예속의 시〉로 유명했다. 12월 14일, 바쿠닌은 뉴욕에서 영국 리버풀을 향해 떠났다.

알렉산드르 게르첸

1861년 12월 27일, 바쿠닌은 런던에 있는 게르첸의 집에 도착했다. 시베리아에서 돌아온 바쿠닌은 오랜 친구들과 재회하여 젊음의 향수와 혁명적 연대의 불꽃을 다시 일으켰다. 소위 '꺼져가는 혁명의 불씨'를 되살린 것이다. 하지만 여전히 돈에 관해서는 무지했기에 친구들의 도움을 받아 끊임없이 이사 다녀야 했다. 그런 모습을 본 게르첸은 바쿠닌이 여전히 "돈을 멸시하고 돈이 있으면 사방에 뿌리고" "누구에게나 마지막 1페니를 주고 담배와 차에 필요한 것만 남겨둔다"라고 하면서 애틋함과 우려를 표했다. 게르첸은 바쿠닌에게 회고록을 쓰면 돈을 좀 벌게 될 거라고 조언했지만, 바쿠닌은 돈 때문에 글을 쓸 수는 없다며 거절했다. 그 뒤로 10년 동안 그는 몇 차례에 걸쳐 자신의 삶을 풀어내려고 시도했지만 성공하지는 못했다.

시베리아를 탈출했을 때 바쿠닌은 47세였다. 그는 감옥에서 흘려보낸—잃어버린— 10년을 만회하기 위해 런던에서 광란에 가까운 열정으로 정치 활동을 시작했다. 우선 〈종〉을 통해 정치적 견해를 담은 편지글과 짧은 글들을 퍼붓듯이 발표했다. 폴란드와 러시아 망명자들을 비롯하여 주세페 마치니(Giuseppe Mazzini)와 같은 이탈리아 민족주의자들을 계속해서 만났고, 그들과 밤새도록 정치 논쟁을 벌였다. 그러는 사이 바쿠닌은 〈종〉이 충분히 급진적이지 않다고 주장하여 게르첸과 멀어졌다. 게르첸은 바쿠닌이 1849년에 혁명을 중단한 곳에서 다시 "기절했다가 깨어난 것" 같다면서 불평했다.

게르첸에 의하면 "1848년부터 1858년까지의 쓰라린 세월은 그에게도 존재하지 않았"다. 그 역시 혁명의 여파로 크게 환멸을 느낀 터였다. 게르첸은 더구나 개인적인 비극을 겪으면서 몸을 사리고 자중하게 되었다. 오랫동안 병에 시달리던 그의 아내가 아들을 낳고서 얼마 지나지 않아 사망했던 것이다. 아기도 며칠밖에 살지 못했고, 다른 두 명의 자녀 역시 질병으로 사망했다. 아내와 더불어 자녀들이 연달아 사망하자 게르첸은 크나큰 정신적 고통에 휩싸였다.

그때부터 게르첸은 정치적 행동보다 정치 저널리즘에 더 관심을 기울였다. 펜과 인쇄기의 힘을 굳게 믿고, 〈종〉을 통해 젊

알렉산드르 게르첸(1812-1870)

은 급진파 세력과 지식인, 그리고 정치적인 망명자들이 차르에게 영향을 미치기를 바랐다. 게르첸과 바쿠닌은 실제로 '혁명'이라는 목표를 공유하고 있었지만, 수단과 표현 방법에 있어서는 서로 달랐다. 게르첸은 무엇을 해야 하는지 재빨리 거론하면서 다른 사람들의 전술과 전략을 간파하는 데 능했다. 하지만 바쿠닌은 '이론가'이기보다 행동하는 혁명가였다.

우리 혁명가는 헌법을 미리 작성하거나 인민의 입법자로 가장하지 않는다. 우리는 우리의 사명이 상당히 다르다는 것을 이해한다. 우리는 사람들의 교사가 아니라 그들의 선구자일 뿐이다. 경로를 표시하는 것이 우리의 일이며, 우리의 최종 목적지는 이론이 아니라 실천이다.

그와 게르첸은 다른 문제에서도 차이점을 보였다. 게르첸의 말에 따르면 바쿠닌이 지닌 '강력한 자질' 중 하나는 "주변의 두세 가지 특징을 파악하자마자 혁명의 실제 흐름을 읽어내고, 그 즉시 더 높은 이상을 달성하기 위해 즉 혁명의 세를 확장하기 위해 더욱더 노력"하는 것이었다. 이런 모습은 바쿠닌이 자기 삶에 던지는 끝없이 끓어오르는 질문과도 같았다. 게르첸은 이를 '위대함의 표식'이라고 보았다. 그러면서 비유적으로 표현하자면 "궁극적인 목표만을 바라보고 마치 임신 2개월을 9개월로 보는 것 같았다"고 말했다.

〈젊은 러시아〉

1862년 러시아의 급진적인 소수 학생이 〈젊은 러시아〉라는 선언문을 발표했을 때도 마찬가지였다. 그들은 게르첸, 블랑, 프루동이 쓴 글을 읽고 존경을 표했지만, 출판만으로는 충분하지 않다고 확신했다. 게르첸은 1840년대의 사람이었고 그 시절은 이미 오래전에 사라졌다. 학생들이 작성한 선언문에 따르면 "러시아는 혁명적 상태에 진입"했지만 몇 번의 반란이 실패하면서 게르첸이 말했던 "혁명적 불"은 꺼졌다. 그리고 "폭력적인 격변에 대한 모든 믿음을 잃은" 게르첸은 "자유주의적 경향이 러시아 사회에 실현될 가능성을 검토하는 것으로 만족하고 그 이상은 아무것도 하지 않았다"고 비판했다. 그러면서 〈젊은 러시아〉의 젊은 자코뱅들은 농민을 행동으로 이끌고자 하면서 "혁명, 피비린내 나는 무자비한 혁명, 모든 것을 뿌리까지 바꾸어 현 사회의 모든 기초를 완전히 전복하고 현 질서를 지지하는 모든 자의 파멸을 초래하는 혁명"을 촉구했다. 이들이 언급한 '모든 자' 중에는 게르첸을 비롯한 당대 지식인 다수가 포함되었다.

게르첸은 이미 새롭게 부상한 급진파와 결투를 벌이는 중이었다. 그가 '40년대'에 머물렀다면 급진파는 '60년대'를 대변하고 있었다. 이들 새로운 세대는 게르첸이 알렉산드르 2세가 시행한 신중한 개혁에 속아 넘어갔다고 비난했다. 귀족 출신인 게르첸은 기본적인 교양을 갖추고, 편안하고 부유한 생활을 누리며 존경받는 삶을 살고 있었다. 반면 새로운 세대는 전혀 다른 계급의 사람들이었다. 대개가 상인, 하급 공무원, 가난한 지주, 의사와 변호사와 같은 전문직 종사자의 자녀들이었다. 그들 중 가장 유명했던 두 사람은 급진파인 니콜라이 체르니솁스키(Nikolay Chernyshevsky)와 니콜라이 도브롤리우보프(Nikolay Dobrolyubov)로 성직자의 아들이었다.

급진파 세력 간에 불거진 갈등은 1840년대에 이미 예고된 바였다. 의사의 아들인 벨린스키와 상인의 아들인 보트킨, 귀족 바쿠닌 사이의 격동적인 관계 때문이었다. 1860년대에 게르첸은 체르니솁스키를 미숙하고 조잡하다고 비난했고, 체르니솁스키는 게르첸이 허세나 부리는 사람이라고 폄훼했다.

니콜라이 체르니솁스키(1828-1889)

니콜라이 도브롤리우보프(1836-1861)

〈인민의 대의〉

바쿠닌은 두 세대 간의 차이가 그리 크지 않다는 게르첸의 말에 동의했지만, 무엇보다 러시아가 당면한 혁명적 상황을 그대로 인정하는 것이 중요하다고 주장했다. 그와 게르첸이 함께 나눈 경험은 실로 가치 있는 것이었다. 바쿠닌은 〈인민의 대의: 로마노프, 푸가초프, 또는 페스텔?〉이라는 글에서 러시아가 겪은 변화를 세 가지 다른 모델로 설명했다. 첫째는 알렉산드르 2세의 지원을 받은 무혈혁명, 둘째는 예카테리나 대제의 치세 동안 벌어진 푸가초프 반란과 유사한 농민 봉기, 셋째는 1825년 파벨 페스텔(Pavel Pestel, 1793-1826)이 시작한 데카브리스트 봉기와 같은 지식인 운동이다. 게르첸과 달리 바쿠닌은 지식인 운동을 불신했다. 따라서 그는 차르나 푸가초프의 노선을 선택해야 했다. 〈인민의 대의: 로마노프, 푸가초프, 또는 페스텔?〉은 중요한 글이었다. 이 글에서 바쿠닌은 비로소 자신만의 사상을 확고하게 정리했다. 즉 바쿠닌은 이때부터 아나키즘을 주요한 키워드로 삼아 혁명가와 인민의 관계에 대한 자신만의 개념을 정립해 가기 시작한다.

이 글을 둘러싼 당시 러시아 상황을 간략히 돌아보자. 1862년 봄, 러시아의 여러 도시에서 원인을 알지 못하는 불가사의한 화재 사건이 연달아 발생한다. 공교롭게도 학생들이 〈젊은 러시아〉 선언문을 낭독한 직후에 이런 사건이 터졌기에 정부는 이를 급진파의 소행으로 간주했다. 따라서 급진파가 발간하던 신문과 저널은 폐간되었고, 이런 지면에 글을 올리던 주요 작가와 활동가들은 체포되었다. 그들 가운데 한 사람이 바로 체르니셉스키다. 그는 처음에는 시베리아에서, 그다음에는 아스트라한에서 망명 선고를 받았는데, 이후 집으로 돌아가도 좋다고 허락을 받은 지 4개월 만에 61세의 나이로 사망한다. 유명한 저작인 《무엇을 할 것인가》는 그가 감옥에 있을 때 쓴 것이다.

이 일로 바쿠닌은 혼란의 소용돌이에 휩싸였다. 그는 혁명가들에겐 화재 사건의 책임이 없다고 주장하면서 뒤이은 공황 사태를 차르가 자신에게 유리한 방향으로 이용하고 있다고 지적했다. 차르는 화재를 일으킨 주범이 급진파가 틀림없다고 계속 몰아붙이며 여론을 자신의 편으로 돌리려고 애썼다. 대세는 일면 차르 쪽으로 쏠리는 것 같았다. 하지만 바쿠닌은 절망하지 않았다. 그는 이런 분위기가 혁명을 불가능하게 만들거나 인민이 본질적으로 보수 반동 세력이라는 뜻이 아니라고 주장했다. 도리어 차르를 지지하는 인민을 이용하여 '광범위하고 근본적인 변화'를 모색할 수 있다고 강조했다. 그러면서 인민에게 '토지와 자유'를 주자고 했는데, '토지와 자유'라는 이 슬로건은 사실 게르첸에게서 온 것이다. 즉 농민에게 토지를 보장하고 인민에게는 자유를 허락하자는 당대의 요구를 '토지와 자유'라는 이름을 가진 정당을 통해 전면화한 것이었다.

바쿠닌에게는 해결해야 할 문제가 하나 더 있었다. 혁명을 평화적으로 전개할 것인지, 폭력적인 방법을 써서라도 강행해야 할지를 결정하는 일이었다. 바쿠닌은 차르가 민심에 재빨리 반응하여 농민들에게 토지를 제공하고 풀뿌리 인민 집회 '젬스트보(zemstvo)' 결성을 허락한다면 "무자비한 살육"의 성격을 띠는 "모든 백성의 반란"을 막을 수 있을 것으로 보았다. 그 점에서 바쿠닌은 게르첸의 개혁 노선에 따랐으나 게르첸과는 달리 청년 운동을 지지했다. 그러면서 청년 운동의 시급한 과제는 청년들이 혁명에서 자신의 역할을 깨닫고 인민의 본성을 이해하는 것이라고 했다. 바쿠닌의 주장에 따르면 포기하지 않고 혁명을 완수해나가는 '성실함', 어떤 노선이든 받아들일 준비가 된 '개방성', 처음 설정한 목표를 추구하는 '일관성'을 갖추는 것이 시급했다. 젊은 러시아가 가야 할 방향은 바로 이것이었다.

바쿠닌은 추상적인 이론 대신 사람들의 구체적인 목표와 젊은 러시아의 열망을 반영한 정치 프로그램을 설명했다. 본질적으로 그것은 '토지와 자유'의 프로그램이었다.

모든 토지는 러시아 국민에게 주어져야 하고, 집단의 소유로서 그 누구도 땅을 박탈당하거나 다른 사람의 노동으로 이익을 얻을 수 없다. 중앙집권적 정부는 지방 코뮌 차원에서 시작하여 지역 및 국가의 자유로운 결사를 확대하는 '인민 자치'로 대체되어야 한다. 러시아 제국은 폴란드, 리투아니아, 우크라이나, 핀란드 및 기타 국가에 자결권을 부여하면서 해산되어야 한다. 러시아는 프로이센, 오스트리아, 터키의 침략으로부터 각자를 보호하기 위해 이 새로운 국가들과 '형제적 동맹'을 추구해야 한다. 그리고 그들의 멍에 아래 있는 슬라브 사람들을 해방하기 위해 일해야 한다.

이 에세이는 바쿠닌이 평생에 걸쳐 몰두해온 몇 가지 주제와 아이디어를 모은 것인데, 피히테로부터 영향을 받은 면도 있다. 특히 '행동'의 중요성을 강조한 부분이 그렇다. 게르첸과 달리 바쿠닌은 혁명가와 인민이 옳지 않은 것처럼 보일지라도 항상 그들의 편을 들 것이라고 분명히 밝혔다. 바쿠닌은 한편으로 헤겔로부터 변화의 필요성과 역사의 진행에 대한 논리를 배웠다. 〈독일에서의 반동〉에서 언급했던 것처럼 완전하고 급진적인 변화를 주장하는 것은 여전했지만, 그는 실제 혁명에서 목격한 인민의 비참함과 패배자들이 치른 대가를 경험하면서 점차 주장을 누그러트렸다.

'젊은 러시아'의 그 누구도 바쿠닌과 똑같은 대가를 치르지는 않았다. 바쿠닌은 위로부터의 혁명이 가능하다고 여겼다. 하지만 그의 바람은 반혁명과 억압에 대한 쓰라린 경험으로 남았다. 이것은 한편으로 의회제도와 혁명을 포기한 개혁자들에게서 오는 배신감의 총합이기도 했다. 이에 바쿠닌은 〈고백〉과 무라비요프를 변호하는 글에 요약된 자신의 견해에 거리를 두게 되었다.

바쿠닌은 바이틀링과 프루동, 더 최근에는 표트르 마르티야노프(Peter Martyanov)에게 혁명을 배웠다. 마르티야노프는 해방된 러시아 농노로 런던으로 건너가 그곳에서 게르첸, 바쿠닌과 함께 혁명을 도모했다. 그 결과 러시아 당국에 체포되어 투옥되었고, 끝내 망명을 선택하였다. 그들의 주장은 명료했다. 혁명가는 인민을 가르치는 것이 아니라 인민에게서 배워야 하고, 혁명가는 대의를 이끄는 신성한 계시를 받은 사람이 아니라 대의에 봉사하는 사람이어야 한다는 것이 요지였다.

에세이에는 또한 바쿠닌이 게르첸과 결별한 사실도 들어 있었다. 게르첸은 그 글을 〈종〉에 싣기를 거부했고, 바쿠닌이 했던 것과 동일한 지원을 '토지와 자유'에 제공하기를 거부했다. 게르첸은 자신에게 도움을 요청하기 위해 파견된 '토지와 자유' 대표가 거만하게 굴자 불편함을 드러내며 멸시했다. 바쿠닌은 그런 태도가 "젊음의 징표"라고 반박하면서 젊음과 혁명의 편을 들었다. 게르첸은 자신의 자리를 지키려고 노력했지만, 그의 영향력은 점차 줄어들었고, 〈종〉의 구독자 역시 80퍼센트나 감소했다. 이로써 게르첸은 이론과 강의로는 배울 수 없는 경험과 지혜가 있다는 것을 뼈저리게 깨달았다.

바쿠닌, 폴란드로 향하다

바쿠닌은 멀리서 혁명을 분석하는 일에 더는 관심이 없었다.

1864년 안 마테이코가 1월 봉기를 소재로 그린 작품〈폴로니아 1863〉

1847년에 그랬던 것처럼, 폴란드는 그에게 직접 정치에 뛰어들어보라고 강요했다. 1862년, 독립 투쟁이 다시 벌어졌지만 이 투쟁은 곧 분열되었다. 일부 폴란드 귀족들은 국가의 자유란 다시 말해 "토지를 경작하는 노동자를 착취할 자유"라고 믿었다. 그들은 러시아 정부와 협력할 수 있는 최고의 기회를 엿보면서 폴란드의 자치를 희망했다. 한편 중앙국가위원회에 소속된 또 다른 폴란드인들은 귀족 계층과는 다른 입장이었다. 이들의 생각은 바쿠닌과 같았다. 즉 민족주의를 사회혁명의 일부로 고려하지 않는다면 결국 엘리트만을 위한 자유밖에는 얻지 못할 거라는 논리였다. 따라서 중앙국가위원회는 러시아의 차르와 폴란드의 지주 계급을 전복해야 한다고 주장했다. 그 과정에서 그들은 러시아 급진파와 게르첸, 바쿠닌 사이의 관계를 조심스럽게 탐색하면서 암암리에 비밀조직을 결성했다. 한데 문제가 있었다. 조직화 활동이 너무도 활발했던 나머지 러시아 정보부가 그 계획을 눈치채게 된 것이다.

1863년 1월, 러시아 정부는 폴란드 남성을 대상으로 군 복무 명령을 내렸다. 소위 혁명의 씨를 말려버리기 위한 작전이었다. 적극적인 전투력으로 혁명을 널리 퍼뜨릴 사람들을 제거하기 위해 도시의 노동자들을 특별히 소집한 것이다. 이에 폴란드 급진파는 정부에 대항하여 수비대를 공격하기 시작했다.

바쿠닌을 비롯한 혁명가들에게 이 사건은 새로운 혁명 시대가 시작되었음을 알리는 신호탄이었다. 게르첸은 마지못해 폴란드 농민 시위에 동의했고, 심지어 마르크스와 엥겔스도 러시아 농민들이 폴란드와 함께 거국적인 봉기를 일으켜주기를 바랐다. 바쿠닌은 가짜 여권을 갖고 덴마크를 거쳐 폴란드로 떠났다. 코펜하겐에서 그는 폴란드 군단이 전세 선박을 타고 런던을 떠났다는 소식을 접했고, 서둘러 헬싱베르크(Helsingberg)에서 그들과 합류했다. 그러나 러시아 정보부는 모든 것을 알고 있었다. 설상가상으로 선장은 자신의 목숨까지 위협당할 수 있다는 걸 깨닫고 스웨덴 쪽으로 지나가기를 거부했지만, 스웨덴 당국은 이내 배를 탈취했다. 자랑스러운 폴란드 군단은 총을 쏘거나 고국 땅을 밟아보지도 못한 채 흩어졌다. 이제 폴란드의 반군은 더는 나서지 않았다. 러시아 농민들과 노동자들 역시 봉기에 가담하지 않았다. 결국 봉기는 그대로 완전히 무산되고 말았다.

피렌체

바쿠닌은 시베리아에서 런던으로 건너온 아내 안토니아를 스웨덴에서 만났다. 두 사람은 스웨덴에서 잠깐 체류하다가 1864년 초 함께 이탈리아로 향했다. 그들은 우선 사르데냐 해안 근처에 있는 카프레라(Caprera)섬을 찾아 주세페 가리발디(Giuseppe Garibaldi, 1807-1882)를 방문했다. 가리발디는 1848년 공화주의자로서 출발했다가 이탈리아 왕 빅토르 임마누엘 2세의 지지자로서 오스트리아 제국에 억압당하는 시칠리아와 나폴리를 해방하고 통일 이탈리아를 이루기 위해 싸운 애국 군인이었다.

50세였던 바쿠닌은 혁명 활동에서 이미 반(半) 은퇴한 것이나 다름없는 처지였다. 당시 게르첸은 〈종〉을 계속 발간하여 여론에 영향을 주고 그 결과로 혁명을 점차 확산시키고 싶어 했으나 그의 바람은 이루어지지 않았다. 폴란드 봉기는 무너졌고, 러시아 급진파들은 줄줄이 체포되었다. 농민과 노동자들이 열정적으로 혁명에 뛰어든다고 해서 봉기가 성공하거나 혁명이 이루어질 거라는 생각이 얼마나 순진한 것인지 잘 보여준 사례였다. 성공하려면 불타오르는 신념 그 이상의 것이 필요했다. 인민의 목소리를 반영할 효과적인 정치적 절차를 갖추지 않는 한 개혁은 불가능했다. 물론 영국처럼 개혁의 가능성이 존재하는 곳에서는 정치가 급진적인 변화를 막고 혁명을 약화하는 역할을 감당할 수 있었다. 그러나 러시아의 차르는 위로부터의 혁명을 주도할 생각이 조금도 없었다. 민족 해방 운동이란 것 역시 공석인 왕위에 외국 황제가 '토박이 아들'을 앉혀두는 데 지나지 않았다. 가리발디가 주도한 캠페인이 바로 그 증거였다. 바야흐로 전술과 전략을 재고해야 하는 시간이었다.

바쿠닌 부부는 피렌체로 갔다. 당시 외국인에게 피렌체는 물가가 싸고 조용하며 경관이 아름다운 곳으로 유명했다. 바쿠닌은 그곳에서 평생 처음으로 휴식을 취하고자 했으나 1864년 여름 무렵 프리메이슨(Freemasoney)에 합류했다. 프리메이슨은 16세기 말에 설립된 단체로 인도주의와 박애주의를 지향하는 일종의 취미 클럽 같은 것이었다. 바쿠닌은 이미 1840년대 파리에서 프리메이슨에 합류했던 적이 있는데, 그로부터 20여 년이 지난 후 이탈리아에서 다시 합류한 것이다. 사실 프리메이슨은 겉보기와 다르게 매우 정치적이고 개혁적이며 심지어 혁명적인 성격의 단체였다. 왕과 교황의 권위에도 늘 도전하곤 했다. 바쿠닌은 런던에 있는 동안 여러 국가에서 온 급진적 프리메이슨 회원들과 함께 일했고, 나중에는 스코틀랜드 지부(Scottish Rite)의 회원이 되었다.

비록 짧은 기간이었지만 바쿠닌은 프리메이슨에서 활동하면서 종교와 정치의 관계를 재평가하게 되었다. 젊었을 때 그는 종교의 필요성을 단순하게 인식했다. 국가와 마찬가지로 사람들을 하나로 묶어주는 데 종교의 의미가 있다고 생각한 것이다. 한때는 그 역시 "신을 믿는다"라고 인정한 적이 있지만, 바쿠닌이 언급한 신은 사랑을 의미할 수도 있고 인간성이나 자유, 자연, 심지어 혁명이 될 수도 있었다. 그러나 이제 그는 신을 완전히 거부하는 열정적인 무신론자가 되었다. 무신론은 바쿠닌이 수행할 혁명적 프로젝트의 일부였다.

바쿠닌에 의하면 종교가 주장하는 바가 무엇이든, 실제로 종교는 "교회와 국가의 후견인, 군주의 전제, 부패한 소수의 이익을 위하여 인민을 착취하는 잔인하고 위선적인 것이었다. 모든 종교, 특히 기독교 교회는 인민을 어리석고, 사악하고, 무지하고, 무정부적이며, 사회 질서를 만들거나 유지할 수 없는 존재로 여기게 여론을 조종한다. 그러므로 여기 굴복하지 않으려면 종교를 침묵하게 하고 통제해야 한다. 바쿠닌은 "신이 존재한다면 인간은 노예다. 하지만 인간은 자유로울 수 있고 또 자유로워야 한다. 그러므로 신은 없다. 이 딜레마를 탈출하는 것은 불가능하다. 이제 선택하자"고 말했다. 개인이 어떤 신념을 가질 수 있는지에 대한 '종교적 존중'을 유지하면서, 바쿠닌은 "신에 대한 관념은 이성, 정의, 도덕, 존엄성, 인간의 자유와 양립할 수 없다"고 주장했다. 요컨대, "의로우시고 참되신 신의 존재를 선포하는 것은 인간성을 보편적이고 영원한 노예로 만드는 것"

이라고 선언한 것이다.

나폴리에서 지낸 2년

바쿠닌은 1864년 9월에 스톡홀름으로 갔다가 런던을 거쳐 이탈리아로 돌아갔다. 그의 평생을 통틀어 마지막으로 런던에 머물렀던 바로 그 시간, 바쿠닌은 마르크스를 만났다. 제1인터내셔널로 알려진 국제노동자협회(International Working Men's Association) 창립총회가 열리고 한 달이 지난 뒤였다. 두 사람의 만남은 마르크스가 먼저 바쿠닌에게 편지를 보내면서 성사되었다. 11월 3일, 그들은 단둘이 만난 처음이자 마지막 자리를 함께했다. 카는 마르크스가 바쿠닌을 만난 이유로 협회 창립에 도움을 받기 위한 것이었을 터라고 추측한 바 있는데, 실제로 두 사람은 이 문제에 대해 호의적인 대화를 나누었다.(카434-435) 그러고 나서 바쿠닌은 파리를 거쳐 피렌체로 돌아왔다. 석 달 뒤 마르크스는 바쿠닌에게 협회 창립 선언문을 보냈지만, 그 뒤로 4년간 두 사람은 서로 연락을 주고받지 않았다.

바쿠닌은 1865년 5월, 안토니아와 함께 소렌토로 이사했다가 몇 달 뒤 나폴리로 옮겼다. 나폴리에서 지낸 2년은 그들의 인생에서 가장 즐거운 시기였다. 그곳에서 바쿠닌은 부유하고 영향력 있는 가문의 귀족 부인 조 오볼렌스키(Zoe Obolensky)를 만나 즐겁게 지냈다. 정치적으로 급진적이었던 오볼렌스키는 바쿠닌의 혁명적 이상을 충분히 이해했을 것이다. 그녀는 바쿠닌이 2년 동안 나폴리에서 지낼 수 있도록 재정을 지원했다. 당시 바쿠닌 부부가 어떻게 생활했는지 관찰한 기록을 보자.

> 바쿠닌은 조금 지대가 높은 마을의 끝자락에 살았다. 널찍한 창문에서 바라보는 전망은 마음을 즐겁게 했다. 서로 다른 이름으로 집들이 다닥다닥 붙어서 만을 따라 이어져 있는 나폴리의 전체 모습을 조망할 수 있는 곳이었다. 더군다나 도시의 뒤에는 거대한 장관을 자랑하는 베수비오산이 버티고 서 있었다. 그렇지만 바쿠닌은 좀처럼 집밖에 나서지 않았고, 창밖을 내다보는 일도 아예 없었다. 자연의 아름다움에 흥미를 느끼지 않았으며, 그럴 만한 시간적 여유도 없었다. 온종일 누군가를 설득하거나 세상 구석구석에 장문의 편지를 쓰는 데 시간을 바쳤기 때문이다. 한편, 바쿠닌보다 25세나 어린 안토니아는 아무 말 없이 꿈에 잠겨 있는 듯 바깥 풍경에 사로잡혀 그 장관을 황홀한 듯 쳐다보며 아침부터 밤까지 발코니에 앉아 있었다.(카455)

피렌체와 달리 나폴리에서는 바쿠닌의 추종자가 생겨났다. 바쿠닌은 신문 〈일 포폴로 이탈리아*Il Popolo d'Italia*〉에 글을 몇 편 발표했고, 변호사 카를로 감부치(Carlo Gambuzzi)를 포함한 소수의 이탈리아인과 일부 슬라브 급진파로 구성된 비밀 결사

단체 국제형제단(International Brotherhood)을 설립했다. 국제형제단의 활동은 미미했지만 그곳 회원들은 아나키즘을 널리 알리기 위해 사방팔방으로 뛰어다녔다. 주세페 파넬리(Giuseppe Fanelli)는 마드리드와 바르셀로나에서 바쿠닌의 후기 혁명 조직인 사회혁명가 연합(Alliance of Social Revolutionaries)의 지부를 만들어 스페인에 바쿠닌의 아나키즘 사상을 보급했다. 국제형제단은 바쿠닌에게 아나키즘 사상을 공개할 기회를 주었고, 덕분에 그는 강력한 언어로 정치적 선언문을 작성하여 아나키즘 사상을 알리게 된다.

'국제혁명협회의 원칙과 조직' 하나_자유

바쿠닌이 이탈리아에서 1866년에 쓴 〈국제혁명협회의 원칙과 조직〉은 아나키스트 운동의 창립 문서로 흔히 인용된다. '혁명적 교리문답'으로 더 잘 알려진 이 글은 사회 비판과 무장 촉구, 그리고 사회 변화에 대한 지침서로 읽힌다. 이 글에서 바쿠닌은 정치철학의 근본적인 문제들과 씨름했다. 비밀 결사의 목적은 "세계 혁명 원칙의 승리는 결과적으로 현재 존재하는 모든 종교, 정치, 경제, 사회 조직과 제도를 근본적으로 전복하는 것, 그리고 자유, 이성, 정의, 노동이라는 기초 위에 세계사회를 근본적으로 새로 세우는 것"이라고 선언한 56페이지짜리 글에서 바쿠닌은 자신의 원칙과 사상을 설명하고 시베리아에서 탈출을 감행하면서 자신의 정치적 사상이 얼마나 정교해졌는지 보여준다.

'혁명적 교리문답'은 해야 할 것과 하지 말아야 할 것의 목록 그 이상이었다. 그것은 바쿠닌이 수년에 걸쳐 고려해온 수많은 주제를 한데 모은 철학적 논문이다. 그중 첫 번째는 "실제 외계 신의 존재를 부정하고, 결과적으로 인간 세계의 일에 대한 모든 계시와 신의 개입을 부정하는 것"이다. 그에 의하면 신 대신, '인간 이성'이 단일한 '진리의 기준'이다. 즉 '인간의 양심'은 정의의 양심이고, "인간을 위한 질서의 유일한 창조자로서의 개인과 집단의 자유"다.

자유는 30년 동안 그의 사상과 행동에서 가장 중요한 가치였다. 이제 그는 자유를 "모든 성인 남성과 여성이 자신의 행동에 대해 자신의 양심과 이성을 제외하고는 어떠한 제재도 요구하지 않고, 오로지 자신의 자유 의지에 따라 결정하며, 결과적으로 가장 먼저 자신을 책임진 다음, 그들이 속한 사회를 책임지는 절대적 권리로서 그들이 그 사회의 일부에 대해 자유롭게 동의하는 경우에만 가능하다"고 정의한다. 따라서 그 어떤 사상도 생각도 검열되거나 금지되지 않아야 한다. 유일한 제약이 있다면 '동의하지 않고 거부할 수 있는 자유'가 수반되는 "여론의 자연스러운 교정력"뿐이다. 도덕성 역시 개인의 문제로서 개인과 공공의 자유를 파괴하는 것을 목표로 하는 단체들도 그 존립을 인정해야 한다. 그 무엇도 강요하거나 강제되지 않는 사회에서는 아무리 파괴적인 아이디어라고 해도 그 자체로서 위협적이지는 않다. 그 누구도 일을 강요받아서는 안 되지만, "자선이나 개인의 신뢰를 이용하는 것" 역시 금지하지 않아야 한다. 단, 그러한 자선과 신뢰는 "자발적"이어야 하고 "성인"만이 제공할 수 있다.

바쿠닌에 의하면 어떤 활동을 금지하기 위해 입법과 강압을 사용하는 것은 더 나쁜 문제, 즉 자유의 종말을 초래한다. 바쿠닌은 "자유는 자유에 의한 것 외에는 스스로를 방어할 수 없고 방어해서도 안 된다"고 하면서 "보호라는 핑계로 자유의 한계를 옹호하는 것은 위험한 오해"라고 주장한다. 자유를 보호한다는 명목으로 자유를 제한하는 것은 명백히 자유를 침해하는 행위와 다름없다는 뜻이다. 벤저민 프랭클린(Benjamin Franklin, 1706-1790)도 이와 비슷한 맥락으로 "일시적 안전을 얻기 위해 필수적인 자유를 포기할 수 있는 사람들은 자유도 안전도 누릴 자격이 없다"고 하면서 자유를 함부로 제한할 수 없다고 말했다.

나아가 바쿠닌은 부도덕성과 범죄는 개인의 탓이 아닌 '사회'에서 비롯한다고 본다. 열악한 교육 환경, 평등한 기회와 권리의 박탈, 또는 부당한 조직 때문에 발생하는 것이라고 주장한다. 그는 또한 "억압과 권위주의"는 문제를 치료할 수 없고 일시적으로 증상을 억제할 수 있을 뿐이라고 말한다. 따라서 부도덕함이나 범죄에 적용 가능한 참된 치료법은 "불평등, 특권, 신성한 권위, 인간에 대한 경멸 위에 세워진 전체 정치 및 사회 조직을 무너뜨"리고 "사회를 도덕화"하는 길밖에 없다고 본다. 즉 모두를 위한 평등, 정의, 노동, 그리고 오로지 인간을 존중하는 방법을 가르치는 데 교육의 목적을 둔다면 대다수 범죄와 반사회적 행위의 근본 원인이 제거될 수 있다고 전망한다.

그러나 인간은 완벽하지 않고, 누군가가 타인의 자유를 침해하는 행동을 할 가능성은 얼마든지 있다. 그렇다면 우리 사회는 어떻게 이런 위험 요소에서 벗어날 수 있을까? 첫째, 바쿠닌은 여론조사나 설문조사가 아닌 적극적인 정치 활동으로 표현되는 '여론'이 상당한 압력을 가해야 한다고 생각한다. 둘째, '잔혹하고 굴욕적인 형벌' '체벌' '사형' '무기형 또는 장기형'을 폐지해야 한다고 주장한다. 그리고 개인은 사회로부터 완전한 독립을 선언함으로써 자신에게 부과된 형을 피할 수 있고, 바로 그 시점에서 사회 역시 개인에게 피난처도 위안도 생활 수단도 제공하지 않아도 된다고 한다.

바쿠닌이 살았던 시기 이전과 이후의 철학자들은 개인의 자유가 사회에서 종종 다른 사람들의 자유에 의해 제한된다고 주장했으나, 바쿠닌은 개인은 모두가 자유로울 때만 자유로울 수 있으며 "지구상의 한 사람을 노예화하는 것은 (…) 결국 모든 사람의 자유를 부정하는 것"이라고 주장한다. 따라서 자유는 자연스럽게 경제적 평등을 요구하는데, 왜냐하면 경제적 불평등은 곧 다른 것을 지배할 권력을 얻는다는 의미이기 때문이다. 즉 모든 사람이 토지와 자원을 공유하여 아무도 다른 사람에게 자신을 위해 일하라고 명령하지 않아야 하고, 그 누구도 이익을 얻기 위해 다른 사람의 노동을 이용하면 안 된다는 의미다.

그러나 바쿠닌의 '평등'은 "개인 간의 차이나 지적, 도덕적, 신체적 획일성, 혹은 평준화를 의미하지 않는다. 이러한 능력과 힘의 다양성, 인종, 국가, 성별, 나이, 성격의 차이는 사회악과는 거리가 멀고, 인류의 보물창고를 구성한다." 다른 사람의 노동이나 상속이 아니라 개인의 "능력, 생산 에너지, 절약"의 산물인 "개인 재산의 평준화"를 의미하지도 않는다. 그런 점에서 모든 사람에게 자원이 공평하게 배분되는 사회에서는 상속이 무의미하다고 말한다. 다시 말해 정치적 평등은 경제적 불평등에 직면할 때 무의미해지므로 반드시 경제적인 평등을 달성해야만 정치적으로도 평등해질 수 있다고 강조한다. 그리고 바로 이 지점으로부터 바쿠닌은 노동 문제를 진지하게 고려하기 시작한다.

'국제혁명협회의 원칙과 조직' 둘_노동

바쿠닌은 노동에 관한 애덤 스미스와 마르크스의 견해를 공유하면서 "노동은 부의 유일한 생산자"라고 선언한다. "노동은 인간의 존엄성과 인권의 기본적 토대이다. 인간이 스스로 창조자가 되어 주변 세계와 동물 본성으로부터 인간성과 권리를 지키고, 문명의 세계를 발전시키는 것은 자신의 자유롭고 지적인 노동을 통해서만 가능하다"라고 밝힌 것이다. 그러나 봉건제와 자본주의 아래서 노동은 "짐승과 다를 바 없는 순전히 기계적인 과업"으로 축소되었고 "육체노동은 인민을 뭉개"었다. 그들이 수행하는 작업은 "자연적으로 타고난 지능을 개발하기보다 죽이기 위해" 설계되었기 때문이다. 따라서 바쿠닌은 노동을 관리 기능을 포함한 지적 노동과 육체노동으로 분리하는 통념은 종식되어야 한다(Bakunin148)고 주장한다.

 그는 계속하여 타인의 노동에 의존해서 살아가는 존재는 "기생충, 착취자, 도적"일 뿐이라고 하면서 현대사회의 지적 노동에는 학문적 학습을 완성할 실용적인 지식이 포함되어 있지 않다고 꼬집는다. 그런데도 사람들은 오히려 현장에서 실천하는 이들을 "배우지 못한" 존재로 폄훼하면서 지적 노동에만 특권을 부여받는다. 이렇게 생겨난 분열은 사회 전체 구조를 약화할 수밖에 없다. 억압당하는 노동자와 비현실적인 이론으로 무장한 지식인들은 이상적으로 통합된 노동에 기대하는 만큼 충분히 생산적이지 않기 때문이다. 바쿠닌은 "생각하는 사람이 몸을 움직여 일하고, 노동하는 사람들이 스스로 생각할 때, 자유롭고 지적인 노동이 완성된다. 이는 인류의 가장 높은 열망이자 인간의 존엄성과 법의 기초가 되며 지상에서 인간의 힘을 구현하여 인류 존재가 영구히 확립될 것"이라고 결론을 내린다.

그것은 마르크스와 엥겔스가 《독일 이데올로기》에서 노동의 분업을 비판하면서 "이 논리가 적용되는 즉시 각 개인은 해야 할 일을 특정하게 되고, 결코 벗어나기 어려운 독점적인 활동 영역에 들어가게 마련이다"라고 주장한 바와 유사하다. 하지만 공산주의 사회에서는 "각자가 그가 원하는 분야에서 원하는 것을 성취할 수 있"고, 다재다능하고 소외되지 않게 살아가면서 "아침에는 사냥을, 오후에는 낚시를, 저녁에는 소를 몰고, 그리고 저녁 식사 후에는 비평을 하는 삶, 하지만 사냥꾼도, 어부도, 소몰이꾼도, 비평가도 되지 않을 수 있는 삶"이 가능하다고 한다.

바쿠닌은 새로운 사회에서의 노동은 개인적이기보다는 사회적이고 집단적인 성격이어야 한다고 주장한다. 인간은 서로 힘을 합칠 때 훨씬 더 생산적으로 일하고, 더 짧은 시간에 더 많은 상품을 생산할 수 있다고 보기 때문이다. 이처럼 생산자들끼리의 자유로운 결사를 통해 "인간의 노동은 모든 사람을 해방하여 세계를 재생"하고, 고립성을 종식하며, 이후 비로소 진정한 문화와 문명을 누릴 수 있는 여가를 누리게 된다는 것이다.

바쿠닌은 뒤에 쓴 글에서 "한 사람의 고립된 노동은 그것이 아무리 강력하고 유능하다 해도 서로 연합하며 잘 조직된 집단노동을 상쇄하기에는 충분하지 않다. 오늘날 산업에서 개별 노동이라고 불리는 것은 자본이나 학문의 특권적 소유자인 개인이 노동자의 집합적 노동을 착취하는 것에 지나지 않는다"고 일 갈한다. 그는 지적 분야의 생산조차도 집단적이고 사회적인 생산방식을 취해야 한다고 주장했다. "세계에서 가장 위대한 천재의 정신"은 전적으로 "과거와 현세대의 집단 지성 및 산업 노동의 산물"이라는 말은 이런 맥락에서 나온 것이다.

'국제혁명협회의 원칙과 조직' 셋_평등

바쿠닌은 '혁명적 교리문답' 전체에서 남성 대명사를 사용하지만, "여성은 남성과 다르나 열등하지 않고, 지적이고, 근면하며, 남성과 마찬가지로 자유롭고, 모든 정치적인 면에서 동등"하다고 여겼다. "사회적 기능과 의무에서 남성과 여성은 동등"하다고 주장했고, 법으로 승인되고 시행되는 '합법적 가족'은 자유 결혼, 즉 여성을 종속적인 위치에 묶는 결합이 아니라 두 파트너가 자유롭고 평등한 결합으로 대체되어야 한다고 강조했다. 바쿠닌이 지닌 남녀평등 의식은 그의 자매들이 벌여온 투쟁에서 영향을 받은 것 같다. 그는 "개인에게 자유롭게 부여된 권리는 그 무엇이든 소중한 것이다. 어느 한 당사자가 다른 당사자의 자유를 침해하는 것을 변명할 수 없으며 그러한 침해는 범죄로 간주되어야 한다"라고 주장한다. 이는 당대의 지배적이고 상징적인 평등 개념을 넘어서는 발언이었다. 바쿠닌은 보통 사람들이 지식인과 다른 사람들에 비해 가르칠 것이 많다는 게르첸과 오가료프의 의견에 동의했지만, '혁명적 교리문답'을 쓴 직후 농민 코뮌의 원시 사회주의 공동체인 미르가 여성의 권리로까지 확장되지 않았다는 점을 이해하지 못했다며 두 사람을 비판했다. 미르는 "여성을 타락하게 만든" 주범이었고, 농민 생활의 미덕을 무엇으로 여기든 "여성의 권리와 명예에 대한 절대적인 부정과 완전한 오해"를 초래한 "가부장적 전제정치"라고 하면서.

'혁명적 교리문답'에는 자녀 양육에 대한 아이디어도 포함되었다. 아이들은 친부모가 양육할 수 있지만, 사회에도 여전히 엄마와 아이를 부양할 책임이 있다. 그러나 "자녀는 부모나 사회에 속하지 않고 자신과 미래의 자유에 속한다." 그들은 보호를 받아야 하고, 아직 완전히 자유롭지는 않지만, 독립적이고 합리적이며 도덕적으로 양육되어야 한다. 아이들이 자신에게 필요한 정보를 충분히 습득하여 스스로 결정을 내릴 수 있는 나이가 될 때까지 사회는 아이들에게 자유를 허락해야 한다. 성장에 따라 점점 더 많은 자유를 누리게 하는 게 옳다는 것이다. 바쿠닌은 또한 여성의 평등에 대해서도 남다른 통찰을 보여주었다. 특히 여성이 누려야 할 자유와 평등에 대한 급진적 사고는 바쿠닌을 19세기 진보적 사상가의 선봉에 우뚝 서게 했다.

7장 〈연방주의, 사회주의 및 반신학〉

'평화 자유 동맹'의 창립

1867년 8월까지 약 3년간 바쿠닌은 이탈리아에서 육체적으로나 정신적으로나 정치적으로나 비교적 조용한 시간을 보냈다. 그러나 곧 변화가 찾아왔다. 오보렌스키의 남편이 1867년 그녀에 대한 재정 지원을 중단하고 바쿠닌과의 관계를 끝내도록 강요했기 때문이다. 이에 오보렌스키와 바쿠닌, 그리고 감부치를 포함한 그녀의 서클은 바쿠닌이 '평화 자유 동맹'의 창립대회에 참석하는 시기에 맞추어 제네바 레만 북안에 있는 브베(Vevey)로 이사했다. 그곳은 세계적인 식품 회사인 네슬레 본사가 있는 도시로 유명한데, 바쿠닌이 이사할 무렵에는 그 회사가 막 설립되던 참이었다. 브베는 루소, 위고, 엥겔스, 고골, 도스토옙스키가 머물렀던 곳이자 영국의 배우이자 코미디언인 찰리 채플린이 1952년부터 1977년 사망할 때까지 거주했던 곳이기도 하다.

바쿠닌이 휴식을 취하는 동안에도 세상은 여전히 시끄러웠다. 유럽 전역에 임박한 갈등을 두려워하는 분위기가 팽배했고, 동시에 이를 방지하려는 다양한 움직임도 감지되었다. 우선 1867년 제네바에서는 '전쟁의 개들'을 제압하고자 대회가 소집되었다. 존 스튜어트 밀, 빅토르 위고, 가리발디, 블랑, 게르첸과 같은 운동가와 지식인이 이 대회를 지지했다. 유럽 전역에서 약 10,000명이 청원에 서명했으며 첫 번째 회의에는 약 6,000명이 참여했다.

바쿠닌은 가리발디 등과 함께 집행 위원회에 속했다. 바쿠닌이 호명되어 단상에 오르자 가리발디는 의자에서 일어나 두 팔 벌려 그를 껴안았다. 그들은 대표단의 기립 박수와 함께 경례를 받았다. 대회에서 '평화 자유 동맹'(이하 동맹이라고 함) 창설이 의결되었지만, 온건파와 자유주의 대의원 대부분에겐 전쟁에 반대한다는 의안을 통과시키는 것 외에는 실질적인 계획이 없었다.

마르크스는 자신이 1864년에 창립을 도운 국제노동자협회가 공식적으로 동맹에 가입하거나 지원해서는 안 된다고 주장했다. 대신 그는 회원들에게 개별적으로 참석하여 정치적 감각을 주입하도록 촉구했다. 따라서 협회 회원인 자메 기욤(James Guillaume)이 동맹의 강령에 노동자 해방을 포함해야 한다는 협회의 방침을 주장하자 대부분 신중한 대표들은 어리둥절해했다. 게다가 모든 사람이 '신의 종교'를 받아들여야 한다는 가리발디의 호소는 그들을 분열시켰다.

바쿠닌도 동맹을 급진화하려고 시도했으나 성공하지 못했다. 그러나 이는 그가 적극적으로 정치 일선에 복귀한다는 것을 의미하는 일이었고, 뒤에 그의 가장 충실한 동지가 될 기욤을 만나게 된 시발점이었다는 데서 중요하게 다루어진다. 하지만 우리가 가장 눈여겨보아야 할 점은 이때 바쿠닌에게 자신의 아이디어를 공식화하고 글을 쓸 수 있는 기회가 주어졌다는 것이다.

회의 이틀째 되는 날, 바쿠닌은 동맹에서 연설을 했다. 그는 먼저 자신이 러시아인으로서 평화를 위해 소집된 회의에서 연설할 자격이 되는지 물었다. 러시아는 불과 몇 년 전에 용감한 폴란드를 격파한 전적이 있지 않은가. 바쿠닌은 본인을 가리켜 러시아 인민 중 "가장 불순종하는 인간"이라고 하면서 제국의 존재에 이의를 제기했다. 많은 연사와 달리 바쿠닌은 단순히 정

자메 기욤(1844-1916)

부에게 전쟁을 하지 말라고 요청하는 것은 효과가 없다고 하면서 진짜 문제는 '국가의 존재 자체'라고 주장했다. 러시아가 일반적으로 생각하는 '제국'의 최악의 예가 될지는 몰라도 국가는 그게 어느 나라이든 거의 모든 면에서 동일하다고도 했다.

바쿠닌에 의하면 모든 국가는 폭력에 기반을 두고 "공공질서를 구실로 내적 폭력을, 균형을 구실로 외적 폭력을 가한다." 나아가 그는 내부 폭력은 자유 공화국을 포함한 모든 유럽 국가가 "인민의 압제자이자 착취자이며 특권층의 이익을 대변하는 권력 기구"라는 사실에서 비롯되는데, 인민을 계속 예속시킬 수 있는 유일한 방법이 폭력이므로 국가는 자국민을 제압하는 데 쓸 상비군을 유지하는 것이라고 비판했다.

정부의 이 같은 권력구조에 대항하여 동맹이 "언제 터질지 모르는 끔찍한 전쟁"을 물리칠 만큼 강력하다고 생각하는 것은 순진한 착각이라면서 바쿠닌은 그들이 할 수 있는 일은 평화를 가능하게 하는 원칙을 분명히 세우는 것뿐이라고 했다. 무엇보다도 그것은 '좁은 애국심'이 아닌 국제 정의의 원칙을 채택하는 것으로 "보편적 평화는 현재의 중앙집권적 국가가 존재하는 한 불가능할 것"이라고 결론지었다. 즉 평화를 바라면 전쟁 반대만이 아니라 국가의 해산과 더불어 "아래로부터 위로 조직된 자유로운 단위인 코뮌의 자유로운 연합에 의해 지역으로, 지역들이 국가로, 그리고 국가들이 합중국으로 되어야 한다"고 주장했다.

⟨연방주의, 사회주의 및 반신학⟩_계급

바쿠닌은 다음 몇 달 동안 훨씬 더 긴 문서인 ⟨연방주의, 사회주의 및 반(反)신학⟩에서 위 연설에서 제시한 주제를 확장했다. 그 글은 계급과 사회주의에 대한 바쿠닌의 사상을 명확히 보여준다는 점에서 매우 중요하다. 바쿠닌이 말하듯이, 사회주의 급진파와 자유주의 온건파는 정치적 자유와 정치적 평등의 문제라는 관점에서 볼 때 크게 다르지 않았다. 민주주의의 개념을 공화정 정부에 대한 믿음과 군주제 종식을 의미하는 것이라고 정의한다면 그들 모두가 이미 민주주의자였다. 그러나 민주주의적인 공화정 국가들 역시 여느 군주와 마찬가지로 반인륜적인 범죄를 저지를 수 있다. 바쿠닌은 "지금까지 존재하는 모든 사회의 역사는 계급투쟁의 역사"라고 《공산당 선언》에서 마르크스가 선언한 것을 되풀이하며 다음과 같이 주장한다.

> 시민에 대해 노예는 오늘날 미국의 신세계 노예 국가에서와 마찬가지로 고대 세계에서도 적대적이었다. 시민에 대해 임금노동자, 즉 법이 아닌 현실에 의해 강제로 노동하는 자가 현대사회의 적대자다. 고대 국가들이 노예에 의해 파괴된 것처럼 현대 국가들도 프롤레타리아에 의해 파괴될 것이다.(Bakunin102)

오늘날 많은 사람이 더는 노동계급이 존재하지 않는다고 주장하기 때문에 계급에 대한 그의 주장은 현대인의 귀에 거슬릴 수 있다. 그러나 노동자도 노력하면 돈을 많이 벌 수 있으니 모두 중산층이라고 말하는 것은 황당한 일이다. 계급은 소득에 관한 것이 아니다. 그것은 당신이 당신을 위해 일할 사람을 고용하는지 아니면 다른 사람을 위해 일해야 하는지에 관한 것이다. 즉 당신이 회사를 소유하는지 아니면 회사에 노동을 파는지에 관한 문제다. 바쿠닌이 1867년에 증명했듯이 "정치적, 사회적 생활의 한 수준에서 다른 수준으로 눈에 띄지 않게 전환하는 중간 위치가 있다고 해도, 계급 간의 차이는 분명하다." 부르주아와 프롤레타리아라는 두 계급, 고용주와 피고용인, 소유자와 노동자는 고대에 노예 소유자와 노예가 있었던 것처럼 오늘날에도 '심연'으로 분리된다. 고대 세계 못지않게 '현대 문명'은 채찍이나 법이 아니라 굶주림에 의해 노동을 강요받는 '엄청난 다수'에게 자유와 부를 의존하는 '엄청난 소수'로 구성된다.

> 노예제는 그 형태와 이름을 바꿀 수 있지만, 그 본질은 동일하다. 이는 다음과 같이 요약될 수 있다. 노예가 된다는 것은 다른 사람을 위해 일하도록 강요받는 것이다. 주인이 된다는 것은 다른 사람의 노동에 의존하여 사는 것이다.(Bakunin108)

그들을 노예라고 부르든, 농노라고 부르든, 임금노동자라고 부르든 간에, 그들은 모두 '굶주림과 정치 및 사회 제도'에 의해 강제 노동을 하며 그들의 노동으로 인해 '타인의 완전하거나 상대적인 게으름'이 가능해진다. 지배계급에는 '부르주아 교육'을 받은 사람들도 포함된다. 교육 역시 자본의 한 형태로서 노동자에게는 거부된 특권이기 때문이다. 그러한 특권은 "가장 평범하다고 하는 부르주아의 노동이 가장 지적이라고 하는 노동자의 노동보다 서너 배 더 많은 보수를 받는다"는 것을 의미한다.

여기서 바쿠닌은 계급 이론에 새로운 아이디어를 도입한다. 의사, 교수, 변호사, 하급 관리자와 같은 전문직은 부르주아 계급의 일부인가, 아니면 새로운 중산층의 일부인가, 아니면 전문적인 관리자 계급인가 하고 묻는 것이다. 바쿠닌 시대에는 대학 교육이 오늘날보다 훨씬 드물었다. 노동자들이 거의 접근할 수 없을 만큼 대학은 부자들의 전유물이었다. 오늘날에도 대다수 의사, 변호사, 교수는 의사, 변호사, 교수의 아들과 딸이다. 교육에 대한 바쿠닌의 주장은 지식인과 노동계급 운동의 관계에 대한 그의 더 큰 논쟁의 일부이기도 하다. 그는 노동자와 농민이 스스로의 해방을 위해 운동을 주도해야 한다고 오랫동안 주장해왔다. 지식인은 도움이 될 수 있지만 이끌 수는 없다. 이론은 실천에 양보해야 한다. 그는 그들을 특권 계급에 배치함으로써 지식인이 노동자와 다른 이해관계를 가지고 있고 노동계급의 편이라고 할 수 없다는 점을 강조한다. 그것은 그가 곧 마르크스와 함께 다시 논쟁해야 할 문제였다.

〈연방주의, 사회주의 및 반신학〉_엘리트

엘리트 문제 또한 바쿠닌 아나키즘의 중요한 부분이다. 그는 어떤 특권도 평등과 자유에 대한 모독이라고 본다. 〈연방주의, 사회주의, 반신학〉을 끝낼 무렵 그는 급진적인 신문에 "최소한 하나의 특권층, 착취 계급, 즉 관료가 없이는 국가가 존재할 수 없다"고 쓴다. 국가 관료 체제에 들어가는 것이 러시아에서처럼 세습적인 권리에 의한 것이든, 독일에서처럼 교육과 승진을 통해 얻은 것이든, 그 권력과 권위는 계급이 분열된 자본가와 노동자처럼 명백하게 지배자와 피지배자를 분리한다. 결국 엘리트들의 고전적인 주장은 사회가 최고 엘리트에 의해서 지배되는 쪽이 합리적이라는 것이다. 그러나 엘리트들이 과연 가장 훌륭하고 똑똑한 사람들일까? 만일 그런 사람들이 있었다면 이는 전적으로 우연의 일치다. 심지어 국가를 운영하는 것은 생각보다 훨씬 복잡하고 힘든 일이다.

바쿠닌에 의하면 국가와 교회의 본질은 비슷하다. 양측 모두 인간은 본질적으로 악하고, 모든 사람에게 자유를 주면 강자가 약자를 착취하고 학살하는 방향으로 갈 터이므로, 우선 질서를 확립하고 유지하며 인간 본성 최악의 충동을 통제해야 한다고 주장한다. 그리고 이를 위해 '최고의 권위'가 필요하다고 강조한다. 그러면서 '누가' 통치하기에 적합한가, 하는 질문에 대해 '하느님과 왕'이라고 하고는 그 신성한 권리를 믿는 한 문제 될

건 없다고 인민을 설득해왔다는 것이다. 그런데 막상 인류가 이런 통념을 극복하고 한발 더 나아갔더니 오히려 결정하는 일이 더 어려워졌다. 이것이 바로 사회계약론이 나온 배경이다. 사회계약론의 전제가 인간은 가능한 한 가장 이기적인 방법으로 자신의 이익을 추구하는 데 전념한다는 것이기 때문이다.

그렇다면 어떤 사람을 정부 관리로 선출해야 할까? 바쿠닌에 의하면 전통적인 대답은 "가장 지적이고 유덕한 시민, 사회의 공동 이익을 잘 이해하는 사람, 모든 사람이 '저 사람은 내 이익을 위해 일해줄 거야'라고 믿는 사람"이 선택된다는 것이다. 그러나 인류 역사를 보면 그처럼 유덕하면서 지적인 사람은 매우 드물었다. 때문에 몇몇 사람은 시대를 초월하여 영웅이 되었고 롤모델로 받들어졌다. 하지만 그들보다 더 자주, 더 많이, 권력은 '하찮고 우둔한' 자들의 손아귀에 넘어갔고, 줄곧 '악덕과 유혈 폭력'이 승리했다.

바쿠닌은 모든 정부는 소수에 의한 다수의 지배가 될 뿐이라고 주장한다. 미국, 스위스 등 가장 민주적인 국가에서도 '인민의 자치'는 '픽션'이며, 실제로 지배하는 것은 소수다. 모든 대의제 시스템은 자신을 선출한 사람들에 대한 소수의 통치다. 그것은 사회가 두 가지 범주로 분리되었다는 것을 의미한다. 두 계급은 말할 것도 없고, 소수의 지배자와 다수의 피지배자라는 범주다. 19세기 영국의 정치가 액튼 경(Lord Acton)이 "권력은 부패하는 경향이 있고, 절대적인 권력은 절대적으로 부패한다"

고 선언하기 20년 전에 바쿠닌은 이미 통치자, 심지어 "가장 훌륭하고 가장 순수하고, 가장 총명하고 가장 공정하고 가장 관대한 사람이 이 직업으로 인해 항상 그리고 확실히 타락한다"고 주장한 것이다. 지도자들이 흔히 "대중은 나를 필요로 한다. 나의 봉사 없이는 살 수 없다. 그들이 자신의 이익을 성취하고 싶다면 나에게 복종해야 하다"라고 결론짓는데, 이는 두말할 것 없이 지배계급의 논리일 뿐이다.

바쿠닌은 루소와 그의 사회계약론에 반대한다. 정부라는 존재의 필요성에 대한 주장이 "본질적으로 권위의 원칙에 기초"하고 "인민은 무지하고, 미성숙하고, 무능하다"는 주장에 근거한다고 보기 때문이다. 그러면서 비쿠닌은 "가장 불완전한 공화국이 가장 계몽된 군주국보다 천 배 낫다"고 강조했다. 사람들은 공화국에서 경제적으로는 착취를 당하지만 정치적으로는 억압받지 않은 '짧은 순간'의 경험이 있다. 또한 공화국은 시민들에게는 공적 생활과 정치 활동에 대한 약간의 경험을 제공할 수 있는데, 이는 스스로 통치하는 기초 훈련으로 삼기에 유용한 것이다. 그렇지만 "직업, 부, 교육, 권리의 유전적 불평등에 기초하고 다른 계급으로 분할된" 정부, 즉 공화국을 포함하여 모든 형태의 정부는 여전히 "필연적으로 착취"를 기본으로 한다. 따라서 "국가는 규제되고 체계화된 지배와 착취일 뿐"이다.

그때나 지금이나 일부에서는 교육이 빈곤을 종식하는 방법이라고 주장하지만, 빈곤은 자의적이지 않고 체계적이었다고 바쿠닌은 주장한다. 그것은 학력 부족이 아니라 착취의 결과다. 무지가 가난을 낳은 것이 아니라 가난이 무지를 낳은 것이다. 경제성장, 규제완화, 자유무역이 노동자들의 더 많은 번영을 가져온다는 주장도 1867년에는 이미 진부한 것이었다. 오늘날의 세계화와 마찬가지로 자본주의적 자유무역은 처음부터 "부르주아 극소수를 부유하게 하여 인구의 절대 다수에게 손해를 입히도록" 고안되었다. 그것은 지역적, 국가적 차원이 아닌 세계적 차원의 노동자 착취에 불과하다.

영국, 프랑스, 독일은 산업적으로 가장 발전된 국가였으며 그곳의 산업은 다른 곳보다 더 자유로웠다. 그러나 그들은 또한 "자본가와 소유주, 다른 한편으로 노동계급 사이의 격차가 심하게 벌어진" 곳이기도 하다. 이들 국가는 자신보다 개발이 덜 된 국가에 대해서는 악을 자행하기도 했다. 예를 들어 1840년대 아일랜드에는 밀과 옥수수 등 각종 곡식이 많이 자랐으나 수확하는 대로 영국이 가져가는 바람에 아일랜드인은 먹을 것이 없었다. 결국 대기근에 시달려야 했다.

오늘날에도 흔히 볼 수 있는 경제 상황, 즉 "상업과 산업의 무한 발전, 이를 가능하게 해주는 자유, 과학의 힘을 바탕으로 증가된 생산력, 노동자를 해방하고 인간의 노동력을 줄인다는 명목 아래 설계된 기계, 수많은 발명을 포함한 모든 진보"는 사실 노동계급의 상황을 개선하기는커녕 악화시키고 있지 않은가. 그 당시에도 마찬가지였다. 바쿠닌이 1867년에 관찰한 바와 같이,

아일랜드의 대기근을 묘사한 조형물

시스템은 노동자가 아니라 자본가를 위해 조작되었다. 모든 자유와 기술은 우리 모두에게 더 나은 생활과 더 많은 여가를 제공하도록 설계되지 않고 소수의 이익을 증가하도록 설계되었다.

〈연방주의, 사회주의 및 반신학〉_미국

바쿠닌이 글을 쓸 당시 미국은 산업화와 자유무역을 위해 유럽 노동자들이 치러야 했던 끔찍한 대가를 무리 없이 피해 가는 것처럼 보였다. 그는 미국 노동자들이 일반적으로 유럽 노동자들보다 더 많은 급여를 받는 반면 "계급 적대감"은 훨씬 덜했다고 지적한다. 교육의 기회가 보편화되었고, 더 많은 시민이 더 완전하게 정치에 참여하기 때문이다. 미국은 그 본질상 유럽과 다르다. 유럽 대륙을 무너뜨리고 형성된 미국의 '예외주의'에 대한 이러한 입장은 오늘날에도 여전하다. 1630년에 청교도인 존 윈스롭(John Winthrop)은 그와 그의 동료 이민자들이 '언덕 위의 도시'를 만들 것이라고 주장했다. 그러고는 미국이 세계를 자유로 이끄는 데 유일하게 적합한 국가임을 지속하여 강조해 왔다. 이 생각은 오늘날에도 여전히 인기가 있다. 적어도 미국에서는 그렇다.

바쿠닌은 〈연방주의, 사회주의, 그리고 반신학〉에서 미국은 유럽에 비해 두 가지 장점이 있다고 주장한다. 미국에서 유럽 정착민들은 자유로웠다. "과거에 대한 집착" 없이 그들은 새로운 세계, 즉 자유의 세계를 만들 수 있었다. 자유는 위대한 마술사다. 너무나 놀라운 생산성을 타고난 자유 덕분에 북미는 한 세기도 채 되지 않아 유럽의 문명을 능가했다.

바쿠닌은 미국의 번영을 관념적으로만 해석할 수 없었다. 그러기엔 너무 유물론자였기 때문이다. 그는 이민자들을 끌어들인 미국의 첫째가는 매력이 자유와 정부의 부재라는 점도 있지만, 그보다 중요한 것은 미국이 제공한 "거대하고 비옥한 땅"이라고 본다. 바로 그 땅이 이민자들을 끌어들이고 노동자들에게도 번영을 가져다준 것이다. 일자리를 찾을 수 없거나 임금이 불만족스러운 경우, 그들은 "먼 서부로" 이사할 수 있었다. "이 가능성은 미국의 모든 노동자에게 열려 있고 자연스럽게 임금을 더 높게 유지하고 유럽에서 알려지지 않은 독립성을 각자에게 부여했다." 자본이 자유 토지와 경쟁해야 하는 한 임금은 높아질 수밖에 없는데, 그 높은 임금이야말로 미국에서 계급 갈등이 잠잠해진 이유를 잘 설명해준다.

그러나 바쿠닌은 미국이 생각만큼 예외적이지 않다고 주장한다. 더 높은 임금이 가능했던 것은 산업 자본가들이 상품에 더 높은 가격을 붙였기 때문인데 이로써 그들의 제품은 유럽에서 만든 제품에 비해 경쟁력이 떨어지게 되었다. 여기서 끝이 아니다. 그런 다음 미국 제조업체는 더 저렴한 수입품을 막기 위해 보호무역주의 관세를 추구했고, 이는 국가가 인위적으로 지원하는 산업을 창출했다. 관세는 산업 기반이 없고 공산품에 더 높은 가격을 지급했던 남부 주에도 피해를 주었다. 노동자들은 차례로 남부를 벗어나 일자리를 찾아 산업 중심지로 이동했다. 수많은 국내 이민자가 등장한 것이다. 그 결과 미국도 빈곤, 인구 과밀, 실업, 굶주림 등 유럽과 같은 상황에 직면했다.

바쿠닌에 의하면 "편안한 계급의 노동과 (전통적인 개념의) 노동자 계급의 노동 사이에는 차이가 있다. 전자는 후자보다 무한히 더 큰 비율로 보상을 받는다. 그리고 전자에겐 '휴식'이 주어지는데 이는 노동계급이 결코 성취할 수 없는 인간의 도덕적, 지적 발전을 위한 최고의 조건이다." 그는 또한 계급마다 하는 일의 종류가 매우 달랐음을 주지하라고 말한다. 자본가의 작업은 "상상력, 기억력, 사고"를 포함하지만, 수백만 프롤레타리아의 작업은 대개 육체적으로나 정신적으로 "발육부진"으로 상징된 것들이다. 즉 주어진 일들이 거의 '특정하게' '반복적'이기 때문에 일의 속도와 시간을 제외하면 성장이란 거의 불가능하다. 그리고 나서 바쿠닌은 "특권 계층의 부와 여가도 지성, 검약, 능력 또는 근면에 대한 보상이 아니라 출생이라는 선천적 배경과 우연에 보답하는 사회구조의 결과"라고 꼬집는다.

이것이 바쿠닌이 통찰한 '계급'이다. 그는 세계 질서가 자의적이거나 개인의 장점에 달린 문제가 아니라는 것을 하나씩 보여준다. 토지, 공장, 광산, 공장 등 생산 수단을 통제할 수 있는 소수의 사람에게 보상을 제공하는 경제 체제일 뿐이다. 그들이 가진 소유권은 보편적인 권리가 아니라 '특권'이다. 인류 일반으로부터 빼앗은 권리를 국가의 법률, 궁정, 경찰, 군대에 의해 보호받았고, 그 결과 '특권 계급'은 사회가 생산하는 모든 혜택을 누린다. 그리고 그들 자신의 방식과 이익에 따라 나머지 인민을 다스린다.

그러나 이제 노동자들은 세상이 '있는 그대로' '계속 가야' 한다는 통념을 적극적으로 거부하고 있다. 그들은 종교가 드리웠던 안개를 걷어내고 계급 사이에 똬리를 튼 '심연'을 아주 분명히 목격했다. 역사를 뒤흔든 혁명의 사례에 영감을 받아 점점 더 많은 노동자가 자신들이 신봉하는 복음, 즉 '완전히 새로운 믿음'을 실천하고 발전시켜나가고 있다. 그 복음이란 곧 "신비적이지 않고 합리적이며, 천상에 있지 않고 지상에 있으며, 신성하지 않고 인간적이며, 신의 권리가 아니라 인간의 권리를 말하는" 복음이다. 그들은 이제 "우리 노동자도 '평등, 자유, 인류애'의 권리를 가질 자격이 있다"고 주장하기 시작했다.

〈연방주의, 사회주의 및 반신학〉_사회주의

바쿠닌에 의하면 이러한 추상적인 권리는 '빵'과 '여가'에 근거한 물질적 복지와 휴식, 즉 '빵과 장미'로 구현되어야 했다. 이 생각은 이제 인민에게 분명해졌다. 이것을 얻으려면 "현재 사회의 급진적 변혁", 곧 사회주의가 필요하다. 하지만 바쿠닌은 그것이 푸리에나 생시몽, 블랑, 카베의 기술관료적 사회주의가 아니라고 한다. 그들은 기존 사회에 대한 강력한 비판에 이바지했지만, 1848년 이전에 발생한 '교리적 사회주의'는 미래를 세뇌하고 조직하려는 열정에 기초한 '권위주의적'인 것이었다. 프루동만 예외였다. 다른 사람들과 달리 그는 "농민의 아들이었고 따라서 사실상 모든 권위주의적이고 교리적인 사회주의자들보다 백배는 더 혁명적"이었기 때문이다. 프루동은 "가차 없을 만큼 심오하고 통렬한 비판으로 무장하고" 그것을 "그들의 체계를 파괴"하는 데 사용했다. 프루동은 스스로를 아나키스트라고 부르며 '국가 사회주의자들'과 구별하고 개인과 집단의 자유를 주장했다. '자유 결사의 자발적 행동'은 정부 규제와 국가 보호를 대체할 것이다. 바쿠닌은 아나키즘이 '정치를 사회의 경제적, 지적, 도덕적 이해에 종속시킬 것'이라고 주장한다.

그러나 1848년은 이러한 사회주의 사상의 실패를 뜻한다고 후세 사람들은 말한다. 마찬가지로 소련의 폭정과 궁극적인 붕괴는 사회주의가 '실패한 신'이라는 것을 증명했다고 한다. 반면 바쿠닌은 "아니"라고 한다. 1848년의 사건은 공화주의와 자유주의가 사회주의보다 반동 및 특권과 더 밀접하게 연관되어 있음을 보여주었고, 부르주아가 '위험한 인민 해방'을 택하기보다 군사 정권을 선택할 것임을 보여준 사례라는 것이다. 결국 사회주의는 1848년 국가와 자본이 소집할 수 있는 모든 권력의 단합 때문에 박살났다.

그러나 바쿠닌은 1848년에 잃어버린 것은 '사회주의 일반'이 아니라고 한다. 보다 정확하게는 '국가 사회주의, 권위주의, 통제된 사회주의', 그리고 "국가가 노동계급의 필요와 정당한 열망을 충족시키기 위해 어떻게든 사용될 수 있다는 믿음"이라고 한다. 인민은 국가에 구체제를 타도할 수 있는 사회혁명이라는 권한을 주었지만, 국가는 빚진 법안을 인정하는 대신 '빚을 갚을 수 없다고 선언'하고 대신 채권자를 죽이려고 했다는 것이다. 그러나 그들이 죽인 것은 사회주의가 아니라 국가와 국가에 의존하는 사회주의 브랜드에 대한 믿음이었다.

결국 사회주의가 '이 첫 번째 전투에서 졌다.' 지극히 단순한 이유로 패배했다. 그것은 '본능과 부정적인 이론 사상이 풍부'했지만 "부르주아 체제의 폐허 위에 새로운 체제를 건설하는 데 필요한 긍정적이고 실용적인 사상이 절대적으로 부족"했기 때문이다. 바리케이드에서 자유를 위해 싸운 노동자들은 "관념이 아니라 본능으로 뭉쳤다. 그들의 혼란스러운 생각은 아무것도 남기지 않는 혼돈인 바벨탑을 만들었다." 이 구절은 중요하다. 바쿠닌이 본능이나 도덕적 분노 또는 열정이 운동을 건설하기에 충분하다고 믿지 않았다는 것을 보여주기 때문이다. 그것들은 필요조건이긴 하지만 충분조건은 아니다. 사상의 부족이 패배의 원인 중 하나일 수는 있지만, 그렇다고 해서 사회주의에 미래가 없다고 결론을 내릴 수 있을까? 아니다. 바쿠닌은 기독교가 승리하는 데 몇 세기가 걸린 것처럼, 교회의 몫보다 훨씬 더 어려운 과제인 '지상을 정의로 통치하는' 사회주의의 목적을 실천하려면 매우 오랜 시간이 필요하다고 강조한다.

종교, 사회주의, 국가, 계급에 대한 자기 생각을 종합한 이 광범위한 글에서 바쿠닌은 '평화 자유 동맹'에서 밝힌 자신의 정치적 입장을 되풀이한다. 평화는 모든 사람이 "온전한 인간성을 계발할 수 있는 물질적, 도덕적 수단"을 갖추는 데 달려 있다는 것이다.

> 모든 개인이 (⋯) 각자의 다른 능력을 개발하고 노동을 활용하고 노동 착취가 불가능한 사회를 조직하기 위해 다소 평등한 수단을

찾을 수 있도록 사회를 조직하는 것. 사회적 부는 노동에 의해 생산되며, 생산에 기여하지 않는 한 아무도 그것을 공유하지 않을 것이다.(Bakunin115)

그런 다음 그는 아나키즘에 대해 가장 간략하게 설명한다. "사회주의가 없는 자유는 특권이자 불의이다. 자유 없는 사회주의는 노예와 야만이다."

바쿠닌, '동맹'을 떠나다

1868년 9월에 열린 '평화 자유 동맹' 제2회 대회에는 100명 정도의 대의원만이 참석했다. 대회는 바쿠닌에게 그가 〈연방주의, 사회주의, 반신학〉에서 개괄한 사회주의가 의미한 바를 보다 명확하게 표현하고, 아나키즘과 국가 사회주의의 차이, 또는 그가 말한 '집산주의'와 '공산주의'의 차이를 분명히 밝힐 기회를 주었다. 바쿠닌은 바이틀링과의 차이점을 연상시키는 언어로 다음과 같이 선언한다.

저는 공산주의를 싫어합니다. 그것은 자유의 부정이기 때문입니다. 저는 자유가 없는 인간성을 생각할 수 없습니다. 저는 공산주의자가 아닙니다. 왜냐하면 공산주의는 국가에 사회의 모든 권력을 집중시키고 흡수하기 때문입니다. 그것은 필연적으로 국가의 손에 재산이 집중되는 것으로 끝납니다. 저는 다른 한편으로 국가의 폐지, 국가의 권위와 후견의 원칙의 근본적인 제거를 원합니다. 국가는 인간을 도덕적이고 문명화시킨다는 구실 아래 그들을 노예화하고, 억압하고, 착취하고, 타락시켰습니다. 저는 위에서 아래로의 권위에 의한 것이 아니라 아래로부터의 자유로운 결사에 의한 사회와 집단적, 사회적 재산의 조직을 원합니다. 동시에 저는 상속재산도 폐지되기를 원합니다. 상속재산은 국가 제도 이상도 이하도 아닐뿐더러 국가라는 구조의 직접적인 산물이기 때문입니다. 이 점이 제가 공산주의자가 아니라 집산주의자라는 점을 잘 보여줍니다.

성명을 발표한 뒤 그는 대회에서 할 일이 거의 없다는 것을 알게 된다. '동맹'이 자유, 평화 또는 사회주의를 확보하는 데 아무런 역할을 할 수 없다고 확신한 바쿠닌은 '동맹'에서 사임하고, 대신 마르크스의 국제노동자협회, 즉 인터내셔널과 본인이 구상한 비밀결사의 창설에 주력했다.

비밀결사

비밀결사, 음모, 철칙 같은 것들은 공개 민주주의나 아나키즘과 일치하지 않는다. 소비에트 연방의 실패는 노동계급의 이름으로 활동하는 정교하게 조직된 전위(前衛) 정당의 개념을 불신하게 했다. 바쿠닌을 비판한 자유주의 비평가들은 그런 비밀결사가 모두가 떠받들던 고상한 이론과 모순된다는 것, 그리고 아나키즘은 무자비한 야망, 자기 과시, 세계를 공포와 혼돈으로 몰아넣으려는 광적인 욕망을 가리기 위한 변장에 불과할 뿐이라고 주장해왔다.

무솔리니는 아나키스트가 권력을 쟁취할 방법을 찾지 못한 파시스트일 뿐이라고 비판했다. 반면 마르크스주의 비평가들은 바쿠닌의 비밀결사가 레닌주의의 전위인 '새로운 유형의 당'의 선구자라는 것을 의미한다고도 주장했다.

이제 아나키스트들은 그러한 결사를 부정해야 하는 불편한 위치에 놓였다. 가령 바쿠닌의 가장 헌신적인 동료 중 한 명인 기욤의 경우가 그렇다. 그 자신 바쿠닌의 비밀결사에 속한 것이 밝혀지자 기욤은 "바쿠닌의 비밀결사 같은 것은 없다."고 정면으로 부인했다. 하지만 바쿠닌이 여러 조직을 만들었다는 것은 의심할 여지가 없다. 그러나 생각해보자. 친한 사람만 초대하는 급진적 북클럽을 만드는 것과 자신을 최고의 세계 지도자로 내세우기 위한 음모를 꾸미는 것은 별개의 문제다. 동시에 급진적인 문헌을 읽는 것이 불법일 경우 그것을 읽기 위해 비밀결사를 조직하는 것은 비록 법률적으로는 범죄라 할지라도 필요한 일일 수 있다. 마르크스가 《공산당 선언》에서 말한 것처럼, 상황에 따라 "숨을 수도 있고 공개적으로 싸울 수도" 있다.

바쿠닌은 자신이 활동하는 동안 예방 조치가 필요하다는 점을 인지했다. 당시 폴란드와 러시아에서 벌어진 사회 운동은 첩보원들이 침투하여 활동하는 바람에 즉각 분쇄되곤 했다. 지하에서 일할 비밀조직이 필요했던 배경이다. 실제로 1860년대 영국에서도 노동조합은 여전히 불법이었다. 따라서 유럽 전역에서 노동조합은 벌금, 체포, 투옥을 피하기 위해 비밀결사 형태로 조직되는 경우가 많았다. 북미에서는 1869년에 결성된 노동기사단이 자신을 보호하기 위해 정교한 암호, 비밀 표지판 및 의식을 사용하기도 했다. 구성원에게 부과된 무서운 맹세, 복잡한 의식, 암호화한 언어 등으로 스파이가 침입하는 것을 어렵게 만들고, 공유된 특별한 정보를 바탕으로 결속성을 강화하여 확고한 조직을 유지했다.

특히 이탈리아에는 정치적 목적을 이루기 위해 지하 조직을 꾸리는 오랜 전통이 있었다. 예를 들어 마치니는 아브루치(Abruzzi)와 칼라브리아(Calabria)에서 가톨릭교회와 왕들의 권력에 맞서 싸우기 위해 조직된 비밀결사인 카르보나리(Carbonari)에 속했고, 숯 만드는 사람들의 거래에 기반을 둔 일종의 제의(祭儀)를 하고 있었다. 당국에 의해 뿌리 뽑힌 카르보나리는 1830년 이후 더는 군대가 아니었지만, 흩어져 있는 많은 구성원은 비슷한 노선으로 조직된 다른 비밀결사를 결성했다. 마치니는 '젊은 이탈리아'를 창설하고 가리발디가 이탈리아반도에 대한 오스트리아의 통제에 맞서 싸운 것을 환영했다. 다른 사람들은 카르보나리 회원에게 즉시 회원 자격을 부여한 프리메이슨에 합류했다. 비밀 그 자체가 반드시 운동이나 성격을 비난하는 이유가 될 수는 없다.

동시에, 바쿠닌이 조직한 소위 비밀결사 중 몇몇은 그의 정치적 사상을 표현하는 데 필요한 요소로서 오직 서류상으로만 존재했다. 그는 종종 그러한 조직이 존재하지 않는 경우에도 에세이에 '국제 혁명가 형제회의 비밀 법령'과 같은 제목을 붙인 다음, 자유와 정의와 혁명의 본질에 대한 화려한 담론을 펼치곤 했다. 또 다른 경우에 바쿠닌은 유토피아적 사회주의자들처럼 '이상적인 사회'를 설계하는 데 약간의 즐거움을 느꼈다. 그러나 이는 혁명적 조직을 위한 설계와 의례, 혹은 규칙으로서 다만 '존재하지 않는 사회'를 위한 것이었다. 실제로 바쿠닌이 속한 혁명적 그룹은 비밀 음모가 아니라 러시아 서클과 오늘날의 사적인 모임처럼 비슷한 생각을 하는 사람들이 모여 때로는 사회 활동, 때로는 특정한 정책을 둘러싸고 토론하고 계획하고 정치 활동을 조직했다. 이러한 서클은 바쿠닌의 정치적 사상을 발전시키고 기사, 팸플릿 등을 생산할 수 있는 의미 있는 기회를 제공했다. 또한 이곳에서는 수많은 노동자, 언론인, 학생, 정치 활동가들이 모여 교육을 받고 열띤 논쟁을 벌였는데, 이로써 그들은 점차 19세기 초기의 혁명 운동과 노동 운동에서 중요한 역할을 담당하게 된다. 특히 20세기 이탈리아, 스페인, 프랑스에서 그러했다.

그런데 바쿠닌은 "비밀결사의 구성원들은 엄격한 규율 아래 모이고 행동해야 한다"고 주장했는데, 이것은 아나키즘과 모순될 수 있다. 아나키즘은 '규율'이 자유와 평등의 이상과 절대적으로 모순된다고 주장하기 때문이다. 바로 이 지점에서 바쿠닌을 원시 파시스트였거나 원시 레닌주의자였거나 또는 동시에 둘 다였던 게 아니냐는 비판이 등장한다. 하지만 바쿠닌이 실제로 쓴 것을 주의 깊게 읽어보면 규율에 대한 그의 주장이 그를 비판하는 사람들의 주장보다 훨씬 더 복잡하고 사려 깊은 내용을 담고 있음을 분명히 알 수 있다. 바쿠닌은 조직을 민주적으로 운영하고 또 단호하게 행동할 수 있는 방법, 특히 정치적인 문제를 해결할 방법을 구체적으로 탐색했기 때문이다. 감옥, 군대, 범죄 조직, 정부 및 기업에서는 민주주의와 관련된 이슈가 거의 발생하지 않는다. 그저 구성원들이 단순히 복종하거나 처벌을 받을 뿐이다. 그러나 만일 어떤 조직이나 사회가 구성원들의 아이디어에 귀를 기울이면서 각 아이디어를 통합하려 한다면 자유롭고 공개적인 토론과 실제 행동 사이에서 균형을 찾아야 한다. 즉 바쿠닌은 혁명적 행동을 약속한 비밀결사체에는 "단체가 봉사하는 대의와 각 구성원의 안전과 효과적인 행동을 위해" 규율이 필요하다고 주장했을 뿐이다.

집단행동

바쿠닌은 노동자와 농민은 오직 혁명을 통해서만 그들의 삶을 변화시킬 수 있다고 믿었다. 그들이 당면한 삶의 조건 때문에 저항할 동력을 얻을 때 비로소 사회의 대다수로서 성공할 힘이 있다고 믿은 것이다. 그러나 그는 노동자나 농민들이 성공에 필요한 모든 아이디어와 전략을 자발적으로 개발할 수 있다고는 믿지 않았다. 개별 공장이나 공동체를 넘어선 전체 단위의 반성, 토론, 때로는 지식의 보급이 필요했다. 그가 《인민의 대의》에서 주장한 대로 혁명가는 특정 정보에서 결론을 도출하고 다른 사람에게 제공할 수 있는 정보 수집 및 일반화의 유용한 기술을 가지고 있지 않은가? 비밀결사는 그 기능을 수행하는 데 도움이 될 수 있었다.

개인의 저항은 복종만큼이나 자연스러운 것이지만, 집단행동에는 전술과 전략이 필요하고, 생각과 '본능' 및 동기도 필요했다. 즉 교육하고, 선동하고, 조직해야 했다. 따라서 바쿠닌이 쿠데타나 폭동을 옹호했다고 주장하는 것은 그가 경고한 대로 '지적인 죄'를 짓는 것이다. 바쿠닌에 의하면 혁명은 파괴만을 목적으로 한 유혈 봉기와 같은 것이 아니다. 그러므로 혁명의 요점은 폭력이 아니다. 혁명가라 해도 그에겐 '판단하고 정죄할 권리'가 없다. 오직 자위권만 있을 따름이다. 그러므로 혁명적 폭력은 쓸모가 없다. 이 주장에 대해 바쿠닌은 프랑스 혁명을 예로 든다. 혁명의 목적은 개인을 죽이는 것이 아니라 '직위와 사물을 공격'하고, 제도를 없애고, '재산과 국가를 파괴'하는 것이어야 한다. 혁명은 인명을 파괴할 이유가 하나도 없다. 그러므로 학살은 늘 '반동'을 일으킨다. 프란츠 파농(Franz Fanon)도 1961년 자신의 책에서 이와 비슷한 점을 지적했다. 바쿠닌의 이런 주장은 사회혁명가를 정치 혁명가와 구별해준다. 정치 혁명가들은 사유 재산 폐지를 원하는 게 아니라 그것을 국가의 이름으로 몰수하려고 할 뿐이다. 국가를 장악하고 국가의 지위를 활용해서 말이다. 즉 왕의 권력과 재산을 몰수하여 통치권을 폐지한 후 재산을 백성에게 분배하는 것이 아니라 단순히 '다른 누구'에게 왕관을 넘겨줬다. 하지만 이런 계획으로는 사람들을 절대 해방할 수 없다.

이에 반해 사회혁명은 현행 '제도'의 파괴를 의미한다. 공공 및 민간 부채를 폐지하고, 세금을 폐지하며, 군대, 사법부, 관료제 및 경찰을 해산하는 것이다. 자본과 생산 기계를 노동자들에게 넘기고, 교회의 재산을 몰수하여 분산하는 것이다.

일부 급진주의자들이 테러리즘으로 나아가다

혁명과 조직의 본질에 대한 바쿠닌의 신중한 생각은 19세기 혁명 운동의 가장 혐오스러운 인물 중 한 사람과의 관계 때문에 손상된다. 1869년 3월 초에 시작된 세르게이 네차예프(Sergei Nechaev)와의 작업은 바쿠닌의 생애에서 불과 몇 달에 지나지 않았지만, 즉각적인 반향을 불러일으켰고 바로 다음 세대에 바쿠닌과 아나키즘을 오염시키고 말았다. 네차예프는 바쿠닌에게서 돈과 명성을 훔쳤고, 마르크스가 바쿠닌을 국제노동자협회에서 추방하는 일을 도왔고, 무차별적이고 부정확하지만 오늘날 여전히 빛을 발하고 있는 아나키즘의 적들에게 (바쿠닌을 비롯한 아나키스트들을 폄훼할) 충분한 실탄을 제공했다. 그러나 공정한 사람이라면 무조건적으로 비난할 게 아니라 그 맥락을 합리적으로 설명해야 할 것이다.

비밀경찰의 노력과 감옥과 망명의 요구에도 불구하고, 러시아의 혁명 활동은 '젊은 러시아'와 '토지와 자유'가 박살 난 후에도 계속 성장했다. 그러나 농민들은 외양으로만 자유로워졌을 뿐 해방 이후에도 실제 삶은 거의 나아지지 않았다. 정부 입장에서 이들은 여전히 체제 안정에 위협적인 존재였다. 학생들은 가혹한 탄압에도 불구하고 결사 조직을 계속 만들었다. 대다수 급진주의자의 눈에는 혁명을 완수할 새로운 방법이 필요해 보였다. 개혁이 실패하여 열린 정치 활동이 불가능하게 되었는데도 농민과 노동자들은 혁명에 참여할 준비가 되어 있지 않은 것 같았다. 따라서 급진주의자 중 일부는 협동조합을 형성했고, 다른 일부는 다음 세대에 영향을 미치기를 희망하면서 교사가 되었다. 또 다른 이들은 저항이 계속되려면 엄격한 규율을 따르는 세포 조직이 필요하다고 판단하여 게르첸과 바쿠닌이 경험한 비교적 개방된 서클과는 매우 다른 비밀결사를 만들기 위해 지하로 들어갔다.

1866년경, 대부분 사제의 아들이었던 소수의 학생이 '조직'이라는 비공식적이고 비밀스러운 결사를 중심으로 연합했다. 귀족 출신으로 사회주의 선전과 음모 및 테러 전술을 결합한 최초의 러시아 유토피아 사회주의자 중 한 명인 니콜라이 이슈틴(Nikolai Ishutin)이 이끄는 '조직'은 개혁이 혁명을 흡수하기 때문에 위험하다고 주장했다. 즉 헌법과 의회는 자본주의 도입을 가속화할 뿐으로, 자본주의가 귀족과 상인 계급을 위한 자유와 부를 의미하는 한 그것들은 사회주의의 기반이 되는 농민을 공장의 손처럼 만들고 그들이 가진 소유를 파괴하는 것 외에는 아무 일도 하지 않을 것이라고 생각했다.

바쿠닌은 개혁보다 혁명이 필요하다는 러시아 급진주의의 아이디어에 동의했다. 그는 그들이 표방하는 혁명적 자코뱅주의에서는 멀리 떨어져 있었지만, 혁명가는 인민과 분리되면 안 된다고 일관되게 주장했다. '조직'은 그 이상을 주장했지만 실제로는 구성원들이 점점 더 그들 내부로 파고들어 움직이는 소위 '작은 분파'들이 탄생한다. 악취 가득한 지하에서 그들은 훨씬 더 작은 그룹으로 갈라졌고, 곧이어 '조직'에서 떨어져 나갔다. 이들은 이전에 누렸던 대부분의 삶을 포기했다. 비교적 안락했던 학창시절을 개탄하면서 마룻바닥에서 잠을 자고 극도로 값싼 식사를 하는 등 엄격한 금욕주의로 무장한 채 다가올 갈등에 대비했다. 자신들의 그룹을 자칭 '지옥'이라고 부른 이 사람들은 그 어떤 윤리나 도덕을 들이밀어도 혁명가를 구속할 수는 없다고 주장했다.

그들은 점점 더 테러리즘 쪽으로 나아갔다. 바쿠닌이 혁명은 개인이 아니라 제도를 파괴하는 것이어야 한다고 주장한 반면, '지옥'의 구성원들은 공개적으로 암살을 언급했다. 1866년 4월 4일, 이슈틴의 사촌인 드미트리 카라코조프(Dmitry Karakozov)는 농부로 분장하고 값싼 리볼버로 무장한 채 상트페테르부르크의 '여름 정원'에 들어가 알렉산드르 2세에게 발포했다. 그의 총알은 빗나갔고 카라코조프는 체포되어 5개월 후에 교수형에 처해진다. 이슈틴도 관련자로 체포되어 교수형을 선고받았으나, 처형 직전 종신형으로 감형되고 여러 교도소와 유배지를 떠돌다가 죽었다.

바쿠닌이 《인민의 대의》에서 예언한 대로 농민들은 차르를 중심으로 집결했다. 러시아 정부는 실패한 암살을 소재로 그럴듯한 선전물을 만들었다. 진짜 농민들이 목숨을 걸고 카라코조프를 잡아 암살을 실패하게 만들었다는 것이다. 물론 완전히 조작된 이야기였지만 차르의 의도는 적중했다. 농민을 포함한 대다수 인민은 급진파와 개혁가를 탄압하는 정권을 지지했다. 힘을 얻은 정부는 다시금 신문사를 폐쇄하고, 대학을 더욱 엄격하게 감시하며, 수많은 급진주의자를 체포한다.

바쿠닌은 암살 시도가 도리어 차르에 대한 인민과 농민의 지지를 불러올 것으로 파악했다. 이 점에서 그는 게르첸과 생각이 같았다. 하지만 게르첸과 달리 바쿠닌은 인쇄물을 만들어 카라코조프를 공격하는 일은 거부했다. 그에게 '돌을 던지지는 않을 것'이라고 했는데, 카라코조프의 개인적인 동기를 비판하는 것은 체제를 암묵적으로 지원하는 것과 같다고 판단했기 때문이다. 바쿠닌은 학생 혁명가들을 계속 지원했고 1868년에는 소수의 사람이 스위스로 건너가도록 지원했다. 그들은 바쿠닌과 함께 새로운 러시아 잡지인 《인민의 대의》를 발간했다. 그러나 바쿠닌은 당시 움트던 학생 운동에 대해서는 비판적이었다. 특히 엘리트주의적인 경향에 대해 매우 비판적이었다. 반면 새로운 세대의 급진적 학생들을 혁명하는 것이 곧 자신의 의무라고 믿었다.

1860년대 후반의 니힐리즘

포퓰리즘, 사회주의, 아나키즘이 바쿠닌 세대의 이념이라면 1860년대 후반의 학생들은 니힐리즘에 젖었다. 여기서 니힐리즘을 허무주의라고 번역하면 충분히 그 뜻을 알기 어렵다. 왜냐하면 니힐리즘은 '아무것도 믿지 않는다'거나 '모든 신념, 이상, 도덕에 대한 비도덕적이고 파괴적인 공격'이나 '완전한 무질서 상태나 무관심' 등을 뜻하는 것이 아니기 때문이다. 19세기 러시아의 허무주의는 '사실로 증명할 수 없는 것은 믿으면 안 된다'는 주장을 요지로 한다. 본질적으로 이는 '부정'이 아니라 '비판'이었다. 낭만주의, 감상주의, 철학과 같은 미약한 노력보다 '경험적 지식'이라는 가혹한 현실을 선호하는 그들은 예술이나 아름다움에 대한 토론에는 관심이 없었다. 무엇보다 허무주의는 학문에 대한 넓은 정의에 기초한 문학적, 정치적 비판이었다. 이러한 의미에서 허무주의 운동은 창조를 위해서는 비판과 파괴가 필요하다는 1842년 바쿠닌의 입장을 대변한다.

체르니솁스키는 《무엇을 할 것인가》에서 허무주의자들에게 문학적 모델을 제공했다. 투르게네프는 《아버지와 아들》에서 소설의 주인공인 의사 예프게니 바자로프를 통해 니힐리즘 운동을 패러디하려고 시도했다. 무례하고 냉소적이며 과학만을 믿는 바자로프는 모든 전통과 권위를 거부한다. 소설에서 그는 죽음에 이르는데 이는 투르게네프가 니힐리즘을 거부했음을 뜻한다. 그래서 젊은 진보주의자들은 그 소설을 중상모략이라면서 반발했고, 늙은 세대는 니힐리즘에 대해 너무 관대하다고 비판했다.

투르게네프 세대의 공포에 대해 젊은 작가인 드미트리 피사로프(Dmitry Pisarev)는 투르게네프의 니힐리스트라는 용어와 특징을 체현했다. 대학 졸업 후 정치범으로 체포되어 2년 뒤 27세의 나이로 익사한 그는 젊은 지식인의 근본적인 역할은 사상, 전통, 그리고 기성 지혜에 맞서서 비판하고 부식시키며 주장하는 '맹렬한 부정적 리얼리즘'이라고 강조하여 뒤에 도스토옙스키는 이를 주제로 《죄와 벌》을 완성한다. 그런 점에서 니힐리즘은 바쿠닌의 창조적 파괴—파괴에 대한 열정이 창조적 열정이라고 주장한 것—와 공통점이 많다.

바쿠닌은 동시에 노동자와 농민이 혁명적 행위를 할 수 있고, 그렇게 되어야 한다고 주장한 반면, 니힐리스트들은 인민에 대해 그런 믿음을 전혀 갖지 않았다. 그들의 운동은 혁명의 실패, 정치 조직의 실패, 러시아 국가의 실패를 반영했으며, 인민에게서 멀어진 대학의 강의실과 커피숍으로의 후퇴를 의미했다. 니힐리스트에게 '진정한' 혁명가란 전통, 헤게모니, 신앙의 궤변과 기만을 거부한 사람이었다. 그러면서 이들은 정치적 투쟁의 가능성도 거부했다.

바쿠닌도 '비판'의 중요성을 강조했지만, 급진파의 첫 번째 임무는 사람들을 집단행동으로 모으는 것이지 그들을 바보라고 말하는 것이 아니라고 주장했다. 반면 니힐리스트들은 조직이 아니라 개인의 해방을 중시했다. 그릇된 생각으로부터 자아를 해방하는 것이 중요하다고 주장하면서 모든 사람을 무자비하게 정죄했다. 이처럼 개인의 반란과 계몽된 소수를 강조하는 철학에서는 농민의 존재를 비판적으로 보았고, 농민의 혁명적 역할을 철저히 무시했다.

따라서 니힐리즘은 아나키즘이 아니라 자코뱅주의라고 보아야 한다. 농민의 후진성과 국가의 압도적인 권력 앞에서 소수의 급진적 학생들은 자신이 인민을 새로운 세계로 끌어들이는 전위 정당이라고 자처했다. 이는 혁명가와 인민의 관계에 대한 바쿠닌의 설명과는 거리가 먼 것이었고, 억압과 국가 폭력만큼이나 지적 엘리트주의와 인민의 고립에 기반을 둔 매우 다른 정치적 전통이었다.

세르게이 네차예프

니힐리즘을 대표하는 네차예프는 급진파에겐 대의를 발전시킬 수 있는 모든 범죄, 악덕, 기괴한 행위에 가담할 권리와 의무가 있다고 주장했다. 그러면서 일상생활에 사악한 교리를 적용했다. 동료 및 친구들로부터 돈을 갈취하고 훔쳤다. 부주의와 파렴치한 책략으로 동료들을 위험에 빠뜨리기도 했다.

그는 또 그룹의 일원인 이반 이바노프(Ivan Ivanov)가 자기 계획에 동의하지 않자 그를 정보부 요원이라고 무고하여 살해하도록 명령했다. 나중에 이바노프가 완전히 결백하다는 것이 밝혀졌다. 하지만 경쟁자를 제거하고 동료의 충성도와 완고함을 시험하기 위해 죄 없는 사람을 범죄에 연루시켜 보다 쉽게 제어할 수 있도록 음모를 꾸몄다는 사실이 드러났다. 희생자의 시신이 발견되자 경찰은 약 300명의 혁명가를 체포했다. 그들 중 다수는 급진적 운동에 참여했다는 이유로 재판을 받았다. 그 사이 네차예프는 동료들을 버리고 서유럽으로 도망쳤다. 그리고 바쿠닌을 비롯하여 많은 사람을 속였다.

네차예프는 1847년 모스크바에서 약 160마일 떨어진 섬유 공장 마을로 '러시아 맨체스터'라고도 불리는 이바노보에서 태어났다. 그의 조부모는 해방 농노였다. 그의 외조부모는 그의 아버지를 고용한 작은 사업체를 소유했고 그의 어머니는 재봉사로 일했다. 부유한 집안은 아니었지만 부모는 네차예프에게 교육을 시켰다. 1865년 그는 모스크바로 이주하여 초등학교 교사가 되기 위해 공부했으나 실패하여 상트페테르부르크로 이사했다. 대학 수업을 청강하면서 교사 시험에 합격하고 종교를 가르치면서 급진적인 조직인 '지옥'에 가담했다. 그는 '지옥'의 금욕

세르게이 네차예프(1847-1882)

주의와 엘리트 정당의 개념에 계급 증오를 추가했다. 자신의 혈통을 프롤레타리아로 과장하여 이 때문에 비밀경찰에 체포되었다고 믿도록 여러 동료를 속였고, 이후 '기적적으로' 다시 나타난 것처럼 꾸며서 바쿠닌이 수년 동안 갇혀 있던 요새에서 탈출한 최초의 혁명가로 유명해졌다.

1869년 3월 네차예프가 제네바로 찾아왔을 때 바쿠닌은 진심으로 그를 기쁘게 맞았다. 바쿠닌보다 33세 연하인 네차예프는 모범적인 러시아 혁명 청년의 화신처럼 보였다. 바쿠닌은 네차예프가 1869년 4월부터 8월까지 7종의 팸플릿을 제작하고 러시아에 배포하도록 도왔다. 기만, 전면적 파괴, 무자비한 혁명적 폭력의 냉소적인 계획을 설명한 팸플릿은 그 후 논쟁과 전설의 중심이 되었다.

〈혁명가의 교리서〉

네차예프의 팸플릿 중 하나인 〈혁명의 원리〉는 카라코조프를 모델로 한 고독한 테러리스트에 의한 '고위직 인사의 학살'을 요구했다. 혁명은 '이득을 본 자와 억압받는 자 사이의 삶과 죽음의 전쟁'이기 때문에 혁명가에게는 '독, 칼, 올가미'를 사용한 "절멸 행위 외에 다른 행위는 없다"고 주장했다. 바쿠닌이 초기에 쓴 '혁명적 교리문답'과 구별되는 또 다른 팸플릿인 〈혁명가의 교리문답〉은 혁명적 세포의 복잡한 구조, 비서의 임명, 정보의 배포, 그리고 자금 및 정보 수집 방법에 대한 주장을 내용으로 한다. 그러나 역사적으로 흥미로운 것은 첫 페이지의 '자신에 대한 혁명가의 태도'다.

> 혁명가는 운명의 사람이다. 자신의 이익도 없고, 일도 없고, 감정도 없고, 애착도 없고, 소유물도 없고, 이름도 없다. 그에게 모든 것은 유일한 배타적 이해관계이자 유일한 생각이자 유일한 열정인 혁명에 수렴된다. 말과 행동으로 존재의 가장 깊은 곳에서 그는 시민 질서와 문화 세계 전체, 그리고 이 세상의 모든 법률, 예의, 관습 및 도덕과의 모든 연결을 끊는다.(Bakunin76)

위의 문장이 낭만적이라면 다음 문장은 혁명이 심각한 사업임을 분명히 한다. 즉 혁명가는 사회의 "무자비한 적"이며, "그가 계속 그 사회에 살고 있다면, 그것은 사회를 더 확실히 파괴하기 위한 것일 뿐"이다. 혁명가는 '파괴의 과학', 특히 "이 더러운 질서의 가장 빠르고 확실한 파괴"에 도움이 될 수 있는 화학, 물리학 및 관련 분야를 제외하고는 학문이나 예술에 관심이 없다. 혁명가는 '여론을 멸시하고' 사회적 도덕의 제약을 느끼지 않는다. 그 대신 그의 도덕에는 단 하나의 기준이 있다. 즉 혁명을 재촉하는 것으로, 이를 방해하는 것은 악이다. 혁명가들은 언제나 위험을 예상하되 혁명을 포기하지 말아야 하며, 국가가 그들을 근절하기 위해 최선을 다할 것이라는 인식 아래 자신에게 가해질 고문에 철저하게 대비해야 한다. 여기에는 "낭만주의, 감상성, 열정, 흥분"이 들어설 자리가 없다. 심지어 "개인적인 증오와 보복"도 금지되고 오로지 "무자비한 파괴"에 전념하는 "냉정한 계산"만이 허용된다. 친구, 동료, 동지, 지인에게도 적에게 하듯이 무자비한 논리가 적용된다.

두 팸플릿의 잔혹한 냉소와 폭력은 끔찍하다. 그것들은 바쿠닌이 파괴의 사도라는 악명을 얻은 근거이자 그의 혁명적 신조가 종말론적 폭력과 혁명적 테러에 불과하다는 비난의 근거가 되었다. 그러나 바쿠닌은 그 어느 것도 직접 쓰지 않았다. 위에서 본 두 개를 비롯하여 네 개의 팸플릿에는 서명이 없다. 그럼에도 E. H. 카처럼 "바쿠닌이 쓴 글이라는 것을 알 수 있는 글쓰기 기교나 즐겨 쓰는 문구 또는 표현으로 가득 차 있다"(카530)는 것을 이유로 바쿠닌의 글이라고 흔히 주장되어왔다. 하지만 팸플릿들이 보여주는 비도덕적 성격은 바쿠닌의 사상과는 무관하다. 앞에서 보았듯이 바쿠닌은 "혁명적 폭력은 사람이 아니라 제도를 대상으로 해야 한다"고 꾸준하게 주장했을 뿐 그 어디에서도 테러나 암살을 옹호하지 않았다. 또한 혁명가가 인민 밖에 존재하고 그들에게 혁명을 가져다준다고 하는 〈혁명가의 교리문답〉과 〈혁명의 원리〉의 엘리트주의는 지식인이 인민에게서 배운다는 바쿠닌의 주장과 근본적으로 다르다.

바쿠닌의 혁명론

바쿠닌이 서명한 유일한 팸플릿인 〈나의 러시아 형제들에게 보내는 말〉에서 그는 젊은 지식인과 급진주의자들은 "대학과 아카데미를 떠나" "인민 사이로 가야 했다"고 주장한다. "거기에 당신의 경력, 당신의 삶, 당신의 지식이 있어야 한다. 노동으로 인해 손이 굳어버린 이 인민 속에서 어떻게 인민을 위해 봉사해야 하는지 배우라." 위로부터의 혁명을 선동하기는커녕 "교양 있는 청년은 인민의 주인도, 보호자도, 은인도, 인민에 대한 독재자도 아니고, 오직 자생적 해방의 산파가 되며 그들의 노력과 힘을 단합시키고 조직하는 자가 되어야 한다." 이는 혁명가가 필연적으로 '독, 칼, 올가미' 또는 폭탄으로 불을 질러야 한다는 주장과는 근본적으로 다르다.

바쿠닌은 혁명을 주장한다. 그러나 앞에서 보았듯이 혁명에 대한 그의 생각은 테러리즘과 매우 달랐다. 자본가와 영주가 노동자와 농민에게서 빼앗은 재산과 특권을 유지하기 위해 싸웠을 때, 그것은 주로 자기방어를 위해 폭력에 의존해야 할 사회운동이었다. 아나키즘이 평화롭게 이루어질 수 있을 거라는 생각은 '희망'이었지만, 바쿠닌이 직접 경험한 암울한 현실은 부자와 권력자들이 자신의 지위를 유지하기 위해서라면 야만적인 일도 서슴지 않는다는 것뿐이었다. 그것이 팩트였다. 또한 바쿠닌은 재산과 권력이 개인의 속성이 아니라 계급 간의 사회적 관계라고 주장한다. 그러면서 이러한 사회적 관계는 개인과 달리 폭탄이나 도끼로 파괴될 수 없고, 사회 제도를 해체함으로써만 파괴될 수 있다고 강조한다.

바쿠닌을 〈혁명가의 교리문답〉과 연결하는 것은 정치와 폭력의 관계에 대한 매우 실제적인 질문을 회피하는 방법이기도 하다. 평화주의를 제외한 거의 모든 정치 이데올로기는 폭력을 정당화하면서 다른 이들의 폭력을 개탄해왔다. 그러나 거의 모든 정치 이데올로기의 지지자들이 어떤 경우에는 폭력적으로 변한다. 특히 침략자로부터 자신의 나라를 방어할 때는 정당성을 강조한다. 그러므로 모든 폭력이 똑같이 잘못된 것이라고 주장하는 국가나 개인은 없다. 또한 자본과 국가의 폭력은 수백만 대 1로 아나키스트의 폭력을 능가한다. 대부분의 전쟁은 자국의 이익을 보호하기 위해 수행되었으며 노예제, 식민주의, 제국주의로 인한 사망자를 합산하면 그 수는 실로 엄청나다. 이것이 너무 먼 이야기로 보인다면 현재 대한민국에서 벌어지는 산업재해와 안전하지 않은 절차로 인한 사망 사건을 따져보라. 그 수 역시 수십만에 달하지 않는가?

네차예프와 결별하다

바쿠닌은 마르크스의 《자본론》을 러시아어로 번역하도록 위임받고 번역료도 일부 받았다. 그러나 그는 곧 그 일을 포기했다. 고료로 받은 돈은 이미 써버린 뒤였다. 네차예프는 바쿠닌이 알지 못하는 사이에 출판업자에게 칼, 리볼버, 농민의 도끼 사진 등이 포함된 편지를 써서 바쿠닌을 놓아주라고 협박했다. 편지가 공개되자 많은 사람이 바쿠닌이 그 편지에 책임이 있다고 오해했다. 이 에피소드는 바쿠닌의 명성과 명예에 타격을 입혔고 그를 인터내셔널에서 쫓아내고자 하는 사람들에게 적절한 도구가 되었다. 바쿠닌은 뒤에 자신이 네차예프에게 속았다고 슬프게 고백했다.

네차예프와의 매우 실제적이고 심오한 차이점을 감안할 때 바쿠닌이 왜 그와 함께했을까, 하는 의문이 든다. 초기에 바쿠닌은 게르첸을 위시한 몇몇 사람들이 네차예프를 못마땅해 할 때 그를 계속 변호해주었다. 뿐만 아니라 네차예프가 자신을 비난하고 돈을 강탈하고 그의 이름에 먹칠을 했을 때도 여전히 그를 지지했다. 도대체 왜 그랬을까? 네차예프에게 너무 간단하게 설득되었기 때문이다. 1869년까지 꽤 오랫동안 러시아 급진파와 접촉하지 않았던 바쿠닌에게 네차예프는 청년 운동의 다리처럼 보였던 것이다.

1858년 네차예프는 러시아 혁명을 위해 모은 약 800파운드의 신탁 기금을 횡령했다(기부자의 이름을 따서 바크메토프라 불렸다). 그리고는 즉시 러시아로 달아났다. 1869년 11월, 이바노프를 살해한 뒤 네차예프는 스위스로 돌아와 한동안 자신의 범죄 사실을 숨기고 살았다. 바쿠닌은 그 사실을 모를 때조차 네차예프를 의심하고 있었으나 쉽게 내치지 못했다. 훗날 그와 결별하는 순간에도 바쿠닌은 그가 자신을 구원하고 더러운 신념을 버리고 혁명에 봉사할 것이라는 희망을 버리지 못했다. 바쿠닌과 결별한 지 2년 후인 1872년 스위스 경찰에 체포된 네차예프는 러시아 당국에 넘겨져 이바노프 살해 혐의로 기소된다. 재판을 받는 동안 그는 자신이 정치 활동가이며 일반 범죄자가 아니라고 주장하면서 러시아 제국을 비난했다. 그러나 그는 시베리아 20년 노동형을 선고받고 1882년 괴혈병과 결핵으로 사망할 때까지 10년 동안 독방에 있었다.

8장 제1인터내셔널

제1인터내셔널

네차예프 사건으로 바쿠닌은 자금 탕진을 비롯해 해결해야 할 여러 문제에 부딪혔지만, 곧이어 그보다 훨씬 중요한 일에 직면한다. 마르크스와 제1인터내셔널을 둘러싸고 장장 4년에 걸친 긴 싸움을 하게 된 것이다. 이 싸움은 마르크스와 바쿠닌의 성격 및 신념의 차이, 여러 실수에 의한 오해 등으로 촉발되었는데 이는 한편으로 개혁, 혁명, 국가에 대한 본질적인 아이디어가 달라서 생긴 갈등이기도 하다.

1868년에 와서 '평화 자유 동맹'이 급진적인 정치에 관심이 없다는 것이 분명해졌다. 당시 스위스에 거주하던 바쿠닌은 그해 가을에 새로운 정치 조직인 '사회주의 민주주의 국제 동맹'(International Alliance of Socialist Democracy, 때로는 '사회혁명가 동맹'Alliance of Social Revolutionaries라고도 함)*을 창설했다. 동맹의 강령은 종래 베른 회의에서 밝힌 바쿠닌의 사상을 반영한 것이었다.

인터내셔널 설립은 종종 마르크스 및 엥겔스와 동일시되곤 하는데, 이는 1863년 벌어진 불운한 폴란드 봉기에 대해 자신들의 연대를 표현하고자 했던 프랑스와 영국 노동자들로부터 비롯된 것이다. 그들 자신 폴란드를 위해 직접 행동을 할 수는 없었지만, 초국가적 자본이나 식민화 쟁점 등 제국주의 시대를 살아가는 노동자들에게 국제협력은 매우 중요한 이슈였다. 이듬해 국제노동자협회가 창설되었고 마르크스는 여기에 가입하도록 요청받았다. 하지만 그는 가입을 꺼렸다. 1850년 이후 어떤 정치 조직에서도 활동하지 않았으며 런던에 살고는 있었지만 영국 노동조합원들과 거의 관계를 형성하지 않았기 때문이다. 그렇지만 마르크스는 창립총회에 참석하라는 초청을 받아들였고, 곧 비서로 선출되었다.

인터내셔널은 혁명가와 개혁가의 어색한 결합이었다. 로버트 오언의 추종자들부터 아나키스트, 마르크스주의자, 그리고 정치색이 옅고 노동계급과의 연관성은 더욱더 적은 이탈리아 공화주의자인 마치니와 같은 급진주의자에 이르기까지 구성원도 매우 다양했다. 대부분의 영국 노동조합원들은 온건한 개량주

---

* 카는 'International Social Alliance'라고 한다.(카483)

의를 표방하며 차티즘의 급진주의를 포기했고 혁명에도 관심이 없었다. 노동자들은 제2공화국과 나폴레옹 3세의 제2제국하에서 개혁을 달성하는 데 성공하지 못했고, 그래서 의회 정치를 선호하는 경향이 덜했던 프랑스에서는 프루동의 사상이 여전히 반향을 일으키고 있었다.

독일에서 가장 중요한 노동계급 조직은 '일반 독일 노동자 협회'였다. 그러나 그것은 마르크스의 적수인 페르디난드 라살(Ferdinand Lassalle)이 세운 것이어서 마르크스는 그곳 회원들이 인터내셔널에 가입하는 것을 꺼렸다. 마르크스는 저널리스트 빌헬름 리프크네히트(Wilhelm Liebknecht)와 목공인 아우구스트 베벨(August Ferdinand Bebel)이 이끄는 훨씬 더 작은 그룹인 '독일 노동자 사회민주당'을 받아들이면 조화를 이룰 수 있을 것으로 생각했다. 표면적으로 '협회'보다 더 급진적인 사회민주당은 사실 라살에 반대하고 마르크스에 찬성한다고 선언한 점을 빼면 추천할 이유가 거의 없었다. 나중에 '독일 노동자 사회민주당'은 '협회'를 흡수하여 독일 사회민주당(Sozialdemokratische Partei Deutschlands, SPD)이 되었다.

인터내셔널의 첫 번째 업무는 규칙을 정하고 프로그램을 구성하는 것이었다. 마르크스도 이 일에 참여해야 했으나 예비 회의에는 참석하지 못했고, 결국 나머지 위원들이 임시 초안을 만들어 제출했다. 그 내용을 보고 경악한 마르크스는 위원회 사람들이 지쳐서 나가떨어질 때까지 토론에 토론을 거듭하며 시간을 끌었고, 마침내 만족스러운 초안을 작성했다.

"노동계급의 해방은 노동계급 스스로가 쟁취해야 한다"로 시작되는 첫 번째 문장에 대해서는 거의 모든 파벌이 수긍했다. "모든 사회적 불행, 정신적 타락, 정치적 의존"이 "노동이라는 수단, 즉 생명의 원천의 독점자에 대한 노동자의 경제적 종속"에 기반을 두고 있다고 하는 유물론적 서술은 프루동주의자, 노동조합주의자, 아나키스트, 사회주의자들에게 호의를 얻었다. 그리고 마르크스는 그가 엥겔스에게 말했듯이, 그리고 무의미하고 진부하지만 모든 사람을 행복하게 해주는 "의무와 권리"와 "진실, 도덕, 정의"에 대한 몇 가지 의무적인 문구를 추가했다.

이 규칙은 인터내셔널을 "노동계급의 공통 열망을 선언"하고 그 구조를 설정하는 전 세계 노동자 조직 간의 "소통과 협력의 중심 매체"임을 선언해주었다. 즉, 개인은 지역 협회를 구성하고 이어 국가 연맹 또는 지부를 구성한다. 이러한 협회, 연맹 및 지부는 정책을 결정하기 위해 연례 총회에 대표를 보낸다. 총회는 또한 총회 사이에서 인터내셔널의 업무를 지휘할 집행부인 총회 평의회 회원을 선출한다. 총회는 회원들 중에서 서기, 재무와 같은 임원과 다른 부문의 해당 서기를 선출한다.

바쿠닌, 마르크스와 재회하다

바쿠닌은 인터내셔널의 아이디어와 구조에 반대하지 않았다. 인터내셔널이 설립되었을 때 그와 마르크스 사이에는 개인적인 반감이 없었다. 마르크스는 바쿠닌이 경찰과 군대에 쫓겨 유럽을 방랑할 때, 한때 바쿠닌의 소유였던 헤겔의 책들을 손에 넣었다. 1863년에 마르크스는 바쿠닌이 너무 뚱뚱해져서 더는 걸을 수 없고, 아내인 17세 폴란드 소녀를 성적으로 왜곡하고 질투한다는 소문을 들었지만, 이듬해 바쿠닌이 양복을 맞추기 위해 런던으로 왔을 때 함께 즐거운 저녁 시간을 보냈다. 바쿠닌이 스파이였다는 마르크스의 모략은 용서받은 지 이미 오래였고, 그 뒤로 마르크스는 언론에서 바쿠닌을 변호했다.

두 사람의 재회는 썩 괜찮았다. 마르크스는 엥겔스에게 바쿠닌의 안부를 전하며 "이전에 본 바쿠닌보다 지금의 바쿠닌이 훨씬 마음에 든다는 점을 분명히 말하고 싶네. 16년이 지났는데도 퇴보하지 않고 진보했다고 느낀 몇 안 되는 사람 중 한 명이었네"(카434)라고 썼다. 바쿠닌은 자신이 민족주의적 대의에는 관심이 없음을 분명히 밝혔고, 마르크스는 "폴란드 사태가 붕괴된 후부터 그는 사회주의 운동에만 참여할 것"이라고 기록했다. 그 뒤 그들은 몇 통의 편지를 더 교환했고 바쿠닌은 가리발디에게 인터내셔널을 알리고 규약을 이탈리아어로 번역하는 데 동의했다.

마르크스는 바쿠닌이 "마치니에 대해 약간의 대책을 세울" 수 있기를 바랐고, 1867년에는 〈외교리뷰 The Diplomatic Review〉에서 제네바 평화 회의가 러시아 정부와 러시아 정부의 '요원인 바쿠닌'의 속임수였다고 한 어리석은 주장을 개탄했다. 같은 해에 마르크스는 바쿠닌에게 갓 출판된 《자본》을 보냈다. 바쿠닌은 《공산당 선언》을 러시아어로 번역하여 1869년 게르첸이 출판하게 했으며, 네차예프가 작업하는 바람에 마무리가 좋지 않았던 《자본》을 직접 번역하려고 시도했다. 바쿠닌은 몇 년 후에 자신이 마르크스의 우호적인 주장에 휩쓸리지 않았다고 썼지만, 원래 두 사람은 대단히 우호적이었다.

바쿠닌과 마르크스의 공통점

바쿠닌과 마르크스는 개인적으로 더 가까워지면서 철학적, 정치적 사고 면에서도 서로 비슷해졌다. 바쿠닌은 마르크스 분석의 진정한 강점이 경제적 요인을 강조한 점이라는 사실을 오랫동안 알고 있었다. 바쿠닌에 의하면 "마르크스는 역사의 종교적, 정치적, 법적 진화가 경제적 진화의 원인이 아니라 결과라는 원칙을 확립한 사람"이라고 하면서 "그가 내세운 개념은 대단히 위대하고 유익한 것이어서 이를 견고하게 확립하여 자신의 경제 이론을 구성하는 기반으로 삼은 공로를 인정받아야 한다"며 그의 업적을 인정했다.

바쿠닌은 자신의 가장 유명한 저술인 《신과 국가 God and State》 중 미공개 부분에서도 마르크스의 역사적 유물론을 명시적으로 찬양했다. "관념론자들은 관념이 현실을 지배하고 현실을 낳는다고 주장하는 반면, 공산주의자들은 과학적 유물론에 따라 현실이 관념을 낳고 경제적, 물질적 현실이 지성적·도덕적·정치적·사회적 사실의 근본적인 토대를 구성한다."고 주장하기 때문이다. 그 두 사람의 갈등이 절정에 달했을 때조차 바쿠닌은 사회주의를 감상적 기반이 아닌 경제적 기반에 둔 점에 대해 마르크스를 칭찬하며 다음과 같이 썼다.

현실에 기반을 두려는 모든 노력에도 불구하고 프루동은 관념론자이자 형이상학자로 남았다. 그의 출발점은 권리에 대한 추상적 관념이다. 그는 오른쪽에서 경제적 사실로 나아가는 반면, 마르크스는 인간 사회, 민족, 국가의 과거와 현재 전체 역사에 의해 확인된 논쟁의 여지 없는 진리를 발전시키고 증명했으며, 그 경제적 사실은 항상 법적, 정치적 권리에 선행했다. 그 진리의 설명과 증명은 과학에 대한 마르크스의 주요 공헌 중 하나이다.

바쿠닌은 오귀스트 콩트(Auguste Comte, 1798-1857)의 실증주의의 일부 측면을 자신의 세계관에 적용하고 통합하기까지 했다. 사회학이라는 용어를 만든 프랑스 사회학자 콩트는 인간 본성에 대한 연구를 과학적 근거에 두려고 했으며 그런 관점에서 종교와 형이상학을 거부했다. 그러나 바쿠닌은 콩트에 대해 비판적이었다. 그는 경제학자와 사회학자를 포함하는 것으로 광범위하게 정의된 과학자들이 새로운 사회에서 정책을 만들거나 권위를 가져야 한다는 생각을 완전히 거부했다. 그는 콩트에게서 무신론을, 그리고 과학이 세계와 인류에 대한 '긍정적'이고 확실하며 참된 지식을 생산할 수 있다는 실증주의의 일반 원칙에 대한 과학적 방어 논리를 취했다. 마르크스 못지않게 바쿠닌은 철학적 현실주의자이자 유물론자였다.

또한 바쿠닌과 마르크스는 프롤레타리아와 농민의 상대적 장점에 대해 그들의 비판자들과 지지자들이 주장하는 것만큼 크게 다르지 않았다. 바쿠닌은 특히 농민 인구 비율이 높은 국가에서는 농민을 무시하지 않아야 한다고 주장했지만, 앞에서 본 바와 같이 노동자의 혁명적 역할 또한 강조했다. 농민들은 고립되었고, 혁명가라면 그 고립 상태를 어떻게든 극복해야 한다는 것이 바쿠닌이 강조한 쟁점이었다. 반면 마르크스는 프랑스의 토지 소유 농민에 대해 큰 믿음을 갖고 있지 않았지만, 나중에 러시아 농민들이 그들의 전통에 기초하여 사회주의를 건설할 수 있을 것이라고 인정했다. 또한 두 사람 모두 보수가 좋은 노동자들은 개혁을 위해 혁명을 포기하고 싶은 유혹을 받을 수 있다는 것도 알고 있었다. 실제로 "영국인은 사회혁명에 필요한 모든 물질을 갖추고" 있지만 "일반화 정신과 혁명적 열정"이 부족하다고 쓴 것은 바쿠닌이 아니라 마르크스였다.[*]

---

[*] https://theanarchistlibrary.org/library/mark-leier-bakunin

바쿠닌, 마르크스와 대립하다

서로의 적보다 가장 가까운 경쟁자와 더 맹렬하게 싸우는 것이 정치 집단의 본성인 경우가 많다. 1864년 이후 두 사람은 멀어졌다. 그들은 다시 만나지 못했고 개인적으로도 정치적으로도 갈라섰다. 바쿠닌이 마르크스의 《자본》 헌정에 대해 아무런 답을 하지 않자 마르크스의 아내 제니(Jenny Marx)는 두 사람의 친구인 요한 필립 벡커에게 편지를 썼다.

바쿠닌을 보거나 그에 대해 들은 적이 있습니까? 제 남편은 늙은 헤겔주의자인 그에게 책을 보냈습니다. 말이나 사인이 없이요. 거기에는 뭔가가 있을 겁니다! 당신은 정말로 모든 러시아인을 믿을 수 없습니다. 러시아의 차르를 따르지 않으면 게르첸을 따르거나 지지하여 결국 같은 결과를 낳습니다.

바쿠닌의 실수는 마르크스를 곤경에 빠뜨렸다. 몇 달 후에도 여전히 답이 없자 마르크스는 바쿠닌이 여전히 자기를 친구로 여기는지 조심스럽게 지인에게 물었다고 한다. 바쿠닌은 그 소식을 듣고 "나의 오랜 친구"로 시작하는 따뜻한 편지를 보냈다. 그리고 그에게 그들이 "그 어느 때보다도 친한 동지"임을 확신시키면서 "당신의 경제 혁명의 숭고한 길을 따를 때도, 그리고 우리에게 그 길을 따르라고 권할 때도 당신이 얼마나 옳은지 어느 때보다 더 잘 이해하고 있습니다"(카491)고 말했다. 바쿠닌은 계속해서 마르크스가 "민족적인 모험이나 완전히 정치적인 모험을 하던 도중 옆길로 빠져 헤매고 있는 몇몇 사람에 관해 당신이 비난할 때도 마찬가지로 당신이 왜 그랬는지 이해하게 되었"다고 하면서 "저는 당신이 20년 전에 하기 시작한 일을 이제야 하고 있습니다"고 고백했다. 그러고는 자신이 "부르주아적인" '평화 자유 동맹'과 결별했으며 앞으로는 노동자의 대의에 전념할 것이라고 알렸다. "제 조국은 이제 인터내셔널"이라고 하면서 자기는 "당신의 제자이며, 또한 제자가 된 것을 자랑스러워합니다"라고 썼다.(카492)

바쿠닌은 마르크스가 학문적인 모욕에 매우 민감하게 반응한다는 것을 잘 알고 있었다. 따라서 사소하고 또 결코 의도하지 않은 일이었지만, 바쿠닌은 마르크스가 혹시라도 마음이 상하면 '동맹'을 받아들이지 않을 거라고 우려했기에 이처럼 간곡하게 편지를 쓴 터였다. 그러나 바쿠닌의 '동맹'이 인터내셔널에 가입하겠다는 청원을 담은 편지는 정반대의 결과를 낳고 말았다. 마르크스는 엥겔스에게 "나는 러시아인을 믿지 않는다"고 단호하게 말했고, 딸과 사위에게 보낸 편지에서는 "바쿠닌이 인터내셔널에 대해 음모를 꾸미기 시작했다"고 언급했다. 그는 계속해서 '동맹'은 "영리한 속임수로 우리 단체를 러시아인 바쿠닌의 지도와 특권적 주도하에 두려고 한다. 나는 우리 단체를 해체하려는 이 최초의 시도를 좌시하지 않겠다."고 말했다.

이는 마르크스가 세운 인터내셔널의 목표가 노동자들의 국제적 연대에 중점을 둔 반면, 바쿠닌은 비밀결사를 선호하였기에 불거진 갈등이었다. 인터내셔널이 추구한 연대는 의견의 획일성을 요구하지 않았지만, 과거의 파벌과 은밀한 정당의 종식을 요구했다. 반면 혁명가로서의 바쿠닌의 명성은 대체로 1848년을 중심으로 전 슬라브 민족의 공화국 수립을 주장한 활동과 이후의 폴란드 봉기 등 전통적인 방식에 기반을 두었던 데다가 비밀 조직에 대한 그의 집착 역시 '비밀'은 아니었기 때문이다. 게다가 바쿠닌은 '동맹'이 인터내셔널 내에서 "지구상의 모든 인간의 보편적이고 진정한 평등의 대원칙에 기초하여 정치적, 철학적 문제를 연구"하는 "특별 임무"를 가져야 한다는 추가 주장에 반발했다.

　결국 인터내셔널은 바쿠닌의 '동맹' 가입 신청을 거절했다. '동맹' 회원들은 개인의 자격으로만 가입할 수 있었고, 다음 해에 '동맹'의 지부는 인터내셔널 지부로 가입할 수 있게 되었다. 마르크스가 바쿠닌을 경계했지만 결코 독재적이거나 권위주의적인 방식으로 행동하지는 않았음을 시사하는 소위 실행 가능한 타협이었다. 하지만 마르크스는 바쿠닌의 동기를 애초 완전히 잘못 판단하고 있었다. 바쿠닌이 인터내셔널을 인수하거나 그 안에 비밀 결사체 혹은 모종의 분파를 만들려고 했다는 증거는 어디에도 없었기 때문이다. 위에서 보았듯이 바쿠닌은 '동맹'을 인터내셔널의 싱크탱크 내지 교육기관 같은 조직으로 두고자 했을 뿐이었다. 마르크스는 바쿠닌과 '동맹'이 인터내셔널에서 마르크스의 지위에 위협이 될까 봐, 그리고 바쿠닌이 주장하는 '직접적 행동'이 "정치적 행동이 노동자 해방의 열쇠"라는 자신의 믿음에 위협이 되었기 때문에 경계한 터였다.

따라서 본질적인 문제는 '직접적 행동'으로 갈 것인가, '정치적 행동'을 선택할 것인가에 있었다. 마르크스는 처음부터 노동자 운동이 국가를 이용하고 선거 정치에 참여해야 한다고 주장했다. 인터내셔널의 창립 규칙에서 그는 "노동계급의 경제적 해방은 모든 정치 운동이 수단으로서 종속되어야 하는 위대한 목적"이라고 주장하면서 정치적 행동을 신중하게 다루었다. 이러한 표현은 노동자 중심의 운동을 주장한 프루동주의자들이나 국가로부터 상당한 개혁을 얻을 수 있다고 믿었던 보다 온건한 영국 노동조합주의자와 독일 사회주의자들을 만족시켰다. 그러나 프루동주의자들은 1866년에 노동계급의 해방은 노동계급 스스로 쟁취해야 한다는 마르크스의 말을 받아들이고, 마르크스를 포함한 모든 비노동자들을 인터내셔널에서 배제하는 결의안을 통과시키는 데 거의 성공했다.

이에 대해 마르크스는 반격을 가했고 1867년 로잔에서 열린 대회에서 정치적 행동에 대한 문제를 제기했다. 주로 마르크스의 노력에 힘입어 총회는 "노동자의 사회적 해방은 정치적 해방 없이는 이루어질 수 없"고 "정치적 자유의 확립은 예비 단계로서 절대적으로 필수적"이라고 결의했다.* 이러한 결의는 의회 절차와 자본주의적 고도화에 대한 약속으로 해석될 수는 없었지만, 정치적 행동을 '하위 수단'에서 노동계급의 본질적 과업으로 전환하는 데 이바지했다.

1868년 브뤼셀 대회

마르크스는 1868년 브뤼셀에서 열린 대회에서 더욱 강력하게 자신의 신념을 추진했다. 한편, 프루동이 강조한 장인, 소유주, 소규모 지주, 숙련되고 반자율적인 노동자의 세계가 사라지고, 더 많은 사람이 임금 노동자가 되면서 그들은 프루동과 달리 점점 더 파업을 최고의 무기로 여기게 되었다. 노동자협동조합과 신용협동조합이 큰 자본을 대체할 수 있다는 프루동의 희망도 공유되지 않았다. 따라서 파업 행동과 생산 수단의 집단적 소유를 지지하는 마르크스의 결의는 대표자들에 의해 더욱 강력하게 지지되었다.

그러나 마르크스의 승리는 잠시였다. 브뤼셀 대회 후 불과 몇 달 만에 바쿠닌과 '동맹'은 인터내셔널 가입을 신청했다. 프루동은 1865년에 사망했지만, 그의 운동에 힘을 실어줄 뚜렷한 조

---

* https://theanarchistlibrary.org/library/mark-leier-bakunin

력자가 없었다. 반면 바쿠닌은 유명하고 인기 있는 인물이었다. '평화 자유 동맹'에서 가리발디와 함께 박수를 받은 것이 증거였다. 바쿠닌은 프루동과 달리 사유재산에 반대했기에 '쁘띠부르주아' 이데올로기로 비난받을 여지가 없었다. 국가 및 정치적 행동을 거부한 바쿠닌은 프루동주의자와 이탈리아나 스페인의 노동자들 사이에서 인기가 있었다. 그들은 투표권이나 의회에 의존할 수 없었기 때문에 직접적 행동에만 의존해야 했다.

동시에 바쿠닌의 혁명적 주장은 머나먼 미래가 아닌 현재에 대한 행동과 희망을 원하는 사람들에게 호소력이 있었다. 바쿠닌은 또한 인터내셔널의 '두뇌'인 마르크스에게 필적할 만한 능력도 있었다. 마르크스는 바쿠닌을 일컬어 "모든 이론적 지식이 결여"되고 "이론가로서 무(無)"인 인물이라고 주장했지만, 그것은 명백한 거짓이었다. 바쿠닌은 마르크스가 학문의 위력으로 압도한 바이틀링과 같은 순박한 노동자가 아니었다. 바쿠닌에겐 정확한 이론이 있었고 비지식인에게 다가가는 재능도 뛰어났다.

물론 마르크스는 그 누구보다 텍스트를 면밀하고 비판적으로 읽을 줄 알았다. 그는 '동맹'의 규약을 철저히 분석하여 "평등한 계급!"이라는 말이 나오자 이를 "계급의 폐지야말로 국제노동자협회의 위대한 목표를 이루는 프롤레타리아 운동의 진정한 비밀이다"라는 뜻이라고 주장했다. 바쿠닌은 뒤에 그것이 '동맹'의 '부르주아'들을 위한 타협이었다고 설명했는데, 마르크스도 '단순한 표기 실수'임을 인정했다. 그러나 나중에 바쿠닌과의 논쟁에서 마르크스는 이 문구를 경제학에 대한 바쿠닌의 무지를 드러내는 증거로 사용했다.

바쿠닌이 무신론을 '동맹'의 원칙으로 선언한 것에 대해 마르크스는 "왕의 칙령으로 신앙의 폐지를 선언할 수 있는 것처럼!"이라고 적었다. 무신론자인 마르크스는 종교를 억압받는 사람들이 누릴 수 있는 몇 안 되는 위안 중 하나로 이해하고, 억압의 원인을 제거하면 적어도 사회적 세력으로서 종교가 사라질 것이라고 보았다. 그러나 마르크스는 무신론을 인터내셔널 가입의 원칙으로 삼는다면 신을 믿는 잠재적 회원들을 소외시킬 것이라며 우려를 표했다. 바쿠닌의 상속권 폐지 요구에 대한 마르크스의 반응도 마찬가지로 이상했다. 이 요구는 사실 마르크

1869년 바젤대회에 참석한 바쿠닌

바젤 국제노동자협회 참가자들에게 연설하는 바쿠닌(1869)

스가 《공산당 선언》에서 동일한 언어로 표현한 것이었다. 그런데도 마르크스는 이것을 "오래된 생시몽의 만병통치약!"이라고 일축했고, 사유재산이 폐지되면 상속권이 무의미해질 것이라고 주장했다.

이러한 갈등은 인터내셔널 대회에서 토론의 이슈로 부각되었다. 가령 1869년 바젤 대회에서는 토지의 사적 소유 폐지와 상속권의 철폐가 문제시되었다. 이 두 사람의 갈등은 1864년 이후 다시는 만나지 않아 더욱 악화되었다. 마르크스는 1872년 헤이그에서 개최된 인터내셔널 대회에 단 한 번, 바쿠닌은 1869년 바젤 대회에만 참석했다. 바젤 대회는 바쿠닌의 위상을 크게 높였다.

아내의 불륜

바쿠닌의 아내 안토니아는 바쿠닌을 따라 스위스로 간 이탈리아 동지 중 한 명인 카를로 감부치와 불륜 관계를 맺었다. 친자 관계를 증명하는 것은 불가능했지만 바쿠닌도 감부치가 안토니아가 낳은 세 자녀의 아버지라고 믿고 있었다. 그럼에도 바쿠닌과 안토니아는 '결혼 생활을 함께 유지해준 애정과 충성의 유대'를 저버리지 않았다.

'동맹'이 설립된 1868년에 태어난 카를로는 1942년까지 살았다. 2년 후 태어난 소피아는 1956년까지 살았다. 1873년에 태어난 마리아는 이탈리아에서 유명한 화학자이자 대학교수가 되어 1960년까지 살았다. 감부치는 그의 말년까지 바쿠닌을 지원했다. 1876년 바쿠닌이 사망한 후 그는 안토니아와 결혼해서 타냐를 낳았다. 이러한 복잡한 관계가 유독 바쿠닌 한 사람만의 문제는 아니었다. 마르크스도 친자 확인을 거부했지만 동거하는 하녀에게서 아들을 낳았다. 게르첸과 그의 아내 나탈리, 그리고 헤르베그는 1840년대에 삼각관계였다.

바쿠닌에게 가장 큰 문제는 돈이었다. 이 돈 문제는 설상가상으로 정치적 싸움 때문에 더 복잡해졌다. 바쿠닌 가족은 오보렌스키와 함께 이탈리아에서 브베로 이사했는데, 이 도시는 '토지와 자유'의 이전 구성원인 니콜라이 우틴과 니콜라이 주코프스키를 포함하여 러시아 급진주의자들의 망명 중심지가 되었다. 오볼렌스키가 더는 바쿠닌을 경제적으로 지원할 수 없게 되자 주코프스키의 처형인 올가 레바쇼프가 나섰다. 그녀는 혁명에 투자할 준비가 되어 있었고, 그녀의 지원으로 서클은 급진적인 신문인 〈인민의 대의〉를 창간한다. 바쿠닌과 주코프스키가 편집하고 기사 대부분을 저술한 첫 번째 호는 1868년 9월에 발행되었다. 이 신문은 마치 바쿠닌이 마르크스와의 경쟁에서 얻은 상처럼 여겨졌다. 1년 전 '평화와 자유 동맹'의 제네바 대회에서 우틴은 자신을 아나키즘의 열렬한 추종자라고 바쿠닌에게 소개했다. 그 말은 진심이었을지도 모른다. 하지만 우틴은 〈인민의 대의〉 2호 발간 이전에 바쿠닌과 결별하고 직접 편집장을 맡았

1861년의 바쿠닌과 안토니아

다. 이후 우틴은 아나키즘과 결별하고, 개혁과 노동조합 정치를 주장하면서 신문의 논조도 바꾸게 된다.

바쿠닌은 또한 고도로 숙련된 제조업 부문의 토박이 노동자, 특히 유명한 스위스 시계 제조업자들과 갈등을 일으켰다. 투표권을 갖고 외국인 비정규 노동자보다 더 나은 급여를 받는 그들은 개혁과 정당 정치에 훨씬 더 관심이 많았다. 당연하게도 바쿠닌은 투표권이 없는 사람들의 편에 서서 그들의 상황을 개선하기 위한 유일한 방법으로 직접 행동과 의회 밖 정치에 이끌렸다. 반면 우틴은 마르크스를 따라 개량주의(改良主義, reformism) 노동자들 편에 섰다.

바쿠닌과 안토니아는 1868년 10월에 제네바의 노동 계층 밀

집 지역으로 이사했다. 그보다 먼저 그곳으로 이사한 게르첸이 재정적 도움을 줄 수 있기를 바랐으나 두 늙은 전사는 너무 자주 그리고 너무 격렬하게 다퉜다. 1869년 2월, 바쿠닌은 프리아무키노에 있는 누이들에게 "부채가 나를 짓누르고 있다. 나는 굶주림으로 죽음을 맞이하고 있다. 도와다오"라고 편지를 쓰지만 어떤 도움도 오지 않았다.

1869년 봄, 안토니아는 감부치와 함께 이탈리아로 장기간 여행을 떠났고, 몇 달 후 다른 아이를 낳아 돌아왔다. 그 사이 바쿠닌은 스위스 르 로클르에서 열린 연회에 주빈으로 참석하는 등 소소한 즐거움을 누렸다. 젊은이들이 모여 춤을 추는 동안 바쿠닌은 인간 행복의 조건을 상상하곤 했다. 그러고는 "자유를 위해 싸우다 죽는 것, 사랑과 우정, 예술과 과학, 흡연, 음주, 먹기, 잠자는 것"이라고 말했다.(카498) 비슷한 맥락으로 마르크스 역시 응접실 게임에서 "남자가 가장 좋아하는 미덕은 강함이고 여자는 약함"이라고 하면서, "자신이 가장 좋아하는 덕목은 단순함, 주된 성격상의 특징은 단일한 목표, 행복의 이상은 싸우는 것, 가장 비참한 것은 복종, 용서할 수 없는 악덕은 잘 속는 것, 가장 혐오하는 악덕은 노예근성, 가장 좋아하는 경구는 '인간에 관한 것은 무엇이든 낯설지 않다', 가장 좋아하는 좌우명은 '모든 것을 의심하라'"라고 털어놓았다.

1869년까지 바쿠닌은 인터내셔널의 새로운 제네바 지부, 로만드 연방 또는 로만스 연맹을 구성하는 것을 도왔다. 그리고 두 개의 새로운 아나키즘 신문인 〈에갈리테*L'Egalité*〉와 〈프로그레스*Progres*〉에 관여하면서 글을 실었다. 거기에서 그는 "혁명은 즉흥적으로 이루어지는 것이 아니다. 개인이나 가장 강력한 협회에 의해 임의로 만들어지지도 않는다. 그것들은 모든 의지와 음모와 독립적으로 발생하며 항상 상황의 힘에 좌우된다. 혁명은 예측할 수 있고 다가오는 기운도 감지할 수 있지만, 결코 서두를 수는 없다"고 했다.

마르크스도 처음에는 이 말에 동의했지만, 뒤에는 이를 극구 부인한다. 바쿠닌에 의하면 사회혁명은 "바리케이드와 정치 질서의 폭력적인 전복"이라는 의미에서 1848년과는 다르다. 왜냐하면 혁명가들은 "사람을 죽이고자 하는 것이 아니라 권위와 그것을 만드는 조건을 폐지하기를 원했"고 "정의의 지상 실현은 단일 수단인 연합"을 통해 이루어지기 때문이다. 노동자들은 대개 무력했고 고립된 연합체였다. '전국 노동자 연합'조차도 국제 자본에 저항할 만큼 강력하지는 않았다. 따라서 국제적인 노동자 연합을 조직하려면 인터내셔널이 제공할 수 있는 아이디어와 "공부, 노동, 공공 행동, 생활의 연대" 등이 필요했다. 이로써 노동자들은 협회, 협동조합, 노동조합, 공제회 등을 통해 "자기 일을 처리하는 데 익숙해지고" "미래 조직을 위한 귀중한 씨앗"을 준비하게 되기 때문이다.[*]

---

[*] https://theanarchistlibrary.org/library/mark-leier-bakunin

교육에 관하여

1869년 바쿠닌이 쓴 〈통합교육〉의 내용은 유치원에서 대학까지의 학교 교육이 여전히 노동자나 변호사를 생산하는 데 효율적으로 쓰이는 오늘날에도 여전히 주목할 만하다. 당시에도 미술, 음악, 문학은 학교 예산이 삭감되면서 교과 과정에서 첫 번째로 제외되었으며, 교육은 비판적 사고를 순종으로, 호기심을 지루함으로 대체하는 데 전념하고 있다. 이에 1869년 바쿠닌은 여성과 남성을 위한 통합적이고 균형 잡힌 평등 교육을 주장한다. 그는 부르주아가 스스로를 위해 지킨 특권 중 하나가 "완전한 교육"이라고 지적했다.

바쿠닌은 "과학적 배움으로 더 넓은 마음을 가진 사람, 자연과 사회의 법칙을 더 잘 이해하기 때문에 주변 환경의 본질을 더 쉽고 완벽하게 파악하는 사람은… 자연과 사회에서 더 자유롭고… 실제로 더 영리하고 강해질 것이다. …더 많이 아는 자가 덜 아는 자를 지배하게 될 것이다"라고 하면서 결국 이 차이가 사람들을 계급으로 나누고 인류는 머지않아 다시금 "많은 노예와 소수의 통치자"로 분열되고 말 것이라고 경고했다. 그러고는 전자(노예)가 후자(소수의 통치자)를 위해 일하게 되면서 특권층은 결국 '전체 교육'이 아닌 '일부 교육'만을 요구하게 되었다고 비판했다.

바쿠닌은 "과학적 발견"과 "예술적 창조물"이 모든 사람의 삶을 개선하지는 못하므로 일부 사람들이 풀타임으로 지적 추구에 전념하는 것은 허용해야 한다고 생각했다. 그러면서 자본주의가 이전 세기보다 더 많은 부를 창출한 것처럼 지식과 예술에서도 '광대한 진보'가 있었다고 인정했다. 그러나 이렇게 얻은 거대한 부가 동등하게 분배되지 않고 지식과 교육 역시 분배되지 않은 것이 문제라고 지적했고, 더욱이 노동자들이 절대적 측면에서 얻은 이익이 무엇이든 상대적 측면에서는 손실을 입었다는 점 역시 간과해서는 안 된다고 강조했다.

그는 노동자들이 예전보다 교육을 더 잘 받는다고 해서 특권층과의 격차가 과연 작아질 수 있을까, 하고 의문을 던졌다. 그러고는 교육이 강화될수록 "특권은 더욱 강력해지고 노동자는 노예보다 더 의존적으로 변할 것이다"라고 주장했다. 재산이 점점 더 적은 수의 손에 집중되는 것처럼 교육도 마찬가지여서 우리가 꿈꾸는 모든 '진보'의 실제적인 순 효과는 "이 세상을 적은 수의 지나치게 부유하고 학식 있고 지배적인 소수와 대다수의 비참하고 무지하고 노예적인 프롤레타리아로 나누는 것"일 따름이라고 일갈했다. 따라서 이 같은 교육의 결과는 실제로 노동자를 억압하기 위한 것이라고 하면서 "정치학, 행정학, 금융학"은 "학문으로 이루어진 폭력은 국민을 너무 많이 불평하지 않게 하고, 그들이 불평하기 시작할 때가 되면 침묵, 관용 및 복종을 부과하도록 만들어진 도구"에 지나지 않는다고 했다. 즉 학문은 인민을 속이고 분열시키며, 그들을 영원히 그리고 더욱 무지하게 만들어 결코 단결할 수 없게 부추긴다는 것이다.

　사회주의나 아나키즘을 부정하는 일반적인 견해는 대개 "그러면 이런 사회에서 대체 누가 하찮은 일을 도맡을 것인가?"라는 질문 때문에 탄생한다. 마르크스는 이 질문에 매우 유용한 대답을 내놓았다. 바로 "당신이다!"라고 답했기 때문이다. 바쿠닌은 어떻게 이야기했을까? 그는 모든 사람이 교육을 받는다면 누가 필요하지만 보람 없는 일을 하겠는가, 하는 질문에 이렇게 대답했다. "모든 사람이 일하고 모든 사람이 교육을 받고, 육체노동과 정신노동이 더는 분리되지 않을 때 모든 작업이 더 흥미롭고 유용할 수 있다." 그는 더 나아가 "각 개인이 신체적으로나 정신적으로 평등한 발달을 이루려면 서로를 방해하지 않고 서로를 지원하고 확장하며 강화해야 한다"고 말했다. 그러면서 "노동과 과학은 모두의 이익을 위해 존재한다. 이제 더는 노동자나 학자로 나누지 말고 '인간'만을 보자"고 강조했다. 바쿠닌은 "이런 사회가 온다고 해서 희소한 천재가 끈질기게 연구할 시간이 적어진다고 불안해할 필요가 없다. 그 개인에게서 무엇인가를 잃는다면, 그게 무엇이든, 나머지 사회 구성원이 그 공백을 메우고 보충할 수 있을 테니까"라고 말했다. 그러고는 "분명히 저명한 학자는 줄어들겠지만 동시에 무지한 사람들 역시 무한히 적어질 것"이라고 했다. "더는 하늘을 가지고 노는 소수의 사람은 없을 테지만, 현재 짓눌리며 고통에 허덕이는 수백만 사람들이 마침내 인간으로서 땅 위를 걷게 될 것이다. 반신(半

神)은 없을 테지만 노예도 없을 것이다." 왜냐하면 사회에서 "전자는 약간 내려가고 후자는 상당히 상승"할 터이기 때문이다.

모든 사람이 같은 수준의 교육을 받을 수 있는 것은 아니라는 주장에 대해 바쿠닌은 현재 "부유하지만 어리석은 상속인이 우수한 교육을 받을 것이다. 프롤레타리아의 가장 똑똑한 자녀들은 계속해서 무지를 물려받게 될 것이다… 교육은 노동자를 거부했다"고 대답했다. 학자들에게 제공되는 우수한 교육은 "일꾼의 노동력이 그에게 입히고, 묵게 하고, 먹이고, 교육에 필요한 가정교사와 책, 기타 교육에 필요한 모든 것을 제공했기 때문에" 가능했다는 것이다.

인류가 부와 여가, 교육을 모든 사람에게 동등하게 제공하는 사회를 만들기 전까지 누가 어떤 수준으로 교육을 받을 수 있는지 비교하거나 결정할 수 있는 적절한 근거는 없다. "양육, 교육, 경제적 및 정치적 지위"라는 인위적인 차이가 제거되면, 그는 대부분의 인간이 "동일하지 않지만 동등하고 따라서 평등"할 것이라고 생각했다. "천재"와 "바보"처럼 극단적인 경우도 여전히 존재하겠지만, 이들이 차지하는 비율은 아주 낮을 것이라고도 했다. 바쿠닌은 또한 배울 수 없었던 위치의 사람들이 더 많이 더 자주 질병에 시달렸다고 하면서 모든 사람에게 평등한 의료, 영양, 자원을 제공해야 한다고 주장했다. 그러고는 "누가 어떠한 사람으로 발전할지 예측하는 것은 거의 불가능하다"고 하면서 "모든 사람이 교육을 잘 받은 사회에서 인간의 진보란 고립되고 무작위적인 천재가 아니라 모든 사람이 지닌 훨씬 더 큰 능력에 달려 있다"고 말했다.

그런 다음 그는 새로운 사회에서 실천해야 할 교육을 간략하게 설명했다. 그것은 "각 성의 모든 어린이가 생각하는 삶과 노동의 삶을 준비하도록 해줄 것"이며 사회학을 포함한 모든 과학에 대한 일반적인 지식을 제공할 것이다. 아무도 "모든 과학의 모든 전문 분야"를 포괄할 수 없기에 학생들은 일반 교육을 마친 후 "개인의 적성과 취향에 가장 적합한" 특정 연구 분야를 선택할 수 있고, 그 어떤 부모나 교사도 아이를 위한다는 명목으로 대신 결정을 내릴 수 없어야 한다는 것이다.

그는 또한 종교에 관한 도덕은 "권위를 존중하는 것과 인간에 대한 경멸이라는 두 가지 부도덕한 원칙에 기초"한다고 주장했다. 반면 속세의 도덕성은 "권위에 대한 멸시와 인류의 자유를 존중하는 데 기초"한다고 했다. 그러나 이는 자유 의지를 말할 때의 그 자유가 아니다. 바쿠닌은 그러한 자유가 존재한다는 것을 부인했다. "소위 인간의 모든 악덕과 미덕은 자연과 사회의 결합된 행동의 산물이다… 모든 개인은 삶의 매 순간 예외 없이 자연과 사회에 의해 만들어진다." 이것이 일부 사람에게는 실존적 마비의 원인이 될 수 있지만, 바쿠닌에게는 "인간이 도덕화되기 위해서는 사회 환경이 도덕화되어야 한다는 추가 증거"로 보였다. 그러나 "자본주의 사회에서는 현실적이고 통합적이며 완전한 교육이 이루어질 수 없기에 필요한 것은 교육의 혁명이 아니라 혁명을 교육하는 것"이다. 그러고는 "일단 사람들이 해방되면 그들은 스스로를 교육할 것이다"라고 강조했다.

고통의 날들

1869년 12월, 안토니아가 이탈리아에서 돌아와 로카르노에 합류했다. 그는 오가료프에 보낸 편지에서 "나는 끔찍할 정도로 어리석은 짓을 저질렀고, 더군다나 나보다 거의 두 배 반 어린 여자와 결혼하는 죄를 저질렀다"고 썼다. 그리고 안토니아는 "온유하고 아름다운 영혼을 지닌 인물이며 아버지가 딸을 사랑할 수 있는 만큼 나도 그녀를 사랑한다"고 말했다. 따라서 그녀가 감부치에게서 "그녀의 진정한 사랑"을 찾았을 때, 바쿠닌은 어떤 대가를 치르더라도 안토니아의 마음을 인정하기로 했다. 그는 그녀가 자신과 함께 있기를 바랐지만, 그녀가 감부치에게 간다면 반대하지도 않을 것이라고 했다. 게다가 그녀의 연인은 자신의 친구이자 동료 혁명가이지 않은가.

편지에는 안토니아가 어떻게 사랑을 숨겼고, 뒤이은 임신과 카를로의 탄생을 숨겼는지, 그녀가 매우 다른 두 남자와 두 개의 매우 다른 관계 사이에서 얼마나 갈등했는지, 세 사람이 어떻게 상황을 해결하려고 노력했는지, 얼마나 서로를 진심으로 배려했는지에 대한 이야기가 담겨 있었다. 바쿠닌이 고심 끝에 내린 결론은 이러했다. 안토니아가 감부치의 사랑을 포기하고 친구로 남고, 바쿠닌은 "내 아들과 미래의 아이"를 받아들일 스위스로 돌아가는 것, 또는 감부치가 안토니아를 배우자로, 아이들을 친자로 공식 인정하고 함께 머무는 것이었다.

그러나 바쿠닌에 따르면 감부치는 공식적으로 자신의 친자 관계를 인정하거나 자녀를 양육하는 데 열중하지 않았다. 안토니아는 이에 분노했다. 동시에 그녀는 바쿠닌과의 생활에 익숙해져서 바쿠닌 없이 사는 삶을 상상할 수가 없었다. 안토니아는 마침내 바쿠닌과 함께하기로 결정했고, 그는 "감부치의 자녀를 입양했으며, 안토니아와 함께 교육을 책임지고 지도할 수 있는 그의 확실한 권리를 부인하지 않겠다"고 했다. 감부치는 그들에게 돈을 보내겠다고 약속했고 "혁명이 나를 부르지 않는 한 안토니아와 함께 남겠다. 그러면 나는 혁명과 나 자신에게만 속할 것이다"라고 했다. 이는 여성의 권리에 대한 바쿠닌의 헌신과 그가 아주 오래전에 누이들의 투쟁에서 배운 교훈과 전적으로 일치하지만, 대부분의 삶의 교훈과 마찬가지로 상당한 고통과 자기기만이 따랐을 것이다.

1869년 7월, 오보렌스키의 남편은 스위스 당국의 묵인하에 그들의 아이들을 어머니에게서 납치하여 러시아로 데려갔다. 바쿠닌은 〈베른의 곰과 상트페테르부르크의 곰〉이라는 제목의 긴 팸플릿에서 그녀를 억압적인 러시아를 떠나 자유 속에서 아이들을 양육한 어머니로 변호했다. 그리고 그녀는 재산을 몰수당했다. 스위스와 러시아 정부 모두 소위 '남편과 아버지의 권리'를 지지했기 때문인데, 이런 데서도 두 나라의 참으로 억압적인 성격이 드러난다.

바쿠닌의 일과 삶을 더욱 복잡하게 만든 것은 1869년 3월에 시작된 네차예프와의 교제였다. 바쿠닌은 1870년 6월에 마침내 그와 헤어지지만, 그들의 관계는 번역에 필요한 평화와 평온에 거의 도움이 되지 않았다. 실제로 〈베른의 곰과 상트페테르부르크의 곰〉의 대부분은 네차예프를 비롯한 러시아의 급진적 커뮤니티를 괴롭히는 스위스 당국을 겨냥한 것이었다.

마지막 어려움은 마르크스가 바젤 회의 직후 바쿠닌에 반대하는 캠페인을 재개한 일과 그 선봉에 우탄이 있었다는 사실이었다. 우탄은 바쿠닌과의 관계가 단절된 후인 1875년에 혁명 운동과도 결별하고 러시아 정부로부터 사면을 받았다. 그리고 러시아로 돌아가 가족이 하는 주류 사업에 뛰어들어 부자가 되었다.

〈바쿠닌에 대한 비밀 서신〉

마르크스는 1870년 3월에 리프크네히트의 독일 사회민주노동당의 영향력 있는 당원인 그의 친구 루트비히 쿠겔만에게 〈바쿠닌에 대한 비밀 서신〉을 보냈다. 바쿠닌이 러시아 스파이였다고 반복하면서 마르크스는 '평화와 자유 동맹'의 구성원들이 바쿠닌을 '러시아 용의자'로 주시하고 있다고 비난했다. 그리고 바쿠닌이 '동맹'에서 "러시아의 낙관주의자들이 자신들의 야만성을 최소화하기 위해 서구 문명을 공격하는 데 사용하는 것과 같은 어조로 서구 부르주아를 비난했다"고 덧붙였다. 이 말은 바쿠닌을 주축으로 한 러시아 무리가 서구 문명을 파괴할 것이라는 독일의 뿌리 깊은 두려움에 영향을 미쳤다. 실제로 그 두려움은 20세기 들어서 독일이 벌인 두 번의 공격적인 전쟁으로 나타난다.

나아가 마르크스는 바쿠닌은 기회주의자이고, 실패할 게 뻔한 급진적인 결의를 '동맹'에 고의로 도입했으며, '동맹' 역시 알고 보면 "바쿠닌주의자들의 사적 신비주의 조직"이라고 비판했다. 그 후 마르크스는 자신과 이후의 마르크스주의자들이 다음 세대에 걸쳐 만들 비열한 고발 계획에 착수한다. 바쿠닌이 인터내셔널에 가입하여 인터내셔널을 분열시키고 자기 세력을 확산하기 위해 불화의 씨를 뿌렸다고 떠들어댄 것이다. 마르크스는 '동맹'이 "인터내셔널의 해체를 위한 기계"일 뿐이며 바쿠닌은 "사회 이론 분야에서 가장 무지한 사람 중 하나"인 데다가 이른바 "종파 창시자"처럼 단 하나의 기능만을 갖고 있다고 주장했다. 그러면서 그는 바쿠닌이 바젤 대회에서 주장한 상속권 결의가 인터내셔널을 인수하기 위한 교활한 책략이었다고 비난했다.

1870년 1월 초 게르첸이 사망한다. 마르크스는 게르첸이 러시아 범슬라브주의 그룹으로부터 연간 2만 5천 프랑을 받았는데, 바쿠닌이 상속권에 대한 증오에도 불구하고 게르첸의 재산에서 이 돈을 횡령했다고 비난했다. 그 비열한 비난의 예들을 더 열거할 필요는 없을 것 같다. 마르크스의 이 같은 주장은 사실이 아니기 때문이다. 바젤 대회 이후에 아나키스트 신문에 실은 그의 글은 대회에서 그가 했던 두 연설문뿐이었으며, 그 어느 쪽도 인터내셔널에 대해 비판적이지 않았다.

인터내셔널의 성장

마르크스의 비난에도 불구하고 인터내셔널은 바쿠닌이 영향력을 행사한 지역에서만 성장했다. 영국인들은 흥미를 잃고 마르크스와 대립했고 독일인은 마르크스가 싫어하고 불신했던 라살의 당과 훨씬 작은 리프크네히트의 사회민주노동당으로 분열되었다. 이 두 그룹은 인터내셔널을 건설하는 것보다 서로 싸우는 데 더 관심이 있었다. 인터내셔널의 지부를 만드는 것은 독일에서 불법이어서 조직의 사활을 어렵게 만들었다. 프랑스는 가장 강력한 지부였지만 총회를 거의 무시했고 믿을 수 없었다. 유일하게 진정한 성장이 이루어진 곳은 스위스, 벨기에, 스페인, 그리고 이탈리아였다.

스페인과 이탈리아는 산업화 과정에 들어선 지 얼마 되지 않앉는데, 자본주의의 충격파로 인해 노동자들은 전투적이고 급진적으로 변모했다. 새로 창출된 부는 혁명에 반대하거나 개혁을 장기적으로 바라볼 여유가 있는 상당한 수준을 갖춘 노동 귀족에 유리했다. 반면 노동자들에겐 자신들의 요구를 주장할 법적 수단이 없었다. 노동조합은 금지되었고, 투표는 제한되었으며, 노동자 정당은 존재하지 않았다. 따라서 개혁주의와 정치적 행동은 부적절하고 불가능해 보였다. 이에 따라 아나키즘의 반정치적이고 직접적인 행동은 매우 의미가 있게 여겨지게 된다.

바쿠닌의 동료들은 이탈리아와 스페인에서 활동하며 뜨거운 환대를 받았다. 인터내셔널에서는 아나키즘의 영향력이 1870년 9월 파리에서 열릴 다음 대회까지 점점 커질 것이라는 점을 확신했고, 마르크스는 이런 분위기에 맞서기 위해 부단히 노력했다. 그러나 프랑스 정부가 급진파와 노동조합 운동가를 탄압하고 재량에 따라 의회 개최지를 독일 마인츠로 변경했기에 그의 노력은 수포가 된다. 게다가 그의 새로운 계획마저 1870년 7월 19일, 프로이센-프랑스 전쟁이 발발하면서 불가능해진다.

9장 파리코뮌

프로이센-프랑스 전쟁

프로이센-프랑스 전쟁은 이미 오래전부터 예고된 바였다. 비스마르크는 전쟁에서 정치적 독립 유지를 선호하는 바이에른과 같은 독일 국가를 프로이센의 영토로 끌어들일 수 있는 기회를 엿보는 중이었다. 프랑스에 승리한다면 독일은 석탄과 철이 풍부하게 매장되어 있는 알자스-로렌(Alsace-Lorraine)의 지배권을 갖게 될 터였다. 프랑스는 전쟁을 통해 얻을 수 있는 영토나 자원이 거의 없었지만, 나폴레옹 3세는 오랫동안 민족주의 정서와 민중의 히스테리를 이용해 사회주의와 노동운동, 정치적 반대 세력을 분쇄하여 자신과 정부에 대한 인민의 지지를 불러일으킬 참이었다. 현대 한국에서도 흔히 보는 행태이니 이상할 것도 없다.

프랑스의 사회주의자들은 전쟁에 반대했다. 반면 의회로 진출한 일부 독일 사회주의자들은 독일이 방어 전쟁을 하고 있다고 주장하면서 압도적으로 전쟁을 지지했다. 독일군은 프랑스 전선을 돌파하여 8월 19일 메츠에서 155,000명의 프랑스 군대를 포위하고, 9월 1일엔 세단에서 나폴레옹 3세를 포함한 130,000명의 다른 프랑스 군대를 가두었다. 3일 후 파리의 군중은 지방 정부를 장악하고 제2제국의 몰락을 선언하면서 공화제 정부를 선포했다. 그러나 9월 20일까지 파리는 침략자에게 둘러싸여 있었다. 도시를 구제하기 위해 지방 세력을 결집시키려는 의도는 초기엔 지지를 얻었지만 곧 실패했다. 중앙 정부가 휴전 협정에 서명하고자 했을 때, 파리 시민들은 여전히 완강하게 버티면서 독일군과 프랑스 정부에 대항했다.

당시 스위스에 있던 바쿠닌은 1870년 8월부터 〈프랑스인에게 보내는 편지〉* 시리즈를 시작하여 프랑스 정부의 실패를 설명하고 국가를 재앙으로 몰아넣은 정치인들은 국가를 구출할 수 없으므로 인민군대가 동시에 혁명전쟁을 벌여야 한다고 주장했다. 그리고 전국의 자유로운 봉기만이 프랑스를 구할 수 있으므로 리옹, 마르세유, 루앙과 같은 대도시의 노동자와 시골의 농민이 이를 주도해야 한다고 했다.

바쿠닌은 농민들에게 문제가 있음을 인정했다. 그들은 침략자로부터 조국을 구한 러시아 농민과는 매우 다른 사회적, 경제

---

* 원래는 약 3만 단어로 된 원고였으나 기욤에 의해 편집되어 6개 장의 책으로 출판되었다.

적 지위를 차지했다. 프랑스 소작농은 농노나 농업 노동자라기보다 독립 농민에 가까운 소규모 지주였다. 그들은 스스로를 시골의 소유주로 여기는 경향이 있었기에, 도시 노동자를 싫어하고 두려워했다. 나폴레옹 3세를 선출하고 그의 반동 정책을 지지한 것도 농민들이었다.

그런데도 바쿠닌은 그들이 인민 전쟁에 참여할 수 있다고 주장했다. 그들은 재산 소유자지만 부유하지 않았고 방어할 특권도 거의 없었다. 게다가 소규모 토지 소유자로서 대형 자본의 압박을 느끼고 있었고, 대규모 부재지주를 경멸했다. 그리고 만일 농민의 토지 소유 의식이 맹렬한 애국심으로 바뀐다면 독일 침략자에 대한 증오가 쉽게 형성될 것이라고 바쿠닌은 보았다.

그러나 바쿠닌은 도시 노동자를 결집했던 슬로건과 아이디어가 농민에게는 효과가 없을 것이라고 경고했다. 그들의 경험은 아예 달랐으므로 그들이 가진 고유한 전통과 편견을 무시하지 않는 것이 더 중요하다고 판단한 것이다. 예를 들어, 나폴레옹 3세를 공격하는 것은 파리에서 환호성을 불러일으킬 만한 일이었지만, 그에 의해 지방 당국과 자본가로부터 보호를 받은 농민들은 불같이 화를 낼 게 뻔했다. 토지를 집산화하자는 이야기도 그들을 화나게 했다. 농민의 소유는 자본주의 산업과는 달랐기에 사회혁명을 일으킨다는 명목 아래 폐지될 필요도 없었다.

1789년부터 여러 세대의 급진주의자들이 그랬던 것처럼 농민들에게 반란을 일으키고 도시의 혁명에 집결하라고 명령하는 것은 완전히 비생산적인 일이었다. 설상가상으로 노동자들 자신이 싸우고 있는 대상도 바로 그러한 권위주의였다. 도시 급진주의자들은 농민에 대한 편견을 떨쳐버리고 농민이 조직하고 동맹을 맺어야 하는 유권자라는 것을 이해해야 했다. 역사적으로 농민들은 종종 반동의 편에 섰지만, 여전히 '사회주의적 열정'을 갖고 있었다. 나폴레옹 3세가 지지를 얻기 위해 이용한 것은 자유와 평등에 대한 농민의 열망이었다.

바쿠닌에 의하면 혁명가가 해야 할 일은 "이 같은 열정을 그들의 진정한 목표, 즉 본능에 부합하는 목표를 향하게 하는 것"이었다. 농민의 본능은 '사회주의'임을 바쿠닌은 직시했다. 왜냐하면 그것은 본질적으로 "모든 노동 착취자에 대해 모든 노동자가 공유하는 증오"였기 때문이다. 이 같은 경제적 사실은 모든 "초보적이고 자연적이며 실제적인 사회주의"의 핵심이었다. 그런데 사회주의 사상가들의 추상적인 체계, 교리적 사고, 과다한 이론은 그 본질을 흐리게 하는 경향이 있었다. 그것들을 버리고 본질을 직시하면 혁명가는 농민들이야말로 그 누구보다도 혁명할 준비가 잘되어 있는 존재임을 알게 될 것이라고 바쿠닌은 믿었다. 그러나 중앙 집중화와 국가 통제를 약속한 사회주의는 농민들이 거부할 것이다. 나폴레옹 3세의 호소력 중 일부는 정부 규제, 세금 및 감독을 줄이겠다는 약속이었으나 제대로 지켜지지는 않았다. 결국 아나키즘만이 농민을 사로잡을 터였다.

〈프랑스인에게 보내는 편지〉는 농민에 대한 바쿠닌의 깊은 이해를 보여주는 훌륭한 문서다. 그는 처음에는 멀리서 전쟁에 대해 논평하는 데 만족했다. 이미 쉰일곱 살에 들어선 노년이었고, 감옥에서 겪었던 타격에서 아직도 회복하지 못하고 있었다. 그러나 혁명의 종소리가 울리고 마지막 프랑스 군대가 스당에서 항복을 선언하자 바쿠닌은 그곳 노동자들이 인민 전쟁과 사회혁명의 예비 라운드로 봉기를 시작할 거라는 희망을 품고 리옹에서 동지들과 합류하기로 결심했다.

1870년의 리옹

바쿠닌은 프랑스의 유일한 희망이 도시의 반란에 있다고 주장했다. 1870년 9월 15일 그가 리옹에 도착했을 때 그곳은 이미 파리와 마찬가지로 공화국으로 선언된 뒤였다. 1789년 프랑스 혁명의 전통에 따라 해산된 정부를 대체할 '비상 공공 안전 위원회'를 만들고 자유선거를 실시하고 있었다. 공장은 민주적 작업장으로 국유화되었고 자본가에게 이윤보다는 완전 고용을 제공하도록 요구되었다. 공식적인 '질서'가 무너진 뒤 사람들은 자유롭게 아래로부터 스스로 자치체를 조직했다.

독일 침공의 여파도 여전했다. 프랑스 전역에서 봉기가 일어났다. 하지만 사람들이 만든 조직과 계획에도 문제점이 많았다. 리옹에서 바쿠닌은 자치 위원회를 조직하도록 도왔고 부자에 대한 세금 인상과 군 장교의 자유선거를 요구하는 공개 시위를 조직했다. 그러고는 인민의 정의가 국가의 사법 시스템을 대체할 것이라고 발표했다. 세금, 부자들을 위한 저축, 모기지론이 폐지되고 위원회는 프랑스를 방어할 준비를 시작했다. 아이디어는 대부분 바쿠닌의 것이었고, 시위와 퍼레이드에서 그의 생각은 인민의 지지를 받았다.

그러나 리옹은 통일되지 않았고 의견의 차이는 곧 깊은 균열이 되었다. 이러한 문제에 대해 어느 정도 경험이 있었던 바쿠닌은 신생 공화국을 분쇄하기 위해 단체를 조직하는 사람들을 체포해야 한다고까지 주장했다. 그러나 그의 동료 중 일부는 그러한 과감한 조치를 주저했다. 설상가상으로 시의회는 임금을 삭감했는데, 이는 사실상 공화국에 반대하는 자발적 집회를 보장한 조치였다. 임금 삭감에 항의하기 위한 시위에서 바쿠닌과 몇몇 사람들은 새 임시 정부를 선포한 호텔을 인수했다. 그러나 리옹 공화국에는 시간이 부족했다. 프랑스 방위군이 도착하여 호텔로 행진하는 동안 도시의 군사령관은 현장에서 물러났다. 바쿠닌은 체포되었다가 혼돈과 방위군의 방치 속에 석방되어 9월 말 스위스로 돌아갔다.

1870년의 리옹이나 1848년의 파리에서 볼 수 있었던 것은 사회혁명이 아니었다. 바쿠닌을 비판하는 자들은 그가 사태에 연루되는 바람에 다른 사람들의 생명마저 위험에 빠뜨렸다고, 무모한 시도라고 비난했다. 리옹 봉기가 실패했다는 데엔 의문의 여지가 없었다. 그러나 "저항은 헛된 것"이라고 믿는 사람들은 암울한 선언을 자기 성취적 예언으로 바꾸게 마련이다. 토머스 제퍼슨과 레닌이 만일 '확률'을 세심하게 측정했다면 그들은 늘 침대에 누워 있었을 것이다. 승리할 것을 알면서 싸움을 시작하는 것은 상대적으로 쉽고, 역사의 관점에서 볼 때 실패한 노력을 비난하는 것은 더 쉬운 일이다.

그런 비판을 가한 대표적인 사람이 마르크스였다. 프로이센-프랑스 전쟁이 발발한 다음 날, 그는 엥겔스에게 "프랑스인은 욕을 먹어야 한다"고 선언했다. 나아가 프로이센의 승리는 국가 권력을 중앙 집중화하고 "노동계급의 중앙 집중화"를 이루게 하며, 독일이 프랑스를 대체하여 "서유럽 노동계급 운동의 중심"이 될 것이라고 단언했다. 마르크스는 "독일 노동계급이 이론적으로나 조직적으로 프랑스보다 우월하기 때문에" 좋은 결과를 가져올 것이라고 믿었다. 게다가 프로이센의 승리는 "동시에 우리 이론이 프루동의 이론보다 우월하다는 것을 의미할 것"이라고 여겼다. 비록 프로이센이 부패한 보나파르트 정권의 번성을 허용하고 독일을 위해 모든 악덕을 채택함으로써 일말의 책임이 있다고 해도 전쟁은 독일을 위한 '방어 전쟁'이라고 계속 주장했다. 그는 진정한 문제는 독일 노동자들이 국가가 전쟁을 방어적 전쟁에서 공격적 전쟁으로 전환하는 것을 막을 수 있을지, 독일과 프랑스 노동자가 국경을 넘어 연합하여 궁극적으로 스스로 '전쟁을 끝낼' 것인지 묻는 것이라고 주장했다. 마르크스는 리옹의 봉기에 대해 "처음에는 모든 것이 순조로웠"으나 "당나귀 바쿠닌"이 모든 것을 망쳤다고 비난했다. 그와 엥겔스는 독일 침공에 맞서 싸우기 위한 노동자 봉기의 개념 자체에 반대했으며, 그러한 행동이 그들을 20년, 또는 50년 전으로 되돌릴 것이라고 믿었다.* 그러나 파리코뮌은 마르크스와 엥겔스의 예측을 재검토하게 했다.

파리코뮌_이름에 합당한 유일한 자유

마르크스와 엥겔스의 예상과 달리 프랑스 정부는 점점 더 반동적이 되었고, 독일군이 집으로 돌아가 사회주의 혁명을 추진할 것이라는 징후는 전혀 없었다. 도리어 파리의 노동계급은 공화국을 선포하여 얻은 자유를 굳게 부여잡고 혁명적 전통을 재확인했다.

1871년 3월 18일 파리 시민들은 프랑스군이 도시에서 포병을 제거하는 것을 반대했다. 대신 그들은 자체 민병대를 창설하고 파리를 자유 도시인 코뮌으로 선언하고 호텔 드 빌에 적기를 게양했다. 프랑스군이 반군에게 넘어간 1848년이 되풀이될 것을 두려워한 중앙 정부는 도시에서 군대를 몰아내라고 명령했다.

---

* https://theanarchistlibrary.org/library/mark-leier-bakunin

코뮌에 참가한 코뮈나르들은 급식소, 병원, 신문 및 시청을 조직했다. 보통선거와 대의구를 기반으로 하는 도시의 새로운 정치 구조를 만들었다. 모든 정부 직위는 선출되었으며, 모든 공무원은 유권자에 대해 즉시 책임을 지고 소환될 수 있게 되었다. 입법부와 행정부 사이에는 구별이 없어졌다. 선출된 대표자들은 모두 일을 공유하고 일반 노동자와 동일한 급여를 받았다.

파리 사람들은 독일의 침략자들과 자신들을 배신한 프랑스 정부에 대한 반란에 다른 도시민들이 합류할 것을 요구했다. 그들이 방어한 것은 정작 여전히 체류해 있는 독일군이 아니라, 자국민에 대한 공격을 위해 군대를 배치한 프랑스 정부였다. 마침내 1871년 4월 11일, 프랑스군이 코뮌을 공격했다. 몇 달 동안 포위당하여 공격을 받았지만 코뮌의 지원병들은 군수품과 식량과 시간이 바닥나서 군대가 승리를 주장할 수 있을 때까지 거리와 대로에서 싸웠다. 프랑스 대혁명 중 소위 '공포 통치'는 몇 달에 걸쳐 2,500여 명의 귀족을 단두대에 보낸 반면 파리 코뮌에서는 많은 사람이 무기를 내려놓고 항복한 뒤 5월 21일부터 28일까지의 '피의 일주일' 동안 2만 명이 넘는 코뮈나르가 학살당했다. 반동은 언제나 혁명보다 더 폭력적이라는 바쿠닌의 주장이 증명된 끔찍한 대학살이었다.

에릭 홉스봄(Eric Hobsbawm)이 지적했듯이 파리코뮌은 "기이하고 영웅적이며 극적이며 비극적"인 사건이었다. 그러나 생명이 짧았다고 해서 적들을 안심시키거나 좌익의 중요성을 훼

손하지는 않았다. 누구나 그것이 노동계급의 힘이자 미래의 약속임을 이해했다. 그 약속은 1848년 바리케이드에 있었다가 코뮌의 봉기 시 그들에게 돌아온 제1인터내셔널의 프루동주의자 회원인 외젠 포티에(Eugene Pottier)가 작곡한 좌익 찬송가 〈인터내셔널〉(The Internationale)의 구절에서 반복된다. "일어나라, 굶주린 죄수들이여! 우리는 아무것도 아니었다. 우리는 모두가 될 것이다."

코뮌의 가장 큰 정치적 병력은 프루동주의자였다. 루이즈 미셸(Louise Michel), 엘리제 르클루(Elisée Reclus)와 같은 아나키스트들과 함께 마르크스주의자, 자코뱅주의자, 블랑키주의자들도 참여했으나 인터내셔널과는 무관했다. 바쿠닌은 파리코뮌이 혁명적 사회주의의 원칙을 실현하고 국가를 인민의 자주 조직화로 대체하려는 최초의 시도라고 주장했다. 파리 시민들은 중앙 정부의 도움 없이, 아니 중앙 정부에 반대하여 두 군대의 대포와 총검 아래 수십만 명의 인구를 조직하고, 먹이고, 무장시켰다. 코뮌의 사회주의는 강령이나 이론이 아니라 '인민, 인민 집단 및 협회의 자발적인 행동' 그 자체에 있었다. 그것이 코뮌의 교훈이었다.

바쿠닌 사회주의와 마르크스 공산주의의 대립

바쿠닌에 의하면 미래 사회는 신도 국가도 주인도 없이 "아래로부터 위로, 노동자의 자유로운 결사와 연맹에 의해, 처음에는 노동조합에서, 그다음에는 코뮌에서, 그다음에는 지역과 국가에서, 마지막으로 위대한 국제사회에서" 만들어져야 한다. 바쿠닌은 "광신적인 자유의 연인"이라는 말을 즐겨 사용했는데, 이는 "국가가 부여하고, 측정하고, 규제하는 형식적 자유"가 아니라 "진정으로 그 이름에 합당한 유일한 자유, 즉 모든 사람에게 내재된 물질적, 지적, 도덕적 힘의 완전한 발현으로 구성된 자유"라는 의미였다.

바쿠닌에 의하면 자유에는 평등이 필요하고 이는 "노동과 집단 재산의 자발적 조직, 자유롭게 조직되고 연합된 공동체 생산자 연합"에 의해서만 달성될 수 있다. 즉 그것은 국가를 통해 달성될 수 없으며 '사회주의자 또는 혁명적 집단주의자'를 '권위주의적 공산주의자'에서 분리해야 가능하다. 그들의 목표는 동일하다. 즉 "집단 노동의 조직화에만 기초한 새로운 사회 질서의 창조", 경제적 평등, 그리고 "노동 도구의 집단적 전유", 또는 더 느슨하게 말하면 "생산 수단의 공유"이다. 그러나 권위주의적 공산주의자들은 이것이 "노동계급 정치권력의 발전과 조직화"에 의해 달성될 수 있다고 믿었다. 반면 아나키스트들은 그것이 "정치적 권력이 아니라 사회적, 따라서 결과적으로 도시와 국가의 노동 인민의 반정치적 권력의 발전과 조직"을 통해 얻을 수 있다고 주장했다. 권위주의적 공산주의자들이 국가

권력을 장악하자고 했다면, 아나키스트들은 그 대신 국가의 '파괴'나 '청산'을 요구했다. 두 그룹 모두 합리성과 과학을 믿었지만, 권위주의적 공산주의자들이 그것을 강요한 반면 아나키스트들은 그것을 전파하려고 했다. 혁명적 사회주의자, 아나키즘적 사회주의자들은 "인류는 스스로를 충분히 오랫동안 통치해 왔는데, 불행의 원인은 이런저런 형태의 정부가 아니라 정부 자체에 있다"고 주장했다.

바쿠닌의 분석은 자본과 국가만큼이나 마르크스를 겨냥하고 있었다. 마르크스 자신도 처음에는 리옹에 대해 그랬던 것처럼 코뮌에 대해서도 열광적이지 않았다. 부분적으로 그 가능성에 대한 현실적인 평가를 기반으로 했기에 일면 회의적이었다. 그러나 파리코뮌은 개혁, 독일 노동계급, 국가에 대한 그의 분석에 대한 강력한 반론이었다. 그는 먼저 코뮈나르가 부상한 것을 비판하고는 '충분히 빨리 멀리' 가지 못한 것에 대해 비판했다. 코뮌이 존재했던 그 짧은 시기에 인터내셔널의 공식 목소리는 침묵을 지켰다. 그러나 안전하게 무시했던 리옹 봉기와 달리 파리코뮌에 대해서는 그렇게 할 수가 없었다. 리옹과 파리는 1848년 이후 가장 중요한 유럽 노동계급의 행동이었던 '사회적 실험'이었다. 그것은 마르크스가 《프랑스 내전》에서 말한 것을 재고하게 만들었다. 원래 코뮌에 대한 인터내셔널의 입장을 설명하기 위해 쓴 《프랑스 내전》은 혁명을 죽인 마지막 대학살 이후에 완성되었다. 그 에세이는 마르크스가 아나키스트적이라는 것을 보여주었고, 《자본론》으로부터 출발하여 개혁을 위해 열심히 노력하는 사람들에게 매우 효과적인 해독제였다.

그 책에서 마르크스는 바쿠닌과 마찬가지로 파리 노동자들의 자율적 행동을 칭찬하고 그들 스스로가 만든 민주적 조직을 미래 사회주의 사회의 모델로 예고했다. 이제 코뮌은 마르크스가 국가에 대한 그의 생각 중 일부를 재고하도록 압력을 가하고 있었다. 그가 파리 봉기 1년 후에 출판된 《공산당 선언》의 1872년 독일어판 서문에서 언급했듯이, 코뮌은 "노동계급이 단순히 기성 국가라는 기계를 손에 쥐고 자신의 목적을 위해 휘두를 수 없다"는 것을 증명했다. 즉 부르주아 지배에 잘 적응된 국가라는 기계는 사회주의의 모델을 제공할 수 없다는 뜻이다.

그것은 원래 바쿠닌의 생각이었다. 그래서 오래된 적들은 이제 서로 "동지!"라고 외치며 손에 손을 잡을 것 같았다. 이제 그들은 함께 일하고, 서로를 분열시켰던 그 역동적인 긴장을 적극적으로 활용하여 통일된 사회주의 국가를 건설하고, 인류의 역사를 훌륭하고 진정성 있게 새로이 시작하기로 합의한 것처럼 보였다.

인터내셔널, 바쿠닌을 제명하다

그러나 코뮌이 통합을 위해 제공한 기회는 다시금 날아가버렸다. 또 다른 상호 불신과 책략이 난무했기 때문이다. 전쟁, 반란, 억압으로 인해 국제 대회를 소집하는 것이 연기되자 1871년 9월 런던의 작은 술집에서 비공개회의가 열렸다. 거기에서 마르크스는 다시 바쿠닌을 비난하고, 그의 행동을 불법으로 규정한 뒤 추방하는 권한까지 부여받았다. 이유는 예전과 똑같았다.

아나키스트들은 급히 스위스의 송비예(Sonvillier)에서 대회를 주선하고 22개 구역 중 9개 구역에서 16명의 대표를 모았다. 바쿠닌은 대회에 직접 참석하지는 않았지만, 자신의 영향력만큼은 분명히 보여주었다. 아나키스트들은 인터내셔널의 새로운 총회를 가능한 한 빨리 개최할 것을, 그리고 총회가 통신 및 통계국으로 축소되고, 어떤 국가 연맹보다 크거나 작지 않도록 재조직할 것을 촉구했다.

이에 대한 대응으로 마르크스와 엥겔스는 〈인터내셔널에서의 허구적 분열〉이라는 제목의 회보를 작성해 다시 한번 바쿠닌과 아나키스트들을 격렬하게 비난했다. 마르크스주의자들과 아나키스트들은 1872년 헤이그에서 열릴 인터내셔널 대회를 위해 재집결했다. 아나키스트들과 달리 마르크스주의자들은 인터내셔널의 마지막 내부 적들을 제거하기 위해 최대한 노력했다. 그 주요 전술은 런던 대회의 명령에 반대한 비밀결사 '동맹'이 존재한다는 것을 증명하는 일이었다. 이것은 곧 헤이그 대회에서 바쿠닌과 그의 추종자들에 대한 일차적인 비난이 되었고, 그 이후로는 좌파와 우파를 통틀어 그의 비평가들이 애용하는 단골

메뉴가 되었다. 그러나 '동맹'은 1871년 8월 인터내셔널에 보낸 편지에서 공식적으로 해산되었음을 선언했다. 엥겔스와 라파르그 등은 그렇지 않다는 증거를 찾기 위해 동분서주해야 했다.

런던 대회에서 바쿠닌과 그의 동료들이 조직한 모든 작업을 불법으로 규정하자 스페인의 아나키스트들은 어려움에 직면했다. 1868년 주세페 파넬리가 그곳에 갔을 때 그는 바쿠닌과 마찬가지로 '동맹'이 어려움 없이 인터내셔널에 받아들여질 것이라고 믿고, 노동자들을 두 갈래로 조직했다. '동맹'과 아나키스트의 강령은 인터내셔널이나 마르크스주의보다 훨씬 더 성공적이었다. 이탈리아의 상황도 비슷했다. 그곳에서 마치니는 파리 코뮌을 비난했고 바쿠닌은 아나키스트가 마치니의 관념론, 신비주의, 공화주의를 동등하게 거부했음을 분명히 하는 긴 반론을 펼쳤다. 바쿠닌의 주장과 다른 아나키스트들의 조직적 노력은 많은 지지를 얻었고, 스페인에서와 마찬가지로 이러한 지지는 인터내셔널이 아니라 '동맹'의 이념에 대한 것이었다.

인터내셔널의 1872년 대회의 장소는 본래 제네바였으나 별안간 헤이그로 바뀌었다. 마르크스를 지지하는 독일, 영국, 프랑스 사람들이 헤이그에 가는 것은 비교적 쉬운 일이었다. 그러나 스위스, 이탈리아, 스페인 아나키스트들에겐 헤이그행이 어려웠다. 대의원 수도 마르크스 측이 아나키스트 측보다 두 배나 많았다. 강력한 바쿠닌주의자인 이탈리아 지부들은 대회를 보이콧하고 항의의 표시로 인터내셔널에서 사임했다. 헤이그 대회는 마르크스가 참석한 유일한 대회로 엥겔스도 그 자리를 함께했다. 반면 바쿠닌은 파산하여 네덜란드로 가는 길이었고 프랑스나 독일에 입국하면 체포될 위험이 있었기에 참석할 수가 없었다. 그러자 여러 가지 중상모략이 불거졌다. 결국 바쿠닌과 기욤 등 아나키스트들은 제명되고 만다.

아나키스트들의 대응

숙청에 대한 응답으로 아나키스트들은 헤이그 대회가 폐회된 지 일주일 후 스위스의 생이미에(St. Imier)에서 그들만의 인터내셔널을 창설했다. 그들은 구 인터내셔널을 거부하고 바쿠닌, 기욤 및 다른 사람들과 연대를 표명했다. 특히 바쿠닌에 대한 계속되는 인신공격에 격분한 한 동지는 마르크스와 엥겔스에게 빚진 것을 얼른 갚고 공격을 시작하자고 주장했다. 저명한 아나키스트인 에리코 말라테스타(Errico Malatesta)에 따르면, "바쿠닌은 상처를 입은 사자처럼 일어"서서는 "대체 무슨 소리를 하는 겁니까, 이 가엾은 사람들아! 아니, 사람들이 믿더라도 천 번 비방당하는 것이 비방자가 되어 스스로를 부끄러워하는 것보다 낫습니다."라고 말했다.

생이미에의 대회는 구 인터내셔널의 결의와 정책을 거부하고 자유 결사와 자치를 기반으로 조직되었다. 나아가 노동계급에 정치적 강령을 강요하는 것은 "불합리하고 반동적"이며, 모든 정치 조직은 "계급과 인민에게 손해를 끼치는 지배 조직"이라고 결정했다. 프롤레타리아가 국가를 장악하더라도 그 자체로 "지배계급이 되고 착취계급이 될" 것이라고 전망한 것이다.

바쿠닌은 자신과 '동맹'을 옹호하고 인터내셔널에서 자신만의 전투 방식을 제시하는 여러 편지와 메모를 남겼다. 거기에는 〈라 리버테 La Liberté〉를 위해 1872년 10월에 작성했지만 보내지 않았던 긴 편지가 포함되었다. 그는 마르크스주의자들을 "국가 권력의 숭배자이며 정치 및 사회 규율의 예언자"라고 하면서 "그들은 항상 보통선거와 인민 주권의 이름으로 위에서 아래로 수립된 질서의 수호자로서 그들을 위해 선출된 주인에게 복종하는 행운과 명예를 유보한다"고 썼다. 바쿠닌은 계속해서 마르크스주의자들과 달리 아나키스트들은 아무리 과도기적 단계에 있다고 해도 소수의 손에 권력이 집중되는 상황에 반기를 들어야 한다면서 "반동은 불가피"하기에 "국민 대회, 구성 의회, 또는 소위 혁명적 독재"라는 개념을 철저하게 거부했다. 이것이 바로 아나키스트와 마르크스주의자의 근본적인 차이점이자 바쿠닌이 그의 마지막 주요 작품에서 되돌아가게 되는 지점이기도 하다.

바쿠닌과 마르크스의 차이점

바쿠닌과 마르크스의 싸움을 종종 성격 갈등으로 축소하려는 경향이 있다. 실제로 그들은 서로를 좋아하지 않았다. 둘 사이에는 따뜻함이나 애정도 없었다. 그러나 둘 다 인정하기 싫어했음에도 그들은 많은 아이디어를 공유했다. 우선 그들은 철저한 무신론자였고 사유 재산의 폐지를 요구했다. 서로 다른 시간표를 가졌던 탓에 혁명의 주체가 누가 될 것인가에 대해선 의견이 달랐지만, 그 누구보다 혁명의 필요성을 이해하고 있었다. 그러나 인터내셔널에서 보여준 두 사람의 투쟁은 개인적인 혐오 이상의 것을 반영했다. 이는 부분적으로 양쪽 모두가 채택한 정치적 전략의 결과였다. 바쿠닌과 마르크스는 둘 다 어느 쪽이든 편을 들게 만들어야 하는 논쟁의 끝에서 각자의 차이점을 과도하게 부각했다. 명확하고 모호하지 않게 보이면서 차이점을 강조했다.

바쿠닌은 개혁에 반대하지 않았지만, 마르크스보다는 개혁에 소극적이었다. 하루 10시간 노동과 같은 개혁적 조치를 취할 수 있고, 그러한 노력에는 조직이 필요하며, 그것이 노동자들에게 큰 의미가 있다는 것도 인식했다. 그는 또한 모든 개혁이 노동자의 요구와 혁명에 대한 열망을 약화시킨다는 이유로 거부되어야 한다고 주장하는 '몰입론'에 반기를 들었다. 그렇다고 해서 사람들이 반란을 일으키게 하려면 상황이 훨씬 더 나빠야 한다고 주장하지도 않았다. 개혁주의는 그것이 불가능하기 때문이 아니라 '부분적이고 불완전하기'에 경계해야 한다고 그는 생각했다. 노동시간을 단축한다고 해서 노동자에 대한 착취가 멈추는 것이 아니라, 단지 조금 더 친절하고 부드럽게 노예를 채찍질할 뿐이라고 본 바쿠닌은 "핵심은 체제를 개혁하는 것이 아니라 그것을 전복하는 것"이라고 강조했다. 혁명을 위한 선동에서 개혁이 이루어졌다면 충분히 정당하지만 개혁가들은 이미 차고 넘친다고 본 바쿠닌은 혁명을 위해 일어설 것을 주장했다.

 그가 개혁을 의심하는 데엔 또 다른 이유가 있었다. 개혁은 노동자와 농민을 억압했던 바로 그 권위와의 타협을 의미했기 때문이다. 타협은 그것이 존재하고 통제할 권리를 인정함으로써 정당한 권위를 침해했다. 그에 의하면 타협은 개혁자들에게도 부식 효과를 줄 수 있다. 자본과 국가는 협상 테이블에서 '인민'을 다루는 데 관심이 없었고, 오직 대표들에게만 "거래를 성사시킬 준비가 되었"다고 말해주었다. 그리고 거래가 성사되면 그들에게 권한을 주었다. 쉽게 말해서 개혁을 통해 얻은 것이란 결국 권력이 인민에서 대의원으로, 대중에서 엘리트로 이동했음을 의미하는 것뿐이다. 일단 협상하고, 거래하고, 양보하는 정신에 얽매이면 진정한 의미가 무엇인지 잊어버리기 쉽다. 타협하려는 열망에 사로잡혀 테이블 위에 너무 많은 것을 놓기 쉽다. 더욱이 지위, 권력, 지위에 대한 보상은 개혁자들 자신을 부패하게 한다. 그래서 개혁은 그 자체가 목적이 되는 방식을 취해왔다. 혁명이 이루어져야 하는 자리를 개혁이 대신하곤 했다.

바쿠닌에 따르면 개혁은 곧 경제 발전이 특정 지점에 도달할 때까지 기다려야 한다고 강조한 마르크스의 역사적 변화에 대한 진화론적 모델에 부합하는 것이었다. 그러니 혁명을 항상 미루고, 항상 적과 화해하고, 항상 합의한다는 것이었다. 바쿠닌은 이를 충분히 보여줄 수 있는 사례가 있다고 보았다. 즉 라살이 프로이센을 구했을 때 혁명을 포기했다는 것이다. 그들의 모든 부인에도 불구하고 리프크네히트와 베벨, 그리고 나중에 카우츠키와 베른슈타인을 포함한 사회민주당(SPD)의 지도자들 역시 같은 길을 걸었다.

바쿠닌의 비판이 마르크스에게도 적용되었을까? 마르크스는 분명히 국가에 대해 "즉각적인 개혁은 사회적 이성을 사회적 힘으로 전환해야만 영향을 받을 수 있으며 주어진 상황에서 국가의 권력에 의해 시행되는 일반법을 통하는 것 외에 다른 방법은 없다"고 주장했는데, 이는 너무나 낙관적인 생각이었다. "그러한 법을 시행할 때 노동계급은 정부의 권력을 강화하지 않는다. 오히려 그들은 지금 자신들에게 불리하게 작용하고 있는 그 힘을 자신의 대리인으로 삼는다." 그러나 마르크스는 라살의 정치적 기회주의를 거부했고 수년에 걸쳐 리프크네히트와 거리를 두기 위해 여러 차례 기회를 노렸다.

마르크스 역시 혁명과 개혁에 대해 많은 이야기를 했다. 우리는 지금 그의 이야기를 다양한 방식으로 읽어볼 수 있다. 역사란 경제 발전의 기계적인 과정이라면서 역사를 계급투쟁으로 본 것, 즉 역사는 인류에 의해 움직인다고 말한 마르크스를 발견할 수 있는 것처럼 혁명주의자이자 개혁주의자인 마르크스도 발견할 수 있다. 그러므로 활동가들에게 던져야 할 진짜 질문은 "진정한 마르크스는 누구인가?"가 아니고 "어떤 마르크스가 우리에게 유용하며 어떤 목적으로 사용될까?"라는 것이어야 한다.

개혁 문제는 많은 혁명가가 주장한 것처럼 쉽게 해결될 성질의 것이 아니다. 바쿠닌의 주장도 다소 복잡하다. 그런데 아나키스트에게 던져야 하는 질문은 "아나키스트도 혁명가여야 하는가?"라는 것이다. 즉, 착취와 지배가 없는 사회가 혁명가의 것이고 우리 사회와 근본적으로 다르다는 것을 지적으로 인식한다는 의미에서뿐만 아니라, 혁명을 주장한다는 의미에서 수용 가능한 장단기 전술과 목표가 과연 하나뿐이어야 하는가, 하고 물어야 한다는 것이다. 파리코뮌이 노동자들의 자율적인 조직 구성의 가능성을 보여주었다면, 그것은 또한 봉기가 적어도 단기적으로는 무익할 가능성이 있음도 분명히 보여주었다. 봉기가 현실적인 전술이 아니라면 혁명가에게 남는 것은 무엇일까?

놈 촘스키가 오늘날 우리가 직면한 특히 잔인한 자본주의를 비난하기 위해 오늘날의 국가가 강화되고 민주화될 수 있다고 주장할 때, 즉 개혁된다고 할 때, 그는 즉각적인 사회혁명을 요구하지 않는다. 이는 그가 아나키즘을 포기했다는 뜻인가? 아니면 수단과 목적의 문제가 촘스키의 아나키스트 비평가들이 주장하는 것보다 더 복잡할까? 더욱이 바쿠닌이 관찰한 것처럼 억압은 종종 사람들을 분열시키고 교회, 술집, 권위에서 안식처를 찾게 만든다. 그러니 두려움만으로는 충분하지 않다. 즉 사람들을 움직이게 하려면 커뮤니티와 자신감이 필요하다. 개혁은 자립을 구축하는 데 필요한 연결고리와 작은 성공을 만들 수 있다. 또한 봉기가 실패할 때 개혁은 무언가를 구하는 방법이 될 수 있다.

전부 아니면 전무(all-or-nothing) 전략은 특히 투쟁에 모든 것을 걸었던 지식인들 사이에서 고립과 후퇴로 이어지는 경우가 너무도 많다. 따라서 1880년대 후반과 1900년대 초반 사이의 아나키스트 폭탄 테러와 암살의 물결은 희망보다는 절망을 상징했다. 일부 급진주의자들은 노동계급이 아무것도 할 수 없거나 아무것도 하지 않을 것이라고 잘못 판단했다. 그들은 절망적이고 헛된 행동으로 조직을 대체해야 한다고 결정했다. 다른 할 일이 없었기 때문이다. 유사하게, 급진적 정치에서 포스트모더니즘으로의 지식인의 도피, 소위 '정체성 정치', 그리고 포기는 1968년 5월 이후 그들의 실망을 반영한다. 노동계급이 자신에게 부여된 역사적 사명을 완수하지 못하고 어떻게 실패했는지, 그래서 이제 버려져야 마땅하다는 식의 잘못된 결론이 내려지는 배경이다.

우리는 모든 권력을 혐오한다

바쿠닌은 인민이 대초원의 불을 지피는 데 단 한 번의 불꽃만 있으면 된다고 믿은 적이 없었고, 인민의 두려움과 보수주의가 운동을 포기하는 지점이 아니라 시작된 지점임을 충분히 이해했다. 따라서 파업, 협동조합, 행위 또는 전단에 의한 선전, 개혁은 혁명적 잠재력만큼이나 교육적 가치 면에서도 중요하다고 생각했다. 아나키스트는 비혁명적 활동에 참여하고 무자비한 반란 이외의 조치를 옹호할 수 있다. 바쿠닌은 카를로 감부치에게 프로이센-프랑스 전쟁 시 나폴리에서 선거가 실행되도록 촉구하면서 선거와 의회조차도 때때로 유용할 수 있다고 주장했다. 바쿠닌의 조언은 감부치를 놀라게 했기에 그는 정치에서 공직을 얻는 것이 중요하다고 말했다. 왜냐하면 "시대가 너무 엄중해져서 모든 선한 사람이 가능한 한 많은 영향력을 행사할 수 있는 틈으로 들어가는 것이 필요"하다고 인식한 탓이다.

1872년에 바쿠닌은 아나키스트들이 자신들의 아나키스트 입장을 희석시키지 않으면서 좌익 스페인 정당들을 돕는 것을 주저해서는 안 된다고 주장했다. 나중에 운동이 발전함에 따라 의회 투쟁을 기권할 시간이 생겼다. 비결은 혁명을 희생하지 않고 개혁을 위해 일하는 것이었다. 아나키스트가 어떤 순간에 노골적인 혁명 이외의 전술을 고려하는 것이 가능하다고 결론을 내릴 수 있다면, 아나키스트와 마르크스주의자 사이의 구분이 반드시 개혁 대 혁명의 문제는 아니라고 주장하는 것도 가능하다.

바쿠닌에게는 마르크스주의와의 차이점을 '국가'로 요약했다. 예를 들어 엥겔스는 바쿠닌이 "자본을 창출하는 것은 국가이며 자본가는 국가의 은총에 의해서만 자본을 갖는다. 그러므로 국가가 가장 큰 악이므로 무엇보다도 국가가 폐지되어야 하며, 그러면 자본주의는 스스로 타오를 것이라고 주장한다"고 말한 것이 완전히 잘못된 것이라고 반박했다. 그러나 바쿠닌이 주장한 바는 "사회혁명이 국가와 자본주의에 대해 동시에 반격을 시작해야 한다"는 것이었다. 왜냐하면 그 둘은 서로를 강화해주기 때문이다. 엥겔스가 주장한 것처럼 자본을 국가의 창안으로 본 것이 아니라 "착취와 정부는 정치라고 불리는 모든 것의 분리할 수 없는 두 표현"이라고 본 것이다. 첫 번째는 통치 수단을 제공하고 모든 정부의 필요한 기반과 목표를 구성한다. 정부는 차례로 착취 권한을 보장하고 합법화한다." 이것은 영주와 국가의 상호 관계를 표현해주는 것으로 프랑스 대혁명에 이르기까지 종교에 의해 그 본질이 종종 흐려졌다. 혁명은 종교를 대체했지만, 부르주아 계급이 권력을 잡았다. 부르주아 계급은 "모루가 되는 데 지쳐서 다시 망치가 되었고" "현대 국가를 출범시켰다." 그래서 결국 바쿠닌은 "착취는 부르주아 체제의 눈에 보이는 몸통이고 국가는 그 정신이다"라고 결론지은 것이다. 그것은 국가가 자본을 창출한다거나 혹은 관계없다는 식의 문제가 아니라, 그들의 상호관계, 즉 감히 변증법적이라고 말할 수 있는 것이었다.

국가가 경제구조와 이해관계에 의해 완전히 결정된다고 주장하는 가장 저속한 마르크스주의자들은 이 공식이 국가에 너무 많은 자치권을 부여했고 역사적 유물론에서 멀어졌다고 주장할지 모른다. 그러나 바쿠닌은 "모든 역사적, 민족적, 종교적, 정치적 문제의 토대는 노동자와 다른 모든 계급, 심지어 국가와 교회를 위해 가장 중요한 경제적인 문제였다"고 하면서 유물사관을 주장했다. 동시에 마르크스를 포함한 보다 정교한 마르크스주의자들은 바쿠닌이 그린 국가와 경제의 상호관계를 매우 정확히 강조한다.

경제적 '기반'이 국가, 이데올로기, 문화라는 '상부구조'를 완전히 결정한다고 마르크스가 주장한 것은 오류다. 엥겔스와 마르크스가 바쿠닌과의 전투에서 "자본의 폐지야말로 바로 사회혁명"이며 자본이 파괴되면 "국가는 스스로 붕괴할 것"이라고 주장한 것도 사실이다. 이 말은 액면 그대로 받아들여질 때 두 사람이 국가는 경제 체제의 반영일 뿐이며 독립적인 존재가 아니라고 믿었음을 뜻한다. 그 주장은 개혁주의와 정치혁명으로 이어졌다. 첫 번째는 경제시스템이 진화하고 변화할 때까지 정치적으로 할 수 있는 일이 거의 없음을 암시하고, 두 번째는 혁명가들이 쿠데타로 국가를 장악하고 경제시스템에 변화를 일으키며 이러한 변화가 국가를 무의미하게 만들 수 있음을 암시했다.

그러나 저술 전반에 걸쳐 마르크스와 엥겔스는 자본과 국가의 관계에 대한 그러한 단순하고 일방적인 분석을 피했다. 일찍이 《공산당 선언》에서 그들은 "현대 국가의 행정부는 전체 부르주아의 공동 업무를 관리하기 위한 위원회에 불과하다"고 주장했다. '관리'라는 단어를 사용한 것은 국가가 자본에 대해 어느 정도 강압적인 힘을 가지고 있으며 자본과 노동 사이의 중립적 중재자이듯이 단순히 국가의 도구가 아님을 분명히 함축하려는 의도다. 사회민주주의와 전위를 모두 거부하는 마르크스주의는 일반적으로 국가가 어느 정도 '상대적 자율성'을 갖고 있으며 주어진 경제 체제의 직접적이고 단순한 반영이 아니라고 주장해왔다.

이 모든 것을 인정했지만, 아나키스트와 혁명적 마르크스주의의 국가 개념 사이에는 여전히 중요한 차이점이 남아 있다. 아나키즘은 국가에 반대한다. 바쿠닌은 대의민주주의가 본질적으로 모든 사람에게 자유를 약속하는 '사기'에 불과하다고 주장했지만 실제로는 자유주의 부르주아에게 힘을 실어주었다. 노동자 국가조차도 정의상 정부, 즉 소수가 다수를 지배하는 정부를 가질 것이며, 그 권력은 그것을 휘두르는 사람들을 부패시킬 것이라고 본 바쿠닌은 다음과 같이 주장한다.

우리는 모두 성실한 사회주의자이자 혁명가다. 그러나 우리에게 권력이 주어진다면 몇 달만 더 있으면 지금의 우리가 아닐 것이다. 사회주의자로서 우리는… 사회적 환경, 사회적 지위, 존재 조건이 가장 강하고 정력적인 개인의 지성과 의지보다 더 강력하다. 이것이 바로 우리가 정의의 조건이자 도덕의 기초로서 개인의 자연적 평등이 아니라 사회적 평등을 요구하는 이유이다. 그래서 우리는 권력, 모든 권력을 사람들이 혐오하는 것처럼 혐오한다.

혁명적 마르크스주의조차도 자본과 국가가 동시에 폐지되어야 한다고 주장하지 않는다는 점에서 국가주의적이다. 그 대신 국가가 압수될 수 있고, 아마도 급격하게 변경될 수 있으며, 그런 다음 노동자와 그 동맹자들이 사용할 수 있다고 주장한다. 국가는 쇠퇴할 수도 있고 그렇지 않을 수도 있지만, 혁명의 첫날에 국가를 폐지하는 데엔 아무런 문제가 없다는 것이다.

10장 〈신과 국가〉

바쿠닌, 종교를 비판하다

마르크스와 그의 추종자들은 사적 소유를 집단 소유로 전환하는 일이 국가 권력에 의해 성취되기를 원했다. 반면 바쿠닌은 그것이 국가의 폐지에 의해서만 가능하다고 주장했다. 이 차이는 인터내셔널에서의 다툼을 훨씬 넘어서는 중요한 결과를 가져왔다. 바쿠닌은 1870년에서 1873년 사이에 〈채찍의 독일제국과 사회혁명 Knouto-Germanic Empire and Social Revolution〉이라는 제목의 문서를 작성했다. 거의 1,000페이지에 달하는 방대한 원고인데 잘 정리되지는 않았지만, 바쿠닌이 철학적, 정치적 유언으로 남기고자 했던 내용이다. 그것은 종교, 국가, 학문 및 경제적 착취의 역사적 관계, 현대 철학 및 정치사상과 행동 사이의 관계, 마르크스주의와 아나키즘의 상이점에 대한 바쿠닌의 방대하고 광범한 분석을 간추리려고 한 시도였다.

그 원고 중에서 《신과 국가》*라는 제목의 100페이지 정도가 가장 유명하다. 그의 사후 6년 후에 출판된 이 책은 바쿠닌의 유물론, 무신론, 지식인에 대한 비판을 강력하고 극적으로 재조명한다. 그 책은 "관념론자와 유물론자 중 누가 옳은가?"라는 말로 시작한다.

이렇게 한 번 제기된 질문에는 망설임이 불가능하다. 의심할 바 없이 관념론자는 틀리고 물질주의자는 옳다. 그렇다, 사실은 아이디어보다 우선한다. 그렇다, 프루동이 말했듯이 관념은 존재의 물질적 조건에 뿌리를 둔 꽃에 불과하다. 그렇다. 지적이든 도덕적이든 인류의 전체 역사는 경제사의 반영일 뿐이다.(God9)

바쿠닌에 의하면 인류는 세상과 분리된 그 어떤 것도, 그 어떤 관념적인 구조도 아니다. 그것은 "동물성의 가장 높은 표현"이었으나 동물과 달리 "반항하려는 생각과 욕망"을 부여받아 "스스로를 해방"했다. 그 해방은 에덴동산에 대한 성서의 기록에서도 인정되듯이 "불순종과 과학의 행위, 즉 반역과 사상에 의한 뚜렷한 인간 역사와 발전"을 가능하게 만들었다.

"인간이 숭배하는 모든 선한 신들 가운데 확실히 질투심이 가

---

* 《신과 국가》라는 제목의 글에는 두 가지가 있다. 하나는 1882년 카피에르와 르클루가 편집하여 제네바에서 출판한 것으로 1970년 애버리치가 번역하여 낸 책인데, 내가 이 책에서 사용한 것이다. 다른 하나는 기욤이 편집하여 프랑스어판 《바쿠닌 저작집》에 수록한 것으로 일본의 중앙공론사에서 나온 《세계의 명저》 제42권에 수록된 책이다.

장 많고, 허영심이 가장 많고, 가장 사납고, 가장 불공평하고, 가장 피에 굶주리고, 가장 포악하고, 인간의 존엄성과 자유에 가장 적대적인 여호와는 무슨 변덕인지는 알 수 없으나 만족을 위해 아담과 이브를 창조하였다." 그러면서 여호와가 아담과 이브에게 선악과를 만지는 것을 분명히 금한 것은 "자신에 대한 전적인 이해력이 없는 인간이 그의 창조주이자 주인인 영원한 하느님 앞에서 항상 네 발로 서 있는 영원한 짐승으로 남아 있기를 바랐"기 때문이라는 것이다. 그러나 "영원한 반역자이자 최초의 자유사상가이자 세계의 해방자인 사탄이 등장"하여 "인간 스스로 짐승 같은 무지와 순종을 부끄럽게 여기게 하여" "그를 해방하여 불순종하게 하고 지식의 열매를 먹으라고 촉구하면서 자유와 인류의 인장을 이마에 찍었다." 그러자 여호와는 인간을 에덴동산에서 추방한다.(God10)

그 뒤 인류에게 속죄한다고 그리스도가 나타나지만, 그로 인해 구원받은 인간은 극소수이고 "현재와 미래 세대의 절대다수는 지옥에서 영원히 불타게 된다." 그런데 신은 인간들을 위로하기 위해 황제나 왕들에게 지구를 넘겨주었다고 학교에서 가르친다(God11)는 것이다.

인간의 해방

바쿠닌에 의하면 인간의 해방에는 동물성(사회적 경제와 사적 경제), 생각(학문), 그리고 반항(자유)이라는 세 가지 요소가 있다.(God12) 그런데 "일상의 노동에 짓눌리고 여가, 지적인 교류, 독서할 시간 등이 모자라는 바람에 사람들은 일반적으로 그 어떤 비판도 없이 일괄적으로 종교 전통을 받아들였다"는 것이다. 이렇게 해서 종교적 전통은 전문성을 인정받은 사제와 그를 따르는 평신도에 의해 유지되었으며 "일종의 정신적 도덕적 습관"이 되었다. 물론 여기에는 물질적 이유도 있었다. "유럽의 가장 문명화된 국가에서 사회의 경제 조직이 치명상을 입게 된 비참한 상황"이라는 배경 말이다.

그들에게는 이제 세 가지 탈출로가 있을 뿐이었다. "술집과 교회, 육체의 방탕과 정신의 방탕, 그리고 사회혁명"(God16)이 바로 그것들이다. 바쿠닌에 의하면 사회혁명은 "일반적으로 생각하는 것보다 훨씬 더 밀접하게 서로 연결된 사람들, 즉 종교적 신념으로 연결되거나 방종한 습관으로 연결된 사람들, 혹은 이 모든 습관의 마지막 흔적까지 파괴하는 자유사상가의 선전보다 훨씬 더 강력"하다. 따라서 "육체와 정신의 방종이라는 환상적이고 잔인한 향유를 현실적이면서도 세련된 향유로 대체"하고 "동시에 모든 꿈의 상점과 모든 교회를 종식할 수 있는 힘"은 오직 사회혁명에 있다(God17)는 것이다.

그러나 "모든 인류를 괴롭히는 자, 압제자와 착취하는 자, 성직자, 군주, 정치가, 군인, 공공 및 민간 금융가, 모든 종류의 관리, 경찰, 헌병, 간수와 사형 집행관, 독점 기업가, 자본가, 세금 거머리, 계약자 및 지주, 변호사, 경제학자, 모든 계층의 정치인, 아주 작은 것까지 파는 소상인" 들은 종교를 '안전밸브'로 여겨왔다. 다시 말해 자칫 인민의 반란으로 이어질 독립적인 생각을 억누르는 방법을 종교로 여긴 것이다. 그들은 "만일 신이 존재하지 않는다면 신을 발명해야 할 것이다"라는 볼테르의 말을 한목소리로 되풀이하는 셈이다.(God17)

바쿠닌은 "신이라는 관념은 인간의 이성과 정의의 포기를 의미한다. 그것은 인간의 자유에 대한 가장 결정적인 부정이며, 이론과 실천 모두에서 필연적으로 인류의 노예화로 끝난다."(God25)고 하면서 이렇게 결론을 내린다. "볼테르의 말을 뒤집어 신이 정말로 존재한다고 하면 그를 없애야 할 것이다."(God28; 이디448)

자연법칙과 자유

바쿠닌이 주장한 것처럼 인간이 동물성의 가장 높은 표현일 뿐이라면 인간의 자유에 대해 말하는 것이 가능할까? 우리가 자연법칙에 구속되어 있다면 우리는 절대 자유롭지 않다. 바쿠닌에 의하면 물리학, 생물학, 화학 등의 자연법칙은 우리의 존재를 구성한다. 그것들은 우리 외부에 있지 않다. 그것들이 곧 우리다. 우리는 숨을 쉬어야 한다. 이것은 자연스러운 사실 또는 법칙이다. 그 사실은 우리를 억압하는 것이 아니라 우리를 정의한다.

> 인간이 우주의 기능을 지배하는 자연법칙의 영역 내에서 달성할 수 있는 유일한 자유는 자연법칙에 대한 지식을 증가시켜 우리가 이러한 물리적 한계에 반대하는 데 시간과 노력을 낭비하지 않도록 하는 것이다. 그러려면 인간 지식의 모든 측면을 포함하도록 광범위하게 정의된 학문이 필요하며, 사회의 모든 구성원에 대한 완전하고 철저한 교육이 이루어져야 한다.(God29)

그러나 인간법은 자연법의 반영이 아니라 그것의 왜곡이었고, 따라서 "인간의 자유는 오로지 다음에 있다. 즉 자연법이 자연법칙을 자연법칙으로 인정했기 때문이지, 자연법칙이 그에게 —신이건 인간이건 집단이건 개인이건— 외적 의지에 따라 부과한 것이 아니기 때문"이다.(God30) 학문의 대표자들이 "사회의 입법과 조직을 담당하고, 진리에 대한 가장 순수한 사랑에 의해서만 영감을 받아 최신 학문의 발견과 절대적인 조화를 이루는 법만 구성한다고 가정"한다면 "그러한 입법과 조직은 괴물이 될 것이다." 여기엔 두 가지 이유가 있다. 첫째, 학문은 항상 그리고 필연적으로 불완전하다. 둘째, 사회가 학문에서 나오는 입법을 준수해야 하는 이유는 학문을 이해하지 못한 채 그저 숭배만 하는 학문의 이름으로 부과되기 때문이다. 그러한 사회는 "인간이 아니라 짐승의 사회"다.(God31) 마지막으로, 이 학문적 계급에 투자된 권력은 곧 학자들 자신을 타락시킬 것이다. 심지어 학계도 마찬가지다. 일단 결정하고 다스리는 권한이 주어지면 그들은 곧 그들의 특권을 영속화하는 방법을 찾기 위해 힘을 왜곡한다.

이러한 논리가 바쿠닌이 제기한 '가상의 학문적 관리자'에게 해당한다면 이는 기존의 "제헌 의회, 심지어 보통선거에 의해 선택된 의회"에도 동일하게 적용될 수 있다. 선거로 인해 입법부의 구성이 바뀔 수도 있지만 "특권을 가진 정치인 집단의 형성을 막지는 못"한다. 결과적으로 자유와 평등은 "외부 입법이나 권위를 요구하지 않는다. 하나는 다른 것과 분리될 수 없고, 둘 다 사회의 노예가 되고 입법자들 자신을 타락시키는 경향이 있기 때문이다."(God32)

학문에 대하여

바쿠닌은 지식이나 전문 기술을 거부하지 않는다. 바쿠닌에 의하면 그 누구도 지식의 모든 분야에서 대가가 될 수 없다. 인간은 육체적 노동뿐만 아니라 정신적 노동에서도 분업과 협동에 의해 발전한다. 그러나 자유는 "신발 제작자도 건축가도 하인도 나에게 자신의 권위를 부과하는 것을 허용하지 않고" "무오류의 권위를 인정하지" 않는다. 왜냐하면 그러한 "믿음은 나의 이성과 나의 자유에 치명적이고" "그것은 즉시 나를 어리석은 노예, 다른 사람들의 의지와 이익의 도구로 변형시킬 것이기 때문"이다. 여기서 피히테의 메아리가 들린다. "각자 지시하고 지시받는다. 그러므로 고정되고 불변하는 권위가 아니라 상호적이고 일시적이며 무엇보다 자발적인 권위와 종속의 끊임없는 변화가 있다."(God33)

이와 같은 이유로 나는 고정되고 불변하며 보편적인 권위를 인정하지 않는다. 왜냐하면 보편적인 인간은 없기 때문이다. 과학, 사회생활의 모든 분야, 그리고 만약 그러한 보편성이 한 사람에게 실현될 수 있고, 그가 그것을 이용하여 우리에게 그의 권위를 강요하고자 한다면, 그의 권위는 필연적으로 다른 모든 사람을 아래로 떨어뜨릴 것이기 때문에 이 사람을 사회에서 몰아내야 할 것이다. … 나는 사회가 지금까지 그랬던 것처럼 천재를 학대해서는 안 된다고 생각한다. 그러나 나는 또한 그들에게 너무 탐닉해서는 안 되며, 그들에게 어떤 특권이나 배타적 권리도 부여해서는 안 된다고 생각한다. 세 가지 이유가 있다. 첫째, 그것은 종종 사기꾼을 천재로 착각하기 때문이다. 둘째, 그러한 특권 체계를 통해 진짜 천재조차 협잡꾼으로 변질시켜 사기를 떨어뜨리고 비하할 수 있기 때문이다. 그리고 마지막으로 자신에 대한 주인을 세우기 때문이다.(God33)

우리는 모든 자연적 권위와 사실의 모든 영향을 받아들이지만 법적인 권위나 영향은 받아들이지 않는다. 왜냐하면 공식적으로 그렇게 부과된 권리의 모든 권위나 영향력은 직접적으로 억압과 거짓이 되어 필연적으로 우리에게 노예제와 부조리를 부과할 것이기 때문이다. 한마디로 우리는 모든 입법, 모든 권위, 모든 특권, 허가, 공적 및 법적 영향력을 거부한다. 비록 보통선거에서 발생하지만, 그것이 그들에게 복종하는 절대다수에 반하는, 지배적인 소수의 착취자에게만 유리하게 바뀔 수 있다고 확신한다. 이것이 우리가 진정으로 아나키스트라는 의미다.(God35)

바쿠닌의 이러한 주장은 콩트의 실증주의는 물론 특히 마르크스와 엥겔스를 비롯한 "독일 공산주의의 교리 학파"에도 적용된다. 바쿠닌은 "학문을 파괴하는 것"이 아니라 "학문을 제자리에 되돌리기" 위해 "어느 정도까지는 학문에 대한 생명의 반란, 나아가 학문의 정부에 대한 생명의 반란"을 주장한다. 바쿠닌에 의하면 역사는 "신, 국가, 국가권력, 국가의 명예, 역사적 권리, 정치적 자유, 공공복지와 같은 무자비한 추상화를 기리기 위해 수백만 명의 가난한 인간을 피비린내 내며 희생해온 것"이다. 반면 학문의 역할, 특히 사회과학은 추상화에 대한 인간의 종속을 포함하여 "개인적 고통의 일반적인 원인에 대해 충실하고 확실한 손으로 지적"하고 "사회에 살고 있는 개인의 진정한 해방에 필요한 일반적인 조건을 보여주는 것"이라고 바쿠닌은 역설한다.

《신과 국가》는 종교적 신념과 형이상학의 뿌리를 탐구하고 국가의 발전을 추적한 뒤 나머지 페이지에서 관념론을 비판한다. 바쿠닌은 1830년까지 프랑스에서 오래된 지주 귀족을 "자본 귀족"이 대체했으며, 프랑스도 자신의 통치를 뒷받침하기 위해 종교를 사용했다고 주장한다. 그는 "국가는 권력"이지만 권력만으로는 "장기적으로는 충분하지 않다"고 주장한 그람시의 패권 이론을 예상하게 한다. "인민을 설득"하여 "도덕적으로 그 권리를 인정"하게 하려면 어떤 도덕적 제재 또는 무엇인가 다른 것이 절대적으로 필요하다. 그것이 바로 종교의 역할이었고, 따라서 그는 "종교가 없는 국가는 있을 수 없다"고 지적한다. 그 결과 서로 다른 경제 체제가 줄곧 서로 다른 종교를 의지해온 것이다. 막스 베버보다 30년 이상 앞선 바쿠닌이 개신교를 "뛰어난 부르주아 종교"라고 선언한 배경이다.

자본주의란 무엇인가

바쿠닌이 자본주의에 대한 자신의 주장을 명확히 한 것은《채찍의 게르만 제국》의 또 다른 단편에서였다. 그는 "어떤 부르주아 경제학자도 무너뜨리지 못한 사회주의의 저항 불가한 주장을 다시 반복할 필요가 있는가?"라고 묻는다.

현재 형태로 재산이란 무엇이며 자본은 무엇인가? 자본가와 재산 소유자가 노동하지 않고 살 수 있는 것은 국가가 보장하고 보호하는 권력이자 권리이기 때문이다. 자본과 재산은 노동에 의해 생산되지 않는 한 아무것도 생산하지 못하기 때문에, 이것은 다른 사람의 노동으로 생활하고 재산도 자본도 없이 자신의 생산물을 하나 또는 다른 하나의 운 좋은 소유자에게 팔 수밖에 없는 사람들의 노동을 착취하는 힘이자 권리다.

바쿠닌에 의하면 자본가와 재산 소유자는 "자신의 생산적 노동의 힘으로 생활하지 않고 토지 지대, 건물 지대 및 자본의 이자"에 의지하여 또는 "투기" 또는 "상업적으로나 산업적으로 프롤레타리아의 육체노동을 착취"하여, 혹은 "프롤레타리아를 희생시키면서" 살아간다. "투기와 착취도 일종의 작업으로 볼 수 있으나 이것은 완전히 비생산적인 작업이다. 이런 식으로 말하면 도적과 왕도 작업을 하는 것 아닌가?" 이렇게 물은 다음 그는 자본주의가 노동자와 고용주가 상호 이익을 위해 시장에서 자유롭게 모인다고 주장하지만, 실제로는 노동자가 굶주림으로 인해 일자리를 찾아다니는 것이라고 지적한다.

바쿠닌에 의하면 노동자들에겐 선택권이 없다. 그들은 다만 자신에게 제공되는 것을 취해야 한다. "노동을 구매해야 하는 필요성과 그것을 판매해야 하는 필요성 사이에 평등이 있다면, 노예와 빈곤은 존재하지 않을 것"이다. 더 나아가 "자본가도 소유주도 프롤레타리아도 없으며 부자도 가난한 자도 없고 노동자만 있을 것이다. 착취자는 이 같은 평등이 존재하지 않는다는 것을 알기 때문에 착취하는 것이며, 그들의 존재 역시 가능한 것이다."

반면 노동자협동조합은 프롤레타리아가 복잡한 문제를 관리할 능력이 있음을 이미 보여주었다. 그러나 진실은 단순하다. 자본가와 관리자는 직원을 노동으로 희생시키면서도 자신이 더 많은 비용을 받는다. 그리고 이에 대해서 "우리는 (노동자를 고용하여 일을 시키는) 위험을 감수한 데 대한 보상을 받은 것 아닐까? 노동자는 적어도 임금을 보장받았다. 따라서 부를 안전과 교환한 것이다. 그러나 자본가는 도박을 한 것이나 마찬가지이므로 더 큰 보상을 받을 자격이 있다"고 말한다.

바쿠닌은 이에 대해 노동자들이 자본가보다 훨씬 더 많은 위험을 감수했다고 지적한다. 그는 '노동조건'과 '상대적 빈곤'을 예로 들면서 자본가에게 고용된 노동자는 '노동시간' 때문에 언제든 사고와 질병의 위험에 처할 수 있다고 말한다. 그러나 어떤 자본가도 고용 기간으로 인한 어려움을 겪지는 않는다. 심지어 몰락한 자본가조차도 고용된 노동자보다 더 많은 자원이 있다. 이를테면 파산한 자본가라 해도 가족, 계급 간의 유대, 더 많은 교육 혜택 등 유리한 조건들 덕분에 경영직이라든지 공무원, 심지어 프롤레타리아들이 가는 고임금 일자리에서도 얼마든지 자신의 자리를 찾을 수 있다는 것이다.

회사가 파산(몰락)한다는 것은 보통 노동자들이 임금을 받지 못하고 쫓겨나는 것을 의미한다. 이럴 경우 노동자들은 시간이 흘러도 임금을 받지 못한다. 바쿠닌은 이 점을 지적하면서 자본가들은 흔히 이렇게 말한다고 비판한다.

사랑하는 자녀들아, 엄밀히 말하면 죽은 것은 아무것도 생산할 수 없기에 엄밀히 말하면 아무것도 생산할 수 없는 자본이 있다. 그것을 생산적으로 만드는 것은 노동이다. 한 번 먹고 나면 남는 게 없으니 비생산적으로 사용해도 이득이 없다. 그러나 우리가 가진 사회적, 정치적 제도 덕분에 현재의 경제시스템에 모두 유리하기 때문에 내 자본도 생산해야 한다. 그것은 나에게 이익을 준다. 누구에게서 이 이익을 취해야 하는지, 그리고 실제로 그 자체로는 아무것도 생산하지 않기 때문에 누군가에게서 취해야 한다. 그것은 당신과 관련이 있는 것이 아니다. 또한 나는 내 자본이 증가하기를 원한다. 이 목표를 어떻게 달성할 수 있을까? 내 자본으로 무장한 나는 당신을 착취할 것을 주장한다. 그리고 나는 당신이 나에게 착취당하도록 할 것을 주장한다. 당신은 일하고 나는 수집하고 나는 도용하고 나는 당신의 작업의 산물을 내 자신의 이익을 위해 판매할 것이다. 오늘은 굶어 죽지 않고 내일도 같은 조건으로 다시 일할 수 있도록 꼭 필요한 것만 남게 될 것이다. 그리고 네가 지치면 내가 너를 버리고 다른 사람들로 대신할 것이다. 내가 당신에게 가능한 최저 임금을 지불하고 당신이 가장 가혹하고 전제적이며 가장 혹독한 조건에서 가능한 한 하루 동안 일하게 할 것임을 분명히 이해하라. 이것은 원한이 아니다. 나는 당신을 미워하거나 해를 끼칠 이유가 없다. 그것은 부를 사랑하고 빨리 나 자신을 풍요롭게 하는 데서 비롯된다. 왜냐하면 내가 당신에게 적게 지불하고 당신이 더 많이 일할수록 나는 더 많이 얻게 되기 때문이다. 이것은 모든 자본가, 모든 산업가, 모든 비즈니스 책임자, 고용한 노동자로부터 노동을 요구하는 모든 사람이 암묵적으로 말하는 것이다.

바쿠닌에 의하면 노동자들에겐 다른 선택지가 없기에 이 주장을 받아들일 수밖에 없다. 그들은 투자할 돈이 없고 "기아의 끔찍한 위협"에 직면해야 한다. 바쿠닌은 마르크스가 그의 많은 작품에서 그랬던 것처럼 청년 시절에 자신이 언급한 '소외'라는 주제에 대해 묵시적으로 귀를 기울이면서 물건을 파는 자본가와 달리 노동자는 "자신의 노동, 개인 서비스, 생산, 그에게서 발견되고 그에게서 떼려야 뗄 수 없는 그의 몸, 마음, 영의 힘, 그것은 자기 자신"이라고 강조한다. 노동자들이 농노와 달리 자유롭고 일을 그만둘 권리가 있는데도, 그들은 여전히 누군가에게 노동을 팔아야 겨우 목숨을 부지하기 때문에 기껏해야 '이론적 자유'밖에 누릴 수 없다는 것이다. 실제로 "노동자의 전 생애는 법적으로 자발적이기는 하나 경제적으로 강제된 노예 상태"에 있고, "기아를 동반한 자유가 두려워서 결과적으로 다시 노예를 택하는 비참한 악순환의 연속선상에 있다"는 것이다.

자유론

바쿠닌은 《채찍의 독일제국과 사회혁명》의 다른 부분, 특히 〈파리코뮌과 국가사상 The Paris Commune and Idea of the State〉으로 알려진 짧은 에세이에서 다시 독일 공산주의와 사회 민주주의를 비판하는데 그 글은 자신이 자유를 얼마나 사랑하는 사람인지 밝히는 것으로 시작한다.

> 나는 자유에 대한 광적인 애호가다. 나는 자유 속에서야말로 인간의 지성과 존엄성과 행복이 발전하고 성장해나갈 수 있다고 믿는다. 그러나 나는 국가가 인정하고 판단하고 조절하는 그런 공식적인 자유를 좋아하지 않는다. 그것은 사실 전 세계의 노예화

에 기반을 둔 소수 특권층을 대표하는 영원한 거짓이기 때문이다. 또한 루소나 모든 다른 부르주아 학파에 의해 주장된 개인주의적이고 이기적이고 인색한 그런 허구적인 자유도 별로 좋아하지 않는다. 그것은 소위 국가에 의해 표현되는 모든 사람의 권리라는 것인데 각자의 권리에 제한을 두어 결국 필연적으로 그리고 항상 각자의 권리를 제로로 만들어버리고 마는 것이다. 내가 뜻하는 자유는 오로지 그 이름 그대로 우리 각자에게 잠재적 능력으로서 존재하는 모든 물질적이고 지적이고 도덕적인 가능성의 완전한 발전 속에 존재하는 그런 자유다. 이 자유는 오직 우리 자신의 본성에 의해 우리에게 주어지는 제한밖에 다른 제한은 없다. 왜냐하면 그러한 법들은 우리의 밖이나 위에 존재하는 어떤 외부적인 입법자에 의해 주어진 법이 아니기 때문이다. 그것은 우리 안에 내재하는 것으로 우리 존재의 기초를 형성해주는 것이다. 그러한 법을 제한하지 않고 우리는 그 속에서 우리 자유의 참된 조건 및 효과적인 근거를 본다. 각자의 자유는 타인의 자유에 의해 하나의 벽으로 장애가 되는 것이 아니라, 도리어 그 속에서 자신의 자유를 확신하고 더욱 무한하게 연장해가는 것이다. 자유는 연대를 통해 평등 속에 있다. 이 자유는 야비한 권력의 표현인 권위라는 원리를 이긴 것이다. 그리고 천지의 우상을 일소한 이 자유는 모든 교회와 국가의 폐허 위에 인류의 새로운 연대의 세계를 세우는 것이다.(Bakunin261-262: 이디439-445)

이어 바쿠닌은 자유를 비롯한 모든 가치의 핵심으로 경제적 평등을 지지한다.

> 경제적 평등 없이는 자유, 정의, 인간의 존엄성, 도덕성, 개인의 행복뿐 아니라, 민족의 번영도 없다. 그리고 자유는 인간의 기본 조건이기 때문에, 평등은 노동의 자발적인 구성, 자유롭게 조직된 공동체에 의한 집단 소유, 그리고 가부장적 국가 지배를 대체하는 공동체의 평등한 자발적 연합에 의해 세계 속에서 이루어져야 한다.(Bakunin262: 이디440)

바쿠닌은 그리고 바로 이 점에서 사회주의자 및 혁명적 집산주의자(아나키즘)와 권위주의적인 공산주의자가 다르다고 말한다. 즉 그 둘의 목표는 같지만, 공산주의자는 "노동자를 정치적 변혁의 주체"라고 보는 반면, 집산주의자는 "자본가를 제외한 모든 인민이 사회적 변혁을 해야 한다"고 믿는다는 것이다. 그러한 사회혁명의 최초 시도가 파리코뮌이었다.

독일 공산주의와 사회민주주의 비판

마르크스에 대한 바쿠닌의 가장 신랄한 비판은 그의 저서 《국가주의와 아나키즘》에서 이루어졌다. 1873년에 쓰인 이 책은 바쿠닌의 가장 세련된 저술인 동시에 반유대주의와 독일 혐오 이슈로 악명이 자자한 저작이기도 하다. 바쿠닌이 표한 그 혐오의 감정은 그가 독일 감옥과 자유주의, 프로이센-프랑스 전쟁과 마르크스에게서 얻은 것이다. 물론 혐오스럽고 비합리적인 그런 생각이 그의 세대와 계급에 속했던 많은 사람이 보여준 일반적인 경향이었다고 변명하는 것은 부당하다. 그러나 대부분 그의 주장은 독일 국민에 대한 것이 아니라 독일 정부의 정책에 대한 것이었다. 비스마르크의 군국주의, 전체주의, 대기업과의 동맹에 대한 바쿠닌의 비판은 정확했고, 그것은 황제주의, 파시즘, 독점 자본주의, 군산복합체를 예고한 점에서도 매우 예언적이었다.

  이 책은 러시아 인민을 위해 러시아어로 쓰였다. 대부분의 내용은 프로이센-프랑스 전쟁에서 승리한 독일의 부상과 권력에 대한 비판이었다. 바쿠닌은 비스마르크 정부가 현대 국가의 가장 분명한 상징이라고 주장한다. 프로이센이 보여준 극단적인 형태는 모두 국가의 본질이 논리적으로 확장된 것이다. 그는 이를 통해 현대 국가의 '유일한 목표'가 "극소수의 손에 집중된 자본을 지키기 위해 인민 노동으로부터 가장 집약적인 착취를 조직하는 것"이라고 경고한다. 그러면서 "자본주의적 생산과 은행 투기가 이루어지려면 반드시 거대한 중앙집권적 국가가 되어야 한다. 이렇게 해서 수백만 노동자를 착취할 수 있는 것이다"라고 지적하고, "가짜 인민 집회에서 인민의 사이비 주권에 기초한 국가의 최신 형태"인 대의민주주의는 중앙집권화된 국가와 인민을 몇몇 지적 소수자에 종속시키는 데 여념이 없다고 비판한다. 그러고는 현대 국가는 또한 "필연적으로 군사 국가"라고 단언한다. 왜냐하면 현대 국가는 자본주의 회사처럼 성장하거나 무너져야 하기에 그 본성상 경쟁자들과 끊임없이 전쟁을 일으키는 것이나 마찬가지이기 때문이다.

특히 관심을 끄는 부분은 마르크스주의에 대한 비판과 아나키스트 이론의 개요다. 마르크스가 헤겔 머리 위에 섰는지, 아니면 마르크스 자신이 주장한 것처럼 그를 넘어서서 사회 비판을 땅에 굳건히 세웠는지, 아니면 헤겔 사상의 범위 안에 머물렀는지는 오늘날에도 여전히 논쟁거리다. 많은 후기 마르크스주의자들이 권위주의적 사회주의가 자신이 유물론의 과학을 발견했다고 믿었던 마르크스로부터 유래했다고 주장한다. 휴머니즘적이고 자유주의적 사회주의를 추구하던 그들은 대신에 헤겔적 마르크스에게로 눈을 돌렸다. 그러나 바쿠닌은 권위주의의 뿌리를 마르크스의 실증주의와 마찬가지로 정확하게 헤겔주의에서 발견한다.

바쿠닌은 학문이 본질적으로 귀납적이라고 믿는다. 즉, 학문은 "실제 사실에서 그것을 포괄하고 표현하고 설명하는 관념으로" 나아간다는 것이다. 이는 "생활에서 사상으로" 나아가는 아나키스트 사회혁명의 방식이기도 하다. 그러나 형이상학자와 관념론자들은 생각과 추상으로 시작하여 현실을 그들의 생각에 맞추려고 노력한다. 그들은 "생각에서 삶으로" 옮겨 다닌다. 따라서 형이상학자들은 형이상학의 철학적 분야를 연구한 사람들만을 일컫지 않는다. 그들은 단순히 헤겔을 추종하는 사람들도 아니다. 여기에는 '실증주의자'와 '현대 학문 숭배자', '미래 세대의 삶을 그리고' 싶어 하는 '이상적인 사회 조직을 스스로 만든' 사람들이 모두 포함된다. 이것이 바쿠닌이 비판한 마르크스의 문제점이다.

또 다른 에세이에서 바쿠닌은 좀 더 구체적으로 자신의 의견을 밝힌다. 헤겔주의자이자 마르크스주의자들은 "로마제국이 그리스 문명을 넘어선 긍정적인 진보"라고 결론짓는다고 하면서, 그들은 흔히 "로마는 그 모든 야만성에도 불구하고 인류 발전의 필수 단계였으며, 그런 의미에서 역사 개념에서 진보로 박수를 받아야 한다."고 주장한다는 것이다. 그러나 바쿠닌은 이에 동의하지 않는다. "그리스의 정복과 파괴, 로마인들의 군사적, 시민적 야만성에 대한 그리스의 비교적 높은 자유로움은 논리적이고 자연적이며 절대적으로 불가피한 팩트다. 나는 인류가 로마의 승리로부터 얻은 것이 별로 없다는 것을 알게 되었다"는 것이다.

바쿠닌은 나아가 현실 세계에 특정한 이론을 강요하려는 관념론자만이 로마의 승리를 불가피하고 진보적이라고 볼 수 있다고 주장한다. 그리고 관념론이 역사와 미래가 작동하는 방식을 결정했다고 주장하는 이론가들의 통치를 정당화했기 때문에 위험한 정치 철학이라고 본다. 이것은 학자와 지식인이 인류를 지배하면 안 된다고 주장한 《신과 국가》에 언급된 주제를 반복한 것이다.

《국가주의와 아나키즘》

바쿠닌은 《국가주의와 아나키즘》에서 "권력은 다른 누구보다 특히 더는 지식인에게 주어져서는 안 된다"고 강조한다. 이 때문에 혁명가들은 국가권력을 행사할 수 없다. "모든 국가권력, 모든 정부는 그 성격과 위치에 따라 인민 밖에 있고 인민 위에 있으며, 항상 인민을 그들에게 낯선 규칙과 목표에 종속시키려고 노력했다." 반면 아나키스트들은 "우리가 책에서 끌어내거나 스스로 생각해낸 이상적인 사회 조직을 인민이나 다른 이상적인 사회 조직에 강요할 의도도, 최소한의 욕망을 품고 있지도 않다." 대신에 그들은 "인민은 어느 정도 역사적으로 진화된 본능, 일상적 필요, 의식적 및 무의식적 욕망에 미래 조직 규범의 모든 요소를 지니고 있다"고 말한다. 그러면서 아나키스트들은 "인민들 자신 안에서 그 이상"을 추구했다고 한다.

바쿠닌에 의하면 헤겔주의적 화신과 실증주의적 화신 모두에서 특히 마르크스를 의미했던 '교리적 혁명가'들은 학문이 '사회적 격변과 재건을 위한 출발점'이어야 한다고 주장한다. 그러고는 "사상, 이론, 학문은 적어도 현재로서는 극소수 개인의 재산"이므로 "그 소수가 사회생활의 감독이 되는 것"이라는 논리를 따를 수밖에 없다고 주장한다. 그들은 지위를 이용하여 선동자로서 그리고 모든 인민 운동의 관리자로서 작업하며 "아래에서 위로" 향하는 인민과 단체의 "자유로운 결합"을 이끄는 것이 아니라 "학식 있는 우리가 모든 인민의 뜻을 대표한다."고 주장한다. 하지만 이는 '배운 소수자의 독재 권력'일 뿐이라고 바쿠닌은 비판한다.

따라서 "혁명적 독재" 이론은 본질상 국가의 고전적 의미를 정당화하는 데 지나지 않는다고 바쿠닌은 지적한다. 어느 쪽이든, 즉 선출인가 아닌가에 관계없이, "소수의 특권층에 의한 인민의 정부"를 의미한다는 것이다. "한쪽은 우둔하고, 다른 쪽은 지능적이라는 명목하에 소수에 의한 다수의 통치"를 이끌었지만 언제나 "반동적"이라고 바쿠닌은 비판한다. 따라서 마르크스주의자들은 결코 "국가의 적이 될 수 없었"다. 기껏해야 그들은 "그(정부) 자리를 대신하고 싶어 했기 때문에 기존 정부의 적"이 된 것이고, "기존 정치 제도가 독재의 가능성을 배제했기에" 적이 된 것이라고 바쿠닌은 본다. 그러므로 그들은 "국가권력의 가장 열렬한 친구"로 남을 수밖에 없다는 것이다. 국가가 없으면 대중도 없고, 국가가 없으면 그들 자신이 고안한 제도와 결사를 만들 때 인민이 주인인 사회혁명이 일어나 지식인을 쓸어버릴 게 자명하기 때문이라고 바쿠닌은 주장한다.

물론 이런 논점이 마르크스 자신에게도 해당하는가는 여전히 논쟁의 대상이다. 그러나 독일 사민당에서 볼셰비키에 이르기까지, 사민주의 제2인터내셔널에서 공산당 제3인터내셔널, 트로츠키주의 제4인터내셔널에 이르기까지 "실제로 존재하는" 마르크스주의가 무엇인지에 대한 정확한 예측이기도 했다. 한 가지 특이한 점은 프롤레타리아 대신 농민에 의존하는 중국 공산주의자들이 바쿠닌의 주장에는 반대하지 않았다는 것이다.

바쿠닌은 이런 논란에 어떤 입장을 취했을까? 그는 이러한 이야기들이 마르크스와 그의 이론에 적용된다고 주장했지만, 논리와 논증만으로는 자신의 의견을 강력하게 어필할 수 없었다. 그래서 이 모든 이슈가 마르크스의 성격이라든지 종교적인 견해 및 민족적 기원에 기인하지 않겠는가, 하고 부연하여 설명했다. 그러면서 "도발"이 무엇이든 "그러한 전술은 부끄럽다"고 말한다. 바쿠닌이 "많은 좌익 지식인들이 보여준 (결과적인) 계급 편향성이 국가라는 추상적인 권력을 존속시켰다"고 지적한 데엔 훨씬 더 강력한 근거가 있다. 마르크스의 정치학을 묘사한 것처럼 "부르주아 급진당"이야말로 "노동자 인민과 분리"되어 있고, 그들은 근본적으로 경제적, 정치적 이해관계와 모든 삶의 습관, 야망, 허영심, 편견에 의해 착취계급과 유기적으로 연결되어 있기 때문이다. 이제 바쿠닌은 묻는다. "그렇다면 인민의 도움으로 얻은 권력을 어떻게 인민을 위해 사용할 수 있겠는가?"

이러한 분석이 귀족적 뿌리를 가진 바쿠닌 자신에게도 적용되었을까? 그의 요점은 계급의 기원을 운명에서 찾지 말라는 것이다. 세심한 주의를 기울이지 않는 한 모종의 계급의식은 자연스레 정치적 사상에 영향을 미치고, 고의든 아니든 자신의 계급에 유리한 정치적 행동으로 이어질 테니 주의하라는 다짐이었다. 즉 "신념이나 열망에 의해서가 아니라 그저 출신이 부르주아인 사람들"은 "인민의 대의에만 몰두"해야 한다는 것이다. 그러지 않고 사람들의 '외부'에만 계속 존재한다면 그들은 "인민에게 쓸모가 없을 뿐만 아니라 해로울 것"이라고 한다.

그러나 바쿠닌은 마르크스의 업적을 절대 과소평가하지 않았다. 그중 가장 높이 친 것이 마르크스의 방대한 경제학 지식과 연구다. 바쿠닌은 프루동이 '옳다는 추상적인 관념'에서 출발하여 거기에서 '경제적 사실'로 나아간 것은 잘못이라고 하면서, 이런 점에서 마르크스가 "인간 사회, 국가, 민족의 과거와 현재 전체 역사에 의해 확인된 불가역적 진리를 발전시키고 증명"한 것은 훌륭한 업적이라고 평가한다. 그러고는 "경제적 사실이 항상 법적, 정치적 권리보다 우선한다."는 데 공감을 표하며 "그 진리의 설명과 증명은 학문에 대한 마르크스의 주요 공헌 중 하나"라고 말한다.

그러나 마르크스는 자신이 진리를 소유하고 있기에 단지 듣기만 하는 것이 아니라 가르치고 인도할 자격이 있다고 믿었던 학자로 남아 있었다. 결국, 역사의 흐름을 파악하고 무시해도 소용이 없었다. 이것이 바쿠닌의 관점에서 마르크스가 국가주의자로 남아 있는 이유다. 그것은 소수의 지식인이 역사가 가야 한다고 믿는 방향으로 역사를 이끌 수 있는 유일한 방법이다. 이것이 또한 마르크스가 농민 대부분을 반동적이라고 믿었던 이유이기도 하다.

농민들은 국가에 대한 강한 혐오감과 불신을 가지고 있었다. 다른 인민 혁명과 마찬가지로 농민 혁명은 "본질상 아나키즘적이었고 국가의 폐지로 이어졌다." 다시 말하지만, 마르크스가 국가와 농민의 역할에 대해 생각한 것을 '정확한 비판'으로서 액면 그대로 받아들인다면 이는 지나치게 단순화된 것이다. 그럼에도 바쿠닌의 의견엔 마르크스가 인정할 수 있는 것보다 더 많은 예지력이 담겨 있었다.

바쿠닌의 사회주의 비판

바쿠닌은 국가를 인수하여 자유로운 사회주의를 만들 수 있다고 믿었던 사회주의자들의 주장을 논리적으로 분석한다. 그는 그들의 길이 단 두 가지밖에 없을 것으로 본다. 정치 혁명, 즉 쿠데타를 일으키거나 평화로운 개혁을 위해 법적으로 인민을 선동하는 것이다. 그러고는 어느 쪽이든 자유 사회주의를 신봉하는 사람들은 "궁극적인 이상까지는 아니더라도 그들의 직접적이고 주요한 목표는 인민 국가의 창설"이라고 확신한다. 그들에게는 이것이야말로 "지배계급의 수준으로 올라간 프롤레타리아"이기 때문이다.

그러나 "프롤레타리아가 지배계급이 된다면 과연 누구를 지배할 것인가?" 하는 문제가 남는다. '지배'한다는 것은 결국 내가 아닌 타인을 지배하는 것이기 때문이다. 예를 들어 "국가가 존재한다면 필연적으로 지배와 노예 제도가 존재"한다. 프롤레타리아가 지배계급이 되는 새로운 모습이 만들어진다고 해도 마찬가지다. 이에 바쿠닌은 "프롤레타리아를 지배계급으로 올린다는 것은 정확히 무엇을 의미하는가?"라고 묻는다. 그것은 과연 전체 프롤레타리아가 정부를 이끈다는 의미일까, 4천만 독일인 모두가 정부의 일원이 된다는 뜻일까? 바쿠닌은 "그렇지 않다"고 결론을 내린다. 따라서 '국가'를 바라보던 사회주의자들은 "인민 정부"의 주장에 한 발 뒤로 물러서야 했다. 그러나 막상 그들이 만난 것은 자유주의자들과 부르주아의 노선이었다. 사회주의자들이 목소리를 낼 때, 그것은 여전히 "지배적 소수의 전제주의가 은폐된 거짓말, 가짜인 인민 의지의 표현이라는 점에서 더욱 위험한 거짓말"로 남아 있었다.

그러면 사회주의 정부는 노동자로 구성되지 않을까? 노동자로 구성된다면 차이가 나지 않겠는가? 마르크스주의자들은 그렇게 주장했고 바쿠닌은 이에 응했다. 사실 그것은 "전직 노동자들이 통치자나 인민의 대표자가 되자마자 노동자를 그만두고 국가의 높이에서 전체 노동자 세계를 바라보기 시작하는" 정부일 것이다. 이렇게 된 이상 그들은 더는 인민을 대표하지 않고, 그들 자신과 인민을 통치하기 위해 가식적으로 행동하게 될 것이다. 만일 이때 선출된 대표자들이 '과학적 사회주의'를 말하는 교육받은 급진주의자라면 상황은 더욱더 나빠질 것이다. 왜냐하면 바쿠닌이 이미 주장한 바와 같이 '학자 정부'가 아마도 가장 억압적인 정부가 될 터이기 때문이다. 그들은 객관적인 학문의 힘을 옹호하며 '바로 그렇기에' 자신들이 옳다고 확신할 게 분명하다는 것이다.

마르크스주의자들은 "그러한 독재는 일시적이고, 사람들이 스스로 통치할 수 있을 만큼 충분히 교육을 받아 정부를 불필요하게 만들 때까지만 지속될 것이다"라고 반론을 제시했지만, 이에 대해 바쿠닌은 거기에 명백한 모순이 있다고 지적한다. 즉, "그 사회주의 임시 정부가 진정한 인민 국가라면 왜 그것을 폐지해야 할까? 만일 그것을 폐지하는 게 인민해방을 위하여 필수적인 일이라면 어찌 감히 그것을 인민 국가라 부를 수 있겠는가?" 하고 말이다. "과도기 국가", 즉 프롤레타리아 독재인 인민 국가를 요구하는 것은 따라서 "인민이 해방되기 위해서는 먼저 노예가 되어야 한다"는 주장에 불과하다는 것이다. 바쿠닌은 이런 모순을 지적한 뒤 "자유는 오직 자유, 모든 인민의 봉기와 아래로부터의 노동자들의 자발적인 조직에 의해서만 창출될 수 있다"라는 아나키즘적 입장을 내세웠다.

그것은 차례로 아나키스트가 모든 정부와 부르주아 정치와 완전히 단절하고 '사회혁명'을 유일한 전술과 전략으로 남겨 두어야 함을 의미한다. 마르크스의 주장에 대항하는 논리적인 결과이긴 했지만, 이것이 과연 바쿠닌이 암시했듯이 '문제를 깔끔하게 해결'했는지는 분명하지 않다. 현재 상태와 사회혁명 사이에서 정부가 일부 발언권을 갖는 것이 유용할 수 있다는 그의 주장은 또 어떠한가? 바쿠닌이 자신의 전 생애를 통해 입증한 사회혁명을 조직하는 데 엄청난 문제들이 따랐음을 감안한다면 결국 국가는 '시들어버릴 것'이라는 마르크스와 엥겔스의 청사진보다 그나마 덜 유토피아적이라고 할 수 있을까? 동시에 바쿠닌의 예측은 러시아 혁명과 볼셰비키의 승리 덕분에 뒷받침되지 않았는가? 이것은 아나키스트, 자유주의자, 그리고 사회민주주의자들이 마르크스를 스탈린주의의 이론가, 혹은 수용소의 건축가라고 여긴 것과 유사하다. 이에 비해 바쿠닌은 좌파와 우파의 비평가들이 일반적으로 인정한 것보다 더 본질적인 혁명적 전술과 전략에 대해 중대한 문제를 제기했다. 사회혁명은 그가 암시한 것만큼 완전하거나 유용하지 않지만, 좌파의 누구도 아직 유용한 해결책을 찾지 못했다. 아마도 바쿠닌의 진정한 대답은 우리 스스로 문제를 해결해야 한다는 데 있을지도 모른다.

마르크스는 바쿠닌에게 어떻게 대응했을까

마르크스는 차례로 《국가주의와 아나키즘》에 대한 자신의 비판을 발전시켰다. 그는 책의 사본에 철저히 주석을 달았다. 일부 코멘트는 바쿠닌의 작업에 대한 그의 초기 반응을 반영했다. "스쿨보이 같이 썩음!" 마르크스는 한마디로 도움이 되지 않는다고 외쳤다. "경제적 조건이 아니라 의지가 그의 사회혁명의 기초이다… 급진적 사회혁명은 경제 발전의 명확한 역사적 조건과 연결된다. 후자는 그것의 전제 조건이다." 바쿠닌은 "사회혁명에 대해 전혀 모르고, 그 정치적 표현만 알고 있다. 그에게 경제 상황은 아무런 의미가 없다." 우리가 보았듯이, 이것은 노골적인 오해이지만, 마르크스가 본질적으로 역사의 비밀을 점쳤다고 믿었던 형이상학자라는 바쿠닌의 비난의 증거는 아니다. 그것이 역사적 유물론에 대한 마르크스의 마지막 말이 아니었던 데다가 두 급진주의 사이의 적대감을 감안하면 중시할 필요가 없기 때문이다.

바쿠닌이 프롤레타리아가 지배계급이라면 누구를 지배할 것인지 물었을 때, 마르크스는 다른 계급, 특히 자본가 계급이 여전히 존재하는 한 프롤레타리아가 스스로를 보호하기 위해 "강제 수단, 따라서 정부 수단"이 필요할 것이라고 주장했다. 이것은 바쿠닌의 주장에 대한 논박이 아니라 바쿠닌이 공격한 것보다 더 정교한 국가 방어이다.

또한 마르크스는 농민이 인구의 중요한 부분을 차지하는 국가에서 혁명은 농민을 소외시키지 않도록 주의해야 하고 프롤레타리아는 자신의 이익과 충돌하는 것을 피해야 한다고 지적했다. 비록 크게 도움이 되지는 않을지라도 그는 혁명 정부가 농민의 조건을 개선하고 "농민 자신이 경제적인 이유에서 '개종'할 수 있도록 사유재산인 토지를 집단재산으로 전환해야 한다"고 주장했다. 이 생각은 그러나 스탈린의 농민 집단화와는 거리가 멀다. 왜냐하면 마르크스는 농민에 대한 자기 생각을 계속 발전시켰고 결국 바쿠닌의 입장에 훨씬 더 가까워지기 때문이다.

더 흥미로운 것은 4천만 독일인이 모두 정부의 일원이 될 수 있는지에 대한 바쿠닌의 수사학적 질문에 대한 마르크스의 반응이었다. 마르크스도 파리코뮌의 자치를 인정했다. 그러나 그들의 본질적인 차이점은 나중에 다시 확인되었다. 아나키스트는 노동자의 정부가 사실상 전직 노동자의 정부가 될 것이라고 주장했다. 마르크스는 제조업자가 시의회 의원으로 선출되었을 때 자본가를 그만두지 않았는데 왜 노동자가 노동자를 그만두겠는가, 하고 의문을 표했다. 바쿠닌의 추론과 일치하는 첫 번째 대답은 정부가 계급 특권을 유지하는 것과 관련이 깊다. 두 번째는 정부가 자신의 이익을 발전시킨다는 주장은 말이 안 된다고 하는 것인데, 이는 종종 계급이나 개인으로서의 자본가의 정확한 이해와 다르다. 하지만 노동자들이 공장 현장보다 선거인단을 선호하게 된다면 그러한 과정에 덜 익숙해질 것이다. 마지막으로 마르크스는 바쿠닌이 아마도 "노동조합의 관리자"로서 약간의 업무 경험이 필요할지도 모른다고 주장했다. "권위에 대한 그의 모든 악몽을 악마에게 보낼 것"이라고 하면서 말이다. 하지만 마르크스가 바쿠닌보다 직장에서 더 멀리 떨어진 삶을 살았다는 걸 감안할 때 이것은 결정적인 반론이 될 수 없다. 마르크스의 주석이 시사하는 바는 마르크스와 바쿠닌 사이의 유익한 논쟁이 도발적이고 유용한 방식으로 두 사람의 주장을 각각 발전시켰을 수 있다는 점이었다.

바쿠닌에게 가해진 반유대주의 이슈

바쿠닌의 문제점 중에 반유대주의가 있다. 생리적, 정신적, 문화적 특성을 "인종"과 같은 모호한 개념에 귀속시키는 것을 예사로이 여겼던 시대에는 인종 차별적 언어 역시 흔히 사용되었다. 예를 들어 마르크스도 사회주의자 라살을 '유대인 검둥이'라고 불렀고, 바쿠닌의 '러시아 혈통'이 그를 타고난 공모자로 만들었다고 주장한 것처럼 그가 정치적 논쟁을 일으키면 그것이 '유전적 기원'에 의한 것이라고 치부하곤 했다. 마르크스는 심지어 사위인 폴 라파르그가 자기 딸에게 구애하며 보여준 로맨틱한 모습을 낭만성 과잉이라면서 이는 인종 분류상 '검둥이'에 해당한다고 말했다.

하지만 바쿠닌은 자신이 "유대인의 적도 아니고 비방자도 아니다"라고 주장한다. 오히려 "내 눈에는 모든 국가가 평등하다"고 한다. 왜냐하면 각 국가는 "역사적 민족의 산물이며 결과적으로 국가의 채무 불이행이나 공로에 책임을 지지 않기 때문"이라는 것이다. 바쿠닌은 유대인의 역사가 유대인들에게 "본질적으로 상업적이고 부르주아적인 경향"을 주었다고 주장한다. 즉 그들이 "다른 사람의 노동을 탁월하게 착취하는 사람들"이라는 것이다. 그는 처음엔 모든 유대인을 착취자로 분류하지 않고 그렇게 하는 것이 "불의와 어리석음"이라고 말했지만, 나중에는 "유대인"이라는 큰 범주가 아니라 "부르주아 유대인과 독일인"이라고 좁혀서 언급했다.

바쿠닌에 의하면 유대인들이 노동자를 착취했기 때문에 "유대인"은 "인민에게 천부적인 공포와 두려움"을 갖고 그들을 "공개적으로든 은밀히든" 경멸해왔고, 따라서 그들의 이익은 "프롤레타리아의 이익과 본능에 완전히 반대"되었다고 한다. 유대인은 "오늘날 유럽의 진정한 세력으로서 상업과 은행업을 전제적으로 통치"하기 때문이다. 이것은 19세기에 널리 퍼진 개념으로, 1844년에 마르크스도 《유대인 문제》에서 다음과 같이 썼다.

유대교의 세속적 기초는 무엇인가? 실용적인 필요와 이기심이다. 유대인의 세속 숭배는 무엇인가? 흥정이다. 그의 세속 신은 무엇인가? 돈이다. 그렇다면 흥정과 돈으로부터, 실용적이고 진정한 유대교로부터의 해방은 우리 시대의 자기 해방이 될 것이다.

브루노 바우어(Bruno Bauer)가 비엔나의 유대인은 "자신의 돈으로 제국 전체의 운명을 통제한다"라고 주장했을 때, 마르크스는 이에 동의하면서 "이것은 어제오늘의 일이 아니다. 유대인은 자신만의 방식, 즉 돈이 부여한 권력과 결탁하여 스스로를 해방했다. 이 과정을 통해, 또는 그와 별개로, 돈은 세계를 지배하는 진짜 권력이 되었고, 유대인의 실용적 정신은 곧 기독교인의 실용 정신이 되었다"라고 말했다.

마르크스가 반유대주의적인지에 대한 논쟁은 오늘날에도 계속되고 있다. 하지만 당시 다른 사람들도 반유대주의적이었다고 말한다고 해서 바쿠닌을 변호할 수 있는 건 아니다. 또한 지속적이고 악의적인 중상모략에 대응하느라 바쿠닌이 감정을 폭발시킨 사례가 더 많은 것뿐이라고 어느 정도 그의 반유대 발언들을 무마할 수는 있겠으나 이 역시 옳은 논의는 아니다. 반유대에 관한 한 그의 발언은 여전히 개탄스럽다. 그러나 이것이 그의 글에서 일관된 주제로 나타나거나 유대인에 대한 일반화된 공격으로 바뀌지는 않았다. 바쿠닌의 반유대주의가 "그의 메시지를 회복할 수 없을 정도로 타락"시켰다는 것은 따라서 거의 사실이 아니다.

바쿠닌은 종종 그의 적들을 '언론인'이라고 불렀는데, 이 호칭은 당시로서는 가장 큰 모욕이었다. 저널리즘, 특히 독일에서의 저널리즘은 교육을 받았지만 성공하지 못한 사람들, 천재적인 영감을 받지 못한 채 불만을 품은, 어느 정도 지적인 사람들이 선택하는 직업으로 간주되었기 때문이다. 하지만 바쿠닌은 자신의 출신이나 지위를 두고 왈가왈부하는 그들의 말에 별로 신경을 쓰지 않았다. 다만 자신이 인신공격의 희생자라는 믿음을 더욱 굳혔을 뿐이다. 그러고는 독일인을 포함한 많은 서유럽 사람들이 자신의 조국인 러시아, 더 나아가 러시아인인 자신에 대해 편견을 공유하고 있다는 점을 강조했다.

바쿠닌은 러시아 인민에 대한 열렬한 애정과 믿음을 솔직히 인정했지만, 그 자신보다 러시아 제국을 더 강력하게 비판한 사람이 없다는 점도 잘 알고 있었다. 그를 고발한 사람 중 누가 그와 같이 차르의 손에 고통을 겪었는가? 바쿠닌은 '범슬라브주의'에 대한 주장이 러시아와 러시아인에 대한 독일의 전통적인 두려움 때문에 촉발된 명백한 거짓이라고 주장했다. 그러면서 인터내셔널 및 인터내셔널이 세운 원칙을 지지한다는 의사를 재확인했고, 자신을 '분열자'라고 비난한 사람들이 저지른 오류와 반쪽의 진실에 대해 따끔하게 지적했다.

바쿠닌의 마지막 말

바쿠닌은 《국가주의와 아나키즘》에 대한 마르크스의 날선 비판에 대응할 기회가 없었다. 헤이그 대회 이후 바쿠닌의 삶은 안타깝게도 혼란과 불안정으로 가득 차 있었다. 1872년 6월, 안토니아는 마지막으로 생존해 있던 형제가 사망하자 가족을 방문하기 위해 두 자녀(카를로와 소피아)와 함께 러시아로 떠났다. 바쿠닌은 이 일에 대해 일기에 "이별? 얼마나 오랫동안? 1년? 영원히?"라고 써두었다.(카614)

바젤에서 그들을 배웅한 후 바쿠닌은 취리히로 갔다. 그곳에는 이전에 제네바에서 그랬던 것처럼 다른 세대의 러시아 망명자들이 모여 있었다. 이 그룹에는 아몬드 로스라는 가명으로 더 잘 알려진 미하일 사친(Michael Sazhin)과 잠피리 랄리(Zamfiri Ralli)가 있었다. 둘 다 네차예프와 함께 일했고, 나중에는 둘 다 그와 헤어졌다. 체르니솁스키에게 영감을 받은 많은 사람 중 한 사람인 로스는 '초지와 자유'의 창시자였으며 파리코뮌에 참여했다. 두 사람은 쥐라연합에서 활동했으며 일시적이기는 해도 바쿠닌의 정치적 동맹자이자 친구가 되었다.

바쿠닌은 1872년 10월 로카르노로 이사했다. 그것은 실질적인 은퇴였다. 끊임없는 말다툼으로 바쿠닌은 이미 지칠 대로 지쳐 있었고, 건강은 빠르게 악화했다. 심각한 과체중이었기에 금연과 절식을 해야 할 처지였으나 바쿠닌은 이마저 거부했다. 로

카르노를 방문한 어떤 방문객은 바쿠닌이 "기관차처럼 연기를 내뿜"었고, 그의 집 마룻바닥은 "재와 시가 꽁초로 뒤덮여 있었다"라고 전했다. 의사가 처방한 스트리키닌을 포함한 약을 복용하는 동안 바쿠닌은 숨을 쉬기 어려울 정도로 심한 천식과 밤에도 스무 번 정도 소변을 보아야 했던 전립선 부종 문제로 숙면을 취하지 못했다. 게다가 울혈성 심장병이 있어 아주 단순한 육체노동에도 숨 가빠했다.

그의 상태는 1873년 9월에 마르크스, 엥겔스, 라파르그가 함께 만든 팸플릿이 익명으로 출판되면서 더욱 악화했다. 《사회민주동맹과 국제노동자협회》는 마르크스가 쿠겔만에게 보낸 《비밀 통신》과 우틴이 편집한 비난, 과장, 노골적인 날조의 글들을 재조명한 것에 불과했다. 마르크스의 지지자들과 전기 작가들조차 난무하는 거짓말과 원칙 없는 인신공격에 당혹하여 몸을 움츠릴 정도였다.

바쿠닌은 그 글을 읽은 뒤 〈제네바 신문〉에 답을 실었다. 여기서 그는 "나는 공적 생활에 대해 정말 혐오감을 느꼈다. 나는 이 생활을 할 만큼 했다"고 하면서 "예순이라는 나이와 심장병이 내 삶을 점점 더 어렵게 만들었다. 이제는 젊은 세대가 일을 떠맡을 때다. 더는 나 혼자 승리에 연연하여 의기양양하게 반동에 맞서지 않을 것이다. 더는 나 혼자의 힘으로 시시포스의 바위를 밀어낼 수 없다는 것을 안다"라고 털어놓았다. 그러고는 동료들에게 한 가지를 요구했다. "당신들이 나를 잊어주기를 바란다."고 말이다. 그 후 바쿠닌은 쥐라 연맹과 아나키즘 인터내셔널에서 사임했다.

바쿠닌이 싸움에서 물러난 데엔 여러 이유가 있었지만, 가장 중요한 것은 정치적인 이슈 때문이었다. "동정의 마음이나 성향이 아니라 출신 성분과 타고난 지위에 따라 나는 부르주아에 불과하다"고 적었다.

그러므로 제가 여러분 사이에서 할 수 있는 것은 이론적인 선전뿐입니다. 그러나 저는 인쇄물이든 연설이든 거대한 이론적 담론의 시대는 지났다고 확신합니다. 오늘날 가장 중요한 임무는 프롤레타리아 세력을 조직하는 것입니다. 그러나 이 조직은 프롤레타리아 자체의 일이어야 합니다.

만일 그가 이 당시 젊었다면 과감히 노동자 중 한 사람으로 합류하여 조직화 투쟁을 벌였을 것이다. 그러나 그의 나이와 건강은 이런 일들을 하기엔 역부족이었다. 그는 이제 "프롤레타리아 진영에서는 원조가 아니라 장애물"이었고, "노동자나 명예직"을 위한 운동에서는 참여할 여지를 찾지 못했다. 당연한 일이었다. 바쿠닌은 마르크스와 비스마르크 모두가 아나키즘을 상징한다고 믿는 위험에 대해 경고했다. 그리고 동지들에게 "인민의 자유라는 사상을 확고히 지키고 모든 무역과 모든 나라에서 노동자들을 계속 조직할 것"을 촉구했다. 무엇보다 그는 "당신이 개인으로서, 고립된 공동체나 국가에서 아무리 나약하더라도 세계적인 공동체로서 거대하고 저항할 수 없는 힘이 될 것임"을 기억하라고 결론지었다.*

바로나타에서 이별의 시간을 맞다

바쿠닌은 투쟁에서의 은퇴를 선언하고 3년을 더 살았다. 어떻게 살 것인가가 여전히 문제였고 그는 여전히 '삶'에 서툴렀다. 이탈리아 동지인 카를로 카피에로(Carlo Cafiero)는 상당한 유산을 받자 바쿠닌에게 재정적 안정을 줄 수 있는 계획을 세웠다. 카피에로는 로카르노 부근의 별장을 구입하여 소유권을 바쿠닌에게 양도했다. 바로나타(Baronata)라는 이름의 별장은 한때 수도원이었는데, 아나키스트들은 이 건축물을 더 유용하게 쓸 계획을 세웠다. 그 땅에서 벌목, 농작물 재배, 가축 사육을 하여 인민의 자급자족을 도모하고, 쫓기는 급진주의자들이나 장사를 하기에는 이미 너무 늙어버린 은퇴한 혁명가들의 피난처로 삼으려 했던 것이다. 그리고 바쿠닌에게 연금을 제공하고 그의 아내와 아이들에게는 안정된 일상을 제공하고자 했다.

안토니아는 1873년 7월에 여동생, 부모, 셋째 아이와 함께 러

---

* https://theanarchistlibrary.org/library/mark-leier-bakunin

시아에서 스위스로 돌아왔다. 그러나 바로나타 프로젝트는 비참하게 실패했다. 대대적인 개조로 투입 비용이 증가한 바람에 카피에로는 거의 파산 상태에 이르렀고, 프로젝트의 실패로 두 친구는 사이가 갈라졌다. 이 사건은 바쿠닌에게 더 큰 영향을 미쳤다. 프리아무키노의 유산으로 바로나타를 샀고, 이제 그들의 미래가 안전하다며 안토니아까지 불러들였던 터기 때문이다. 그러나 모든 일이 틀어져 빌라를 카피에로에게 넘겨야 했고 바쿠닌의 가족은 노숙자가 될 위기에 처했다.

바쿠닌은 크게 상심했다. 안토니아에게 진실을 털어놓을 수 없었던 그는 1874년 7월 볼로냐로 향하여 최후의 반란에 참여하고자 했다. 마치 루딘처럼, 바리케이드에서 영웅적인 죽음을 맞이하고자 했던 것이다. 그것은 어쩌면 바쿠닌에게 걸맞은 결말이었을지도 모른다. 하지만 반란은 실패했고, 바쿠닌에게 남은 일은 바로나타에 돌아가 안토니아에게 모든 사실을 고백하는 것밖에 없었다. 화가 난 안토니아는 다른 스위스 마을인 루가노로 이사했지만, 곧 마음을 돌려 바쿠닌에게 함께 가자고 편지를 보낸다.

1874년 9월, 바쿠닌은 안토니아에게 가서 자신이 할 수 있는 한 최선을 다해 예전 삶의 방식을 찾아갔다. 카페에서 오랜 시간 토론하기, 책 읽기, 글쓰기, 가능하면 낯선 사람이든 동료든 친절에 호소하여 돈을 빌려 생존하기 등등이다. 하지만 건강은 점점 나빠지고 있었다. 심지어 점점 청력을 상실하여 '말하는 사

바로나타 별장

람'으로서의 위치 또한 흔들렸다. 그가 쓰는 편지의 대다수 내용은 더는 정치 문제가 아니라 돈과 의료 문제에 집중되고 있었다.

파리코뮌의 여파는 질병과 빈곤만큼이나 그의 정신을 약화시켰다. 사회혁명은 그 어느 때보다도 인류를 '하수구'에서 구하는 데 필요했지만, 인민에게서는 그 어떤 창의적인 사상도, 상상력 가득한 희망도, 혁명적 열정도 찾을 수 없었다. 더구나 유럽의 반동 세력은 인민의 움직임에 대해 그렇게 강력하게 무장했던 선례를 보기 힘들 만큼 억압적으로 변해 가는 중이었다. 모든 국가에서 장교를 키우는 군사학이 새로운 학문으로 부상했다. 바쿠닌은 친구이자 동료 아나키스트인 엘리제 르클루에게 보낸 편지에서 "혁명은 잠시 제자리로 돌아왔고 우리는 진화의 시대로 되돌아갔다. 불쌍한 인류!"라고 외쳤다.

바쿠닌은 러시아에 있는 가족들에게 편지를 써서 보고 싶다는 소망을 표현하고 그들이 와주기를 간청했다. 가족에게서 어느 정도 유산을 받을 수 있다고 믿었던 그는 형제자매들에게 재산 일부를 매각하여 가능한 한 빨리 돈을 좀 보내달라고 요청한 것이다. 1876년 여름, 그와 안토니아는 쫓겨나기 직전에 별장을 떠났다. 두 사람은 나폴리에 갈 계획이었다. 안토니아는 이주 준비를 위해 먼저 이탈리아로 향했고, 바쿠닌은 친구이자 의사인 아돌프 보그트(Adolf Vogt)를 만나려고 베른으로 갔다. 바쿠닌은 어린 시절부터 보그트를 알고 지냈는데, 이제 의사가 된 그가 자신을 질병에서 조금이라도 벗어나게 해주기를 바랐던 것 같다. 그러나 바쿠닌이 1876년 6월 14일에 도착했을 때 보그트는 그를 진찰한 후 곧바로 병원에 입원시켰다.

죽음

바쿠닌이 입원한 사이 1840년대 초 베를린 시절부터 알고 지냈던 음악가 아돌프 라이헬(Adolf Reichel)을 포함하여 몇몇 친구들이 정기적으로 병상을 방문했다. 라이헬은 감부치에게 바쿠닌의 마지막 날에 대해 길게 편지를 썼다. 바쿠닌은 병상에서 쇼펜하우어를 읽었다. 그는 라이헬에게 "우리의 모든 철학은 잘못된 전제에서 시작된다. 그것은 항상 인간을 공동체의 일부인 존재가 아니라 개인으로 받아들이는 것부터 시작된다. 그것은 하늘의 파이[말 그대로, 구름 속의 행복]나 쇼펜하우어와 하르트만의 비관론으로 이끄는 대부분의 철학적 오류가 나오는 곳이다"라고 강조했다. 바쿠닌은 내심 친구들이 철학 논쟁을 그만두기를 바라고 있었고, 친구들은 바쿠닌에게 "회고록을 쓸 시간이 남아 있지 않"다는 것을 매우 유감스럽게 생각하고 있었다. 그러던 어느 날, 바쿠닌은 힘겹게 입을 열었다. "숨을 낭비할 가치가 없다. 오늘날 모든 민족의 인민은 혁명의 본능을 잃었다. 그들은 자신의 상황에 너무나 만족하면서 자신이 가진 것을 잃을까 봐 두려워한다. 이 두려움이 그들을 무기력하게 만든다.

그렇다, 나는 건강이 조금만 회복된다면 철학적이거나 종교적인 문제들을 언급하지 않고 오직 집단주의 원칙에 입각한 혁명의 윤리에 대해 쓸 것이다."

바쿠닌은 점점 더 긴 잠에 빠졌다. 그 유명한 '식욕'조차도 그를 떠난 듯싶었다. 어느 날, 그는 눈을 뜨지 않고 중얼거렸다. "나는 내 임무를 마쳤다." 1876년 7월 1일 정오, 바쿠닌은 비범한 삶과 극명하게 대조되는 평범한 죽음을 맞았다. 이틀 뒤 베른 묘지에서 열린 장례식에는 약 40명의 조문객이 참석했다. 살아 있을 때 그랬던 것처럼 바쿠닌은 죽을 때도 마르크스보다 좀 더 많은 조문객을 맞았다(그로부터 6년 뒤 마르크스가 사망했을 때 찾아온 조문객은 11명이었다). 그중에는 아나키스트들도 있었다. 마지막으로 작은 아이러니가 두 남자를 연결해주었다. 바쿠닌과 마르크스에게 발부된 사망 증명서에 모두 '금리생활자', 즉 투자로 살아온 사람이라고 적혔기 때문이다. 바쿠닌이 묻힌 묘지는 뒤에 공원이 되었고, 유해는 도심 외곽의 프리드호프 브렘가르텐(Friedhof Bremgarten)에 있는 부지로 옮겨졌다. 그의 비문엔 "조국을 위해 희생한 사람을 기억하라"는 이상한 문구가 새겨졌다. 크고 거칠지만 평범하게 보이는 돌 위에 말이다. 물론 그 돌은 눈에 잘 띄어서 얼핏 보기엔 그럴 듯했다.

에필로그   수평적인 자유 평등 사회를 향하여

바쿠닌은 사회혁명을 제대로 성공시키지도 못했고, 그 혁명이 완성되는 것도 목격하지 못했다. 더구나 그가 쓴 글 대부분은 살아 있는 동안 출판되지 않았다. 사후에도 사정은 별반 다르지 않았다. 그의 글을 인쇄한 소규모 책자들 역시 아나키즘 집단 내에서만 유포되었다. 마르크스나 엥겔스처럼 학계의 지식인들에게 높이 평가받지도 못했다. 하지만 바쿠닌의 영향력은, 적어도 당대에는, 마르크스나 엥겔스보다 훨씬 더 지대했다. 러시아에서는 바쿠닌이 주창한 방식으로 '인민에게로' 간 급진파부터 새로운 '토지와 자유' 그룹, 또는 '인민의 의지', 그리고 '사회혁명가'에 이르기까지 급진적 세대가 그 뒤를 따랐다. 그들은 아나키스트는 아니었지만 그들의 신념 중 많은 부분을 바쿠닌에게 물려받았다.

바쿠닌이 힘을 쏟았던 아나키스트 운동 자체는 크로포트킨과 에리코 말라테스타를 포함한 새로운 세대의 사상가와 활동가에 의해 발전되면서 계속해서 성장했다. 1917년에는 러시아 농민과 노동자가 사회혁명을 일으켰다. 그들은 농민 코뮌을 기반으로 노동자협회 또는 소비에트를 창설했으며, 물질적 생산력의 완전한 발전을 기다리지 않고 차르 정권을 전복했다. 바쿠닌이 예언한 내용 중 더 무서운 것도 이루어졌다. 반동들은 내전을 일으키면서 혁명보다 더 많은 유혈 사태를 일으켰고, 윈스턴 처칠이 말한 것처럼 외국 군대가 러시아 땅에 상륙하여 사회주의의 아기를 요람에서 목을 졸라 죽였다.

바쿠닌이 권위주의나 국가사회주의에 내린 경고도 옳았다는 것이 밝혀졌다. 사회혁명은 새로운 붉은 통치자들과 함께 빠르게 정치 혁명으로 바뀌었다. 국가, 심지어 혁명 국가의 본성에 대한 바쿠닌의 경고도 옳았다. 마르크스와 마찬가지로 볼셰비키는 농민에 대한 인식이나 존경심이 거의 없었으며 도시를 위한 식량 생산을 강요하는 서투른 시도는 역효과를 냈다. 억압과 개혁의 정책을 통해 농민의 완고한 저항은 진압되었지만 끔찍한 대가를 치러야 했다. 급진적 노동자들은 자신의 이름으로 행동하는 국가를 통제할 수 없다는 사실을 인정해야 했다. 볼셰비키 국가는 권력을 잡은 직후 그들의 비밀경찰인 체카를 아나키스트들의 책임으로 돌리고 신문을 폐쇄했다. 아나키스트들의 모임을 파괴하고 감옥에 가두었다. 1921년 크론슈타트에서 일어난 사건은 붉은 군대가 혁명 노동자들에게 총을 겨누라는 명령을 받았을 때, 헝가리, 체코슬로바키아, 천안문 광장으로 파견된 탱크가 후대에 보여준 것처럼 당시 급진주의자들에게 '같은 환멸'을 불러일으켰다.

마르크스와 엥겔스는 얼마 가지 않아 예언자의 지위를 차지하게 되었고, 그들의 저술은 마르크스의 생애 동안엔 감히 상상하지 못했던 자리를 차지했다. 반면 1918년에 제작된 바쿠닌 동상은 정치적, 예술적 정통성에 위배된다는 이유로 모스크바에서 공개된 지 몇 달 만에 파괴되었다. 바쿠닌의 저술을 출판하려는 시도는 1961년에 중단되었고, 2000년이 되어서야 완전판이 CD로 제작되었다.

미국, 프랑스, 이탈리아, 스페인, 벨기에에서 진행된 20세기 초반까지의 노동운동에서 아나키즘은 마르크스주의보다 훨씬 더 중요했다. 바쿠닌이 죽은 지 10년 후, 아나키스트들은 미국에서 8시간 노동 투쟁에서 결정적인 역할을 했다. 4명은 시카고 헤이마켓 사건의 여파로 쇼맨십 재판과 교수형 집행인의 올가미로 1887년 11월 11일 죽임을 당한다. 그중 한 명의 젊은 미망인 루시 파슨스는 1905년 미국에서 가장 중요한 아나키즘 운동인 '세계 산업 노동자연맹(IWW)'을 결성하게 했다. "우리 한 명의 상처는 우리 모두의 상처이다"라는 그들의 구호는 바로 바쿠닌의 구호였다. 엠마 골드만을 위시한 아나키스트들은 1919년 미국에서 추방되었다.

1920년대에 좌파가 재편성되면서, 국가 권력을 추구하는 것이 사회혁명을 위한 효과적인 대안이라고 주장한 공산주의와 사회민주주의가 아나키즘을 압도했다. 그래도 아나키즘은 죽지 않고 도덕적, 정치적 비판을 제공하는 철학으로 살아남았다. 그리고 1930년대에 아나키즘은 다시 강력한 사회 운동으로 자리 잡았다. 스페인 내전이 발발하면서 아나키스트들은 공화국을 위협하는 파시스트, 가톨릭교도 및 다양한 반동을 막기 위해 신속하게 민병대를 조직했다. 여러 지역에서 공장을 인수하여 아나키즘 원칙에 따라 운영하고, 토지를 집단화하고, 지대·계급·종교를 폐지하여 아나키즘의 명확하고 살아있는 예를 제공했다. 그러나 혁명보다 파시즘을 선호하는 서방 국가와 서방을 이기려는 스탈린에 의해 그 실험은 무산되었다. 독일과 이탈리아에서처럼 스페인에서도 반동이 승리하여 아나키스트들은 처형되었다. 그리고 세계 대전이 터진다.

전후 서방의 상대적 번영으로 급진주의는 자기주장을 하지 못하고 '이데올로기의 종말'이 선언되었다. 1960년대 말부터 학생, 노동자, 지식인이 다시 혁명을 요구했다. 지금은 그것이 주로 문화 운동, 심지어 유행 패션과 같은 것으로 기억되지만, 사실 그 핵심은 '반란'이었다. 그리고 그 시대의 급진주의는 마르크스가 아니라 바쿠닌에게 나온 것이었다. 특히 1968년 5월 파리는 노동자들이 공장을 점거하고 학생들이 거리를 점거하면서 아나키스트 운동이 살아난 것처럼 보였다. 그 뒤 아나키즘은 학계에서도 주목을 받았다. 미셸 푸코(Michel Foucault)가 분석한 권력은 바쿠닌이 이미 100년도 더 전에 분석한 것이었고, 포스트모더니스트와 포스트 마르크스주의자들이 주장한 내용 역시 바쿠닌을 비롯한 아나키스트들은 100년 전 이야기한 것들이었다. '신자유주의'나 '세계화'에 반대하는 운동도 마찬가지다.

한국은 어떤가? 1968년 혁명은 서방의 것이었고, 당시 대부분의 소위 '후진국'처럼 한국은 이런 혁명을 경험하지 못했다. 아나키즘도 주목받지 못했다. '정치적 저항'은 있었지만, '사회적 저항'은 없었고, 지금도 여전히 찾아보기 힘들다. 마르크스의 저술이 조금씩 번역되곤 했지만, 바쿠닌을 비롯한 아나키즘 이론은 학계는 물론 운동권이나 노동계나 출판계에서도 무시되어왔다. 이는 일제강점기부터 바쿠닌을 비롯한 아나키즘이 무시된 전통과 무관하지 않을 것이다. 그런 가운데 포스트모더니즘 등이 유행했지만, 그 뿌리인 아나키즘을 모른다면 이는 피상적인 이론 수입에 지나지 않을 것이다.

이제 곧 '신자유주의'나 '세계화'가 끝나고 새로운 세계가 도래할 것이다. 적어도 탄소에너지에 의존한 자본주의가 지구환경을 파괴하고 99퍼센트의 희생 위에 1퍼센트의 부를 가능하게 한 배타적인 것이었음은 이제 누구도 부정할 수 없다. 그것은 거대한 기업과 국가조직을 필요로 했다. 17세기 서구에서 시작된 국민국가의 관료제는 기업조직에 들어가 수직적인 권력조직을 형성하여 제국주의를 낳고 세계를 지배했다. 19세기에 바쿠닌을 비롯하여 아나키스트들은 그러한 수직적 권력조직을 해체하고 수평적인 자유 평등 사회를 만들려고 했으나 실패했다. 그러나 그들의 노력은 지금도 여전히 가치가 있다. 그들이 비판한 세상이 지금도 존재하기 때문이다. 백 년 전 바쿠닌을 비롯한 아나키스트들이 염원한 세상에 좀 더 가까운 세상을 바라 지금 나는 이 책을 내놓는다.

바쿠닌 연보

1814년 5월 30일	러시아 프리아무키노에서 출생
1828년(11세)	사관학교 입학을 위한 준비 차 상트페테르부르크로 떠남
1829년(12세)	포병사관학교에 입학
1833년(19세)	졸업과 함께 포병 소위로 임관.
1834년(20세)	폴란드 국경 지역 부대로 전속, 철학 공부 시작
1835년(21세)	탈영하여 귀향. 모스크바에서 스탄케비치 그룹에 참여
1836년(22세)	벨린스키와 투르게네프를 사귐. 피히테의 《학자의 사명》을 번역하여 〈망원경〉지에 발표
1838년(24세)	헤겔 강연을 번역하고 장문의 해설과 함께 게재
1840년(26세)	베를린 대학교에서 공부
1842년(28세)	〈독일에서의 반동〉을 《독일연감》에 발표
1843년(29세)	스위스로 도피, 바이틀링과 친교
1844년(30세)	파리에서 프루동, 마르크스, 라므네, 조르주 상드, 카베 등과 친교
1847년(33세)	폴란드 반란 기념회에서 연설
1848년(34세)	파리에서 터진 2월혁명에 참가한 뒤 프라하 폭동 참가
1849년(35세)	드레스덴 폭동 참가 후 체포됨
1850년(36세)	작센 정부가 사형 선고 후 오스트리아로 인도됨
1851년(37세)	러시아 정부로 인도되어 페트로파블롭스크 요새에 감금됨, 《고백》 집필
1857년(43세)	시베리아 유형
1858년(44세)	톰스크에서 결혼

1861년(47세)	시베리아 탈출. 뉴욕을 거쳐 런던 도착
1862년(48세)	《인민의 대의》 발표
1864년(50세)	피렌체에 정주. 런던에서 마르크스와 회견
1865년(51세)	나폴리에 정주. '국제 동포단' 조직, '혁명적 교리문답' 작성
1867년(53세)	스위스로 이주. '평화 자유 동맹' 참여. 《연합주의, 사회주의, 반신학주의》 집필
1868년(54세)	'동맹' 탈퇴. '국제사회민주동맹' 창립
1869년(55세)	제1인터내셔널 바젤 대회에서 마르크스파와 대립, 네차예프와 친교
1870년(56세)	네차예프와 결별, 《프랑스인에게 보내는 편지》 집필
1871년(57세)	파리코뮌 참가
1872년(58세)	인터내셔널에서 제명
1873년(59세)	마지막 저작 《국가주의와 아나키》 발표
1874년(60세)	볼로냐에서 봉기를 시도했으나 실패
1876년(62세)	7월 1일 사망

1840년경의 바쿠닌

1870년경의 바쿠닌

1870년경의 바쿠닌

바쿠닌을 새로운 당통으로 묘사한 정치 포스터(188년경).
그의 유명한 선언이 실려 있다. "프롤레타리아의 적을 물리치기 위해 우리는 더 파괴하고 파괴하고 파괴해야 합니다. 왜냐하면! 파괴적인 정신은 또한 창조적인 정신이기 때문입니다."

오월의 영원한 청년 미하일 바쿠닌

초판 1쇄 2023년 6월 23일

지은이 박홍규
디자인 유리악어

펴낸이 이채진
펴낸곳 틈새의시간
출판등록 2020년 4월 9일 제406-2020-000037호
주소 경기도 파주시 하늘소로16, 105-204
전화 031-939-8552
이메일 gaptimebooks@gmail.com

ISBN 979-11-978783-6-7 (03300)

* 이 도서는 2023 경기도 우수출판물 제작지원 사업 선정작입니다.
* 책값은 뒤표지에 있습니다. 잘못 만들어진 책은 구입하신 서점에서 교환해드립니다.
* 이 책 내용의 일부 또는 전부를 재사용하려면 반드시 저작자와 틈새의시간 양측의 서면 동의를 받아야 합니다.